广东海洋大学经济学院资助项

城镇生长机理研究

杨新华 著

湘潭大学出版社
XIANGTAN UNIVERSITY PRESS

图书在版编目（CIP）数据

城镇生长机理研究 / 杨新华著. -- 湘潭 : 湘潭大学出版社, 2023.4
ISBN 978-7-5687-1121-0

Ⅰ. ①城… Ⅱ. ①杨… Ⅲ. ①城乡建设—研究—中国
Ⅳ. ①F299.2

中国国家版本馆 CIP 数据核字（2023）第 094529 号

城镇生长机理研究

CHENGZHEN SHENGZHANG JILI YANJIU

杨新华 著

责任编辑：王亚兰　夏　露
封面设计：夏茜旸
出版发行：湘潭大学出版社
社　　址：湖南省湘潭大学工程训练大楼
电　　话：0731-58298960 0731-58298966（传真）
邮　　编：411105
网　　址：http://press.xtu.edu.cn/
印　　刷：长沙创峰印务有限公司
经　　销：湖南省新华书店
开　　本：710 mm×1000 mm 1/16
印　　张：15.75
字　　数：225 千字
版　　次：2023 年 4 月第 1 版
印　　次：2023 年 4 月第 1 次印刷
书　　号：ISBN 978-7-5687-1121-0
定　　价：68.00 元

序

在普遍性层面，城镇是自然历史和经济社会历史共生演变的结果，我们能观察到的城镇生长现象是外在呈现。在特殊性层面，每个城镇的涌现及生长发育由所在的自然地理生态系统和经济社会发展水平共同决定。有些城镇在涌现之后有比较合适的自然地理和经济社会条件，生长比较正常，规模不断增长，功能结构不断精细而优化；有些城镇在突现后没有合适的生长条件，出现退化甚至消失；还有一些城镇突现后的发育并不正常，发育缓慢。这些原本是正常的自然现象，但如果在人的主观情感的观照下，那些“发育不正常”的城镇就不是我们比较喜欢甚至没有办法接受的，尤其是在努力实现经济社会高质量发展的当下。如果要避免城镇有机体的非良性发育，那就需要探讨城镇生长发育是否有规律可循？这正是本书所要尝试的主题。

城镇的涌现与人的活动有关，但又相对独立于人的主观意志，有其自身的生长规律。任何一个城镇总是依存于既定的自然地理生态系统，意味着城镇系统能够从自然环境获取生长发育的要素是既定的，自然地理地貌、气候水土条件及地下矿藏等自然禀赋决定了经济社会发展的可能性及其发展潜力，但人的主观能动性也可以通过技术进步改善自然资源的获取能力，从而为城镇生长获取更多的能量，还可以通过制度创新规范稀缺资源的利用，在缓解稀缺程度的同时提高利用效率。在人对自然的认知能力和技术条件一定的情况下，自然资源获取量超过了自然生态系统的最大潜在生产能力，生态系统的平衡将遭到破坏，从而恶化资源获取能力。人与自然之间累积性的互动反馈及其随后的调适，将逐渐析出为人与自然和谐共生的基本准则，并具体体现在城市经济社会生活的每一个层面、每一个侧面，最后精炼为城镇文化。类似的情形也发生在城镇经济活动的组织过程中，人与人之间和谐相处的基本准则也是经过历史的互动反馈而提炼成型的。两个维度的提炼最终构成城镇文化系统的主要内容，其中所隐藏的价值观念和行为规范，不仅要内化为城镇行为主体的自主意识，甚至成为潜意识和无意识状态下的硬核基准，对城市新人则要通过教育、仪式等活动使之充分意识价值意义。在这个层面上看，是城镇公共事务管理的内容之一，体现在城市、政府调控人与自然的关系，调适人与人之间和谐共处时所必须遵循的原则。

这些简单的素描足以说明城镇有机体生长发育的复杂性和敏感性。城镇涌现对初始条件的敏感依赖就是混沌理论的一个经典案例，城镇涌现之后的自然条件也会决定城镇的消亡，诸如文化变迁、冷热战争等之于城镇的衰败或畸形生长。凡此种种都意味着城镇系统的生长发育是众多子系统及其要素历史的正负反馈和迭代，准确理解这种系统要素之间的互动反馈、子系统之间的相互耦合协调以及要素与子系统之间的正负反馈，必须在复杂系统理论的指导下才有较强的可行性。本书选择的耗散结构理论、协同理论、自组织与他组织理论等都着眼于理解城镇生长发育过程中所呈现出来的问题和现象，以便探寻这种变化背后的逻辑链条。

虽然城镇有机体的生长动力错综复杂，学者也做了很多的探索，但城镇经济活动的分工与专业化演进始终是决定性的基础动力。城镇的涌现受惠于农业生产力的提高，农产品剩余的大量出现诱发了市场的涌现，但只有原始手工业与农业的分离才催生了城镇的出现。家庭作坊式手工业随后的专业化演进与农业生产相比，开始逐步降低对自然生态环境的依赖程度，为人的主观能动性的运用提供了舞台。无论是技术进步还是制度创新都更多地与人的主观能动性有关，取决于人类社会对人与自然和人类社会运行的认知能力。这也正是城镇工业的分工与专业化水平远高于农业的根本原因。随着人类社会认知能力的不断提高，技术进步和制度创新能力的提高将持续不断地提高城镇工业的专业化演进，成为城镇经济发展的不竭动力。另外，特别需要指出的是，城镇工业的专业化演进诱发了城镇服务业的涌现。为城镇运行提供生产生活服务的第三产业从其出现之日起就具有了分工属性，其专业化演进也只受限于人类社会的认知能力，甚至比第二产业受到更少的自然因素制约。城镇工业与服务业的专业化演进创造了越来越多能提供高收入水平的就业岗位，诱发了人口的集聚，从而使得城镇公共服务成为必然的要求。总体而言，城镇涌现是分工演变的结果，城镇经济社会的分工与专业化演进是城镇生长发育的持续性长程动力，是探究城镇生长发育机理和规律的密码。

城镇生长发育规律的探寻服务于当下的城镇经济社会发展需求，处理好人类社会经济发展与自然生态环境之间的关系，同时为实现以人民为中心、满足人民群众日益增长的美好生活需要的发展战略提供保障，通过城镇治理体系和治理能力现代化，确保新型城镇化建设进入以新型城镇共同体为依托的新型城镇共同体高质量发展。

本书可能的创新有两个方面：其一是运用分工演变理论研究了城镇经济系统的专业化演进。融合分工原理和演化经济学的观点和思想分析城镇经济系统的分工与专业化演进，进一步探讨分工与专业化演进与城镇经济产业结构的变迁和城镇经济系统就业岗位的创造。自亚当·斯密体系化分工思想并强调经济分析的核心地位以来，一度成为众多学者的研究主题，但马歇尔所建立的新古典体系因为分工理论无法数学化而遭到放弃，经济分析中数学工具和计量分析的引入，使得分工理论越发成为无人关注的领域，杨小凯尝试将分工理论数学化和模型化的努力也没有得到主流经济学的认可和接受。但需要特别指出的是，分工与专业化是经济活动的基本特征，经济生活的演变与发展毫无例外都是专业化水平不断提高的结果，分工与专业化体现在经济生活的每一个角落，无处不在。可以认为，分工理论具有非常强大的解释能力，本书正是以此为基点，尝试用分工原理和演化经济思想分析城镇经济演变的基本特征，因而具有一定的创新性。其二是跨学科的系统研究方法有一定的创新性。运用跨学科的系统研究方法，在复杂系统理论的指导下对城镇系统生长发育的基本规律进行了探索。具体而言，运用自组织与他组织理论、耗散结构理论和协同论等复杂系统理论，从生态学、经济学（分工演变原理）、政治学（公共管理和治理理论）和文化学等多学科视角，对城镇自然生态系统、城镇经济系统、城镇文化系统和城镇公共事务管理系统的运行及其对城镇化的影响进行了分析。基于城镇生长发育的跨学科系统研究方法的研究结果，将为新型城镇化高质量发展提供可行的理论支撑。

城镇系统生长发育的机理非常复杂，能够做出客观、准确的判断依然是一个非常困难的任务。本人才疏学浅，书中不妥之处还请专家学者不吝赐教。是为序！

杨新华

2022 年 12 月 27 日

目　录

第一章　城镇生长相关概念界定与理论基础

> 城镇是一个复杂自适应系统，解释其生长机理需要运用包括耗散论、协同论及分形理论等复杂系统理论。
>
> ——题记

基于本体论的研究方法，经济生活中的个体是理解和揭示城镇突现及其演变现象的出发点。在制度经济学和演化经济学的范畴内，真实世界中的个体基于自身的专业知识储备和技能禀赋的应用而追求获得满意的适应水平，或是追求自我满意的适应能力。个体企业家才能的运用将通过隐性知识的累积型增长而推动显性知识的增长，促进技术进步和制度创新，从而在中观层面呈现出专业化演进和产业链的延伸，最终反映在宏观层面的现象就是产业分工、就业岗位的创造和职业种类的不断增加，集中呈现出国民经济的发展。此种逻辑可用来解释城镇经济及其随后的城镇公共事务治理和文化现象。本章首先需要对适应的内涵及其可能的实现方式进行界定，随后对城镇的内涵及外延进行了解释。分析城镇共同体的动态演变特征可以发现，城镇是一个非常复杂的自适应系统，探究城镇生长需要在复杂适应系统理论的指导下才有可能找到可能的生长规律，包括对自组织理论和他组织理论的介绍内容。

至于几种自组织城市模型，则是复杂适应系统理论指导城镇生长机理分析的具体应用和分析思路。

第一节 概念界定

一、适应的内涵及其维度

（一）适应的内涵

所谓适应，是指一种个体与外在环境达成的和谐和默契的状态。在演化经济学的范畴内，适应是有生命的物体、有机体或组织（行动主体）应对环境变化而调整其自身行为的一个过程。外部或内部的环境变化可能刺激个体从而产生一种反应，并诱发了一次行为。如果行为的结果导致了个体的生存机会，相对于不进行调整而可能出现的状况来说是改善了，那么这种反应就是有效的。这种情形就称之为个体适应了环境，也认为个体具有适应能力（戴伊，1975）。

在劳动分工与知识分立的经济中，个体适应也就是社会适应，是个体对外在社会环境中压力的适从和应对方式。个体适应是个体运用自己的知识、经验和能力，调整自己的心理和行为，以适应环境、保持与社会环境的平衡（车文博，2001）。在此过程中，米塞斯（2010）特别强调个体的主观评价。每个人的市场行为都是在经过理性的主观评价后所做出的选择，如果这一行动没有使他的适应状况（主观评价）变得更好的话，他一定不会采取行动。无论是生产者还是消费者，购买总是在他的主观评价大于价格支付时才有可能发生，而出售也是出售所得大于主观评价的所失，基于交换而各取所需的“生产者剩余”和“消费者剩余”成为个体改善适应状况的源泉。

一般认为，社会适应行为应该包括对社会环境和社会规范的适应能力、人际适应能力以及个体独立生活的能力等方面，与个体的文化背景、认知能力（智力）、情感及情境等因素密切相关。皮亚杰用图式、同化、顺应和平衡四个概念阐释社会适应的内在机制（聂衍刚等，2006）。图式最初来自传统的承继，随后在适应环境的过程中，经过同化、顺应和平衡而逐渐改变和丰富。社会适应是个体在某一特定的社会情境中，基于已有的生物能力、过去经验和记忆知识构成的数据库，接受新的社会线索或新信息的过程。大致可分为线索编码、线索解释和表征、目标澄清和选择、反应产生和形成、反应决定及反应执行等阶段（胡春华等，1998）。其中的每一个阶段都与数据库产生联系，既受到数据库内容的影响，又不断丰富数据库的内容，呈现出螺旋式上升的循环往复。

在心理学家看来，社会适应是个体对外在社会环境的应激反应，是个体对周围环境中压力的适从和应对方式，是个体与外在环境达成的一种和谐和默契。车文博（2001）认为，适应行为指个人对日常社会生活的适应效率，它是否受损，通常要从成熟、学习、社会适应三方面来衡量。但个体社会适应行为与人格关系密切，人格（广义）既是个体长期社会适应的结果，又制约着个体社会适应行为的表现和特点，但是理解个体的社会适应行为还必须考虑认知、情感及情境等因素的作用。总体而言，社会适应在本质上是个体运用自己的知识、经验和能力，调整自己的心理和行为，以适应环境、保持与社会环境的和谐。正如皮亚杰（1980）所言，适应的本质在于主体能取得自身与环境间的平衡。在他看来，图式的初始来源是先天遗传，随后在与环境互动的过程中，经过同化、顺应和平衡而逐渐改变和丰富，并不断结构出新的图式，而同化和顺应则是达到平衡的具体途径。Crick 和 Dodge 的 SPI 模型进一步揭示了社会适应的信息加工机制，是个体在某一局境中基于已经构建的生物能力、历史经验和知识记忆构成的数据库，来接受新的社会线索或新信息的过程。具体包括线索编码、线索解释和表征、目标澄清和选择、反应产生和形成、反应决定以及反应执行六个阶段。每一个阶段都与数据库发生作用，既受到数据库内容的影响，同时又不断丰富着数据库的内容。斯腾伯格（R. J. Sternberg，1985）认为，智力就是从经验中学习和适应环境的能力，行为主体通过对自身行为有关的现实世界环境有目的的适应、选择和改造的心理活动而达到与环境匹配的最佳适应状态。随后斯腾伯格（1996）基于个体主观能动性而提出的成功智力概念，强调分析性智力、创造性智力和实践性智力之于个人、群体和文化的目标而去适应、选择和塑造环境的能力。

（二）个体适应与个体知识的联系

一定量的知识储备是个体得以实现适应目标的前提，既包括在分工网络经济中必须具备的专业化技术知识，也包括对活动环境中的制度知识。个体知识是一笔极其宝贵的、可依此实现其适应目标的财富，个体知识的拥有量与适应能力呈正相关。为了持续地实现满意的适应水平，只能不断更新知识储备，因而必须参与劳动分工。在贝克尔和墨菲（1992）看来，劳动分工产生的专业化收益来源于知识分工所带来的知识积累效率的提高。知识的积累会促进人力资本的增长，提高完成任务的效率，保证人均产出的增长，而知识积累效率的提高又依赖于伴随着劳动分工的知识分工，进而带动经济的长期增长，而基于知识积累的经济增长是报酬递增的。

分析个体拥有的知识形态，要么是科学的或理论的知识，要么是“分立的个人知识”。科学知识很重要，但更重要的是直接服务于个体适应目标的“分立的个人知识”，即为不同的个人单独拥有的有关行动主体的知识、有关当地环境的知识、有关特定情势的知识。特定时空情境中知识之所以重要，是因为社会经济问题主要是一个迅速适应特定时空情势变化的问题，最终的适应决策必须要由那些熟悉这些特定情势并直接了解有关变化，而且能够立即使用资源来应付这些变化的人做出。为适应环境而必须利用的关于各种具体情况的知识，不会以集中的或完整的形式存在，而是以不全面而且时常矛盾的形式为各自独立的个人所掌握。在哈耶克看来，知识在服务于个体适应时更多地有赖于行动者对知识的主观拥有和主观解释（张海芳，2006）。事实上，只有个体能够对所处的环境有足够的了解，才能更好地应对环境中的刺激和采取应对策略，才能基于对所处环境的知识理解做出行动决策和行动调整。有关特定时空之情势的知识极其重要，是因为每个人实际上要比所有其他人来说都更具有某种优势——特定时空情境下的相对优势个性化知识，只有“在现场者”才能够掌握可以利用的个性化信息，并以此实现个体适应的目标。

关于特定时空情境中知识的拥有和解释，对个体适应目标的实现比之于理论知识有更大的帮助，特别是源于个体适应的实践经验，即哈耶克的个体知识。这些个人经验、印象、感悟、团队默契、技术、偏好、态度、组织文化、风俗习惯等形态，难以甚至无法用文字、语言、符号、图像等规则的显性形式表达和传递，因而不可能完全与人共享的高度个性化的知识类型，迈克·波兰尼称之为“缄默知识”，有时也指“内隐知识”“非言明知识”“意会知识”以及“默会知识”等（张海芳，2006）。缄默知识来源于个体的直接经验和传统，是一种身处其境而又无法与人共享的体验和领悟，独立于理性且隐含于以社会规则为核心的社会非正式的制度网络中，大多是关于行为的一般性规则、传统和社会习俗的缄默知识。

个体虽然借助于现有的科学知识和个体知识，能够有效地实现其适应目标。但在大多数条件下，有着无可避免的无知。正如哈耶克（2000）、J. Barry（1979）所言：构成哈耶克社会哲学之全部基础，乃是一种关于知识的理论。其最为重要的特征乃是哈耶克对人之无知的强调。

哈耶克（2000）认为，无知分为两类。其一是事实知识方面的无知，可以通过学习、实践等方式来克服；其二是“必然无知”。这种无知是应对未来或行动的非意图后果一无所知，在本质上是无法克服的，只能应对。如个体对包括工具、传统习惯、制度等在内的诸多知识的传承和积累进程方面，就处于一种无法克服的必然无知状态。工具本身并不仅仅属于器具的范畴，更多的是指服务于个体适应的累积性行为方式，而逐渐演变形成的习惯性行为方式。至于为什么要使用这种而不是那种工具的原因是无知的，对这种工具的依赖程度亦不清楚，个体适应的实现在多大程度上取决于他所遵循的那种习惯通常也并不明了。人们不仅对于他们所选择遵循的风俗习惯、制度等社会规则处于一种无知状态，而且对其所蕴涵的大量知识也是无知的。在劳动分工与知识分工的经济社会中，虽然科学的或理论的知识在不断增加，但知识的分工还将不断扩大个体必然无知的范围。卡尔·波普尔（1986）指出，我们的知识只能是有限的，而无知必定是无限的。“无知观”的提出使得社会工程的建构只能依据循序渐进和不断进化的原则，社会工程师也只能以“试错法”作为社会工程的理论基础，时刻对不可避免的意外情况保持非常审慎的态度并有所准备。

需要特别强调的是，个体知识的拥有和解释并不能直接服务于个体适应的目标，还必须有来自环境的交易信息，需要借助于市场价格体系。通过价格体系的作用，不但劳动分工成为可能，而且以分立知识为基础的资源协调也有了可能。通过价格体系的累积性作用，使得包括价格体系在内的一些惯例和制度，以及作为发现和传播这些知识的其他机制的一般性社会行为规则得以建立，在规则、习惯和制度之中的交易信息及在发现和传播方面的作用得以有效发挥。此时，个体可以综合拥有的知识与市场价格体系所传播的交易信息，选择合适的策略和行为调整，实现适应环境的目标。

（三）个体适应与企业家才能

企业家才能是奥地利学派经济学理解市场过程的核心概念。一般而言，任何调整当前行为以实现其未来目标的个体，都在发挥企业家才能。在米塞斯（2010）看来，每个人都是企业家，都是展开行动的人，每一个行动都是一个企业家行动，是追求一个更加满意的状态来替代当前的状态，是一个状态对另外一个状态的替代。从严格意义上说，企业家才能是指能够敏锐地发现或察觉经济活动环境中的机会，通过把握和理解环境中分散的、个性化的信息和知识，并采取行动以实现某个目的、获取收益或利润的能力（德索托，2010）。鉴于企业家才能的发挥往往以独特的、个人的和不可重复的方式进行，因而每一个人的企业家才能都可以发挥出来。即使是那些最缺乏知识的个体，都拥有活动环境的点滴知识或信息，并基于本能的警觉采取行动，可能对社会实践产生决定性的影响（Kirzner，1973）。在社会实践层面，企业家才能的发挥具有特别重要的意义，正是个性化拥有和解释的主观性知识所具有的相对优势，使得个体能够实现各自的适应目标。企业家才能是个体实现适应水平或适应能力的前提和基础，而作为结果性的适应目标得以实现还需要运用企业家显性的专业知识和隐性的技能和技巧参与经济分工。以此实现可持续的适应水平和适应能力。

（四）个体适应的实现

个体在实现适应目标的过程中，存在着两种情形。其一是给定手段和目标，寻求一个最有效率的途径，即通过生产要素的调整实现利润的最大化；

其二是目标和手段的搜寻，手段和目标都是主观的，每个人的手段和目标都各不相同，因而只能基于各自的情境来构思和寻找。对目的和手段框架本身的搜寻是个人行动非常重要的本质特征，正是通过不断地搜寻新的目的和手段框架，才能发现各种潜在的利润，也才能不断地实现个体适应目标。无论是哪一种情形，个体适应目标都只能或者通过技术创新或者通过新的制度安排这两条路径来实现，其一是在现有的制度体系内，通过技术进步来实现潜在利润的最大化；其二是通过新的制度安排，在专业化技术水平保持不变的前提下，获取最大的潜在利润。这两种途径都需要个体既拥有一定的基础性理论知识，而更为重要的还是个体所拥有和解释的主观知识，即对其活动环境中的特定时空情境的缄默知识。而考虑到两条路径之间的相互作用，制度创新将更有助于个体适应目标的实现。

需要指出的是，个体在追求适应的过程中，还必须有效地发挥企业家才能，对活动环境中的各种潜在利润保持高度敏感和警觉，通过参与市场过程获取必要的交易信息，在比较行动前后的边际成本与边际收益后，采取能够满足适应目标的行动方案。

个体对适应的追求可以通过技术创新或制度创新来实现。从两者之间的相互作用来看，技术创新要么处于现有制度体系许可的范围之内，如农户家庭在生产经营中引入新的作物品种或新的种植技术，通过提高产量或改善品种质量而得到更高的收入水平，从而得以改善其适应状况；要么是技术创新超出了现有制度体系的弹性空间，而无法被用来改善个体的适应水平，如果这种新的技术能够有助于个体适应状况的改善，同时又能够逐步得到认可和接受，那么新的制度安排就有可能出现。虽然技术创新是个体获得满意的适应水平的重要途径，但还必须经过制度的许可才能实现适应目标。所以制度因素才是决定个体适应是否可以得到改善的关键，而事实上，在技术水平保持不变的前提下，通过新的制度安排就可以增加社会总福利，有助于个体适应目标的实现。这也是诺思（2008）强调制度重于技术的原因。

无论是通过技术进步还是制度创新来实现个体适应的目标，都必须以个体企业家才能的发挥为基础。一方面，现实本身就是一个非决定论的、不确定性的世界；另一方面，在劳动分工与知识分工的经济社会中，个体所能够拥有的知识也是非常有限的，特别需要企业家的警觉发现既定目标——手段框架下的利润最大化途径，以及基于个体的主观知识、局部知识、实践的经验出发来发现新的目标—手段体系，寻找潜在利润的实现途径。

二、城镇内涵的界定

中国历史上的“城”往往是权力中心而非经济中心，“市”也称“集市”或“市集”，是“市镇”突现的舞台。随着农产品剩余的增加和交换需求的增长，专业化商人在“市集”开设店铺，这就是镇。但历史上“市”与“镇”曾经有明确的界定，“市”的形态可以是露天交换场所，也可以是在店铺交易，还可以是由店铺集结而出现的街道，而“镇”大多出现在边境边关地区，有镇守之意。但后来的发展演变或因政治或因军事需要而使得“市”与“镇”的严格分界逐渐模糊，税收和镇守的需要将两者合二为一。近代以来，“市”和“镇”作为行政建制，概念已趋于混淆。随着劳动分工和经济发展，市镇规模逐渐扩大，人口逐渐增加，最终演变为城市。城镇就是市、镇、城三位一体的区域，集政治功能、经济功能和文化功能于一体的空间地域。从城镇的起源和发展分析，市、镇、城是一个演变和发展的持续性过程，根据研究的需要可以不进行十分严格的区分。事实上，城市和城镇的含义自古已有，城镇的外延包含了城市和集镇。但在行政建制上还是有所区别的。我国曾于1955年、1963年和1984年三次对城镇设置标准做出具体规定①。镇在行政上属于县域空间，在人口统计时，城市人口只包括“市”而不包括“镇”，城镇人口包括市人口和镇人口，镇还包括非农人口（冯尚春，2004）。

总体而言，城镇是特定地域空间的经济社会发展的必然产物，是生产力发展、社会分工与专业化和生产关系变革与创新的必然结果。就城镇功能而言，城镇是特定区域的人口集聚地，还是经济、政治、文化中心，对区域国民经济发展起着主导作用。与农村社区相比，城镇是以工业和服务业为主导

---

① 1984年的规定：① 县政府所在地；② 非农业人口在2000人以上的乡政府所在地；③ 工矿业集中地、旅游区及边境口岸的标准可适当放宽。1986年又规定，非农业人口在6万人以上和年国民生产总值在2亿元以上的镇可以设置“市”。

产业，有显著的集聚经济效应，非农就业是城镇就业的主体；具有良好的基础设施、公共产品和公共服务，有一定的吸引力和辐射效应；城镇居民在价值观念、思维与行为方式、生活方式等各方面与农村居民有显著的文化差异。

第二节　复杂适应系统理论

一、解读复杂适应系统

复杂适应系统是继传统系统理论、复杂系统理论之后，基于系统基元的主观能动性、适应性以及基元之间互动的非线性理念而提出的一个全新的理论分析工具。John Holland 于 1994 年正式提出复杂适应系统时主要强调：系统中称之为主体的个体（基元）是具有自身目的性和主动性、有行动能力和适应性的个体。主体可以在持续不断地与环境及主体间的交互作用中“学习”和“积累经验”，据此改变自身的结构和行为方式，以获得满意的适应能力。正是这种主动性及主体与环境的、主体间的交互作用，在持续改变自身行为和结构的同时，也改变着与活动密切相关的环境，通过自组织行为和非线性动力使得所在的宏观系统呈现出演变和进化的基本特征。在整个系统的演变或进化过程中，包括新层次的涌现、分化和多样性以及新的组合与迭加成为宏观的新奇。需要指出的是，复杂适应系统的复杂性源于系统个体的适应性。

一般认为，复杂适应系统与传统系统、复杂系统相比有非常显著的差异。完整准确理解复杂适应系统需要注意以下四个方面点：① 系统中的个体（基元）具有智能性、适应性、主动性。系统中的个体作为行为自主体可以自动调整自身的状态、参数以适应环境，或与其他个体进行合作或竞争，争取最大的生存机会或利益，这种自发的协作和竞争正是自然界生物“适者生存、不适者淘汰”的根源。复杂适应系统是一个始于个体的、不断演化发展的系统，在演化过程中，个体的行为及结构随环境涨落而发生变化，个体功能、属性也会同步发生变化，通过个体间的交互最终导致整个系统功能、结构呈现出适应性演变；② 无论是个体还是系统的适应性演变必然会受到环境中随机因素的扰动，在短期内可能会产生一定的波动或锁定在某种不满意的状态，这种现象与系统演变对初始条件的敏感性依赖有关；③ 个体基于所在环境条件而对环境刺激做出应对行动，但在集合层面看会呈现出集体行动的某些特征，这可能与个体共享环境中的某一行为规范或意识形态有关；④ 复杂适应系统有可以区分的层次性结构，各层次之间界限清晰，且层次之间的关联性不明显，个体之间的交互也仅限于同一层次，一般不会进行跨层次交互。

复杂适应系统最重要的特征是适应性，即系统中的个体能够与环境以及个体间进行交互作用，这一过程中的“学习”或“积累经验”可以为个体改变自身结构和行为方式，同一层次内的个体通过交互、交流，可以突现出特定的新奇，通过层与层之间的交互在更高层次上涌现新的结构与功能，最终在整体层次上突现出新的结构、现象和更复杂的行为。从更为具体的层面来看：① 复杂适应系统由许多并行的主体组成，也可称之为“作用者/基元”，但系统中的每一个“作用者”都是异质性的；② 系统中的个体都只能通过与环境交互或者与其他个体交互而获得局部信息，局部信息通过基于个体知识或经验而获得理解，成为行为和自身结构演变的决定性因素；③ 个体行为的自主性意味着系统中没有一个全局控制的机制，系统复杂的层次及结构都是个体基于适应性的追求而通过自组织协同突现的结果，系统演变的趋势也将因此变得可以预期，类似买卖双方的交易而诱致市场凸显一样，复杂适应系统也会由“涌现”的特征。

二、理解城镇自适应复杂性的几个维度

经济学从“一个单中心的环形城市”的抽象模型出发，解释城市经济活动的空间聚集（拉赫曼等，2012）。复杂适应系统理论认为，复杂的事物是从微小的、简单的基元互动中演变而来，城市是从小到大、从简单到复杂逐渐发展演变而成的。在自然与人工系统中，具有这种复杂自适应性的系统非常普遍，如城市交通系统、生态系统、生物免疫系统、金融市场等。在这些领域中，宏观现象与微观个体的行为存在显著的相关性，其间的作用机理在现有理论和分析工具中还不能做出可信的解释，而复杂适应系统建模方法能够把宏观和微观有机地结合起来，通过适应性主体之间、适应性主体与环境之

间的交互作用，使得个体的行为演化成为整体演化的基础，统一加以考察。在复杂适应系统理论创建者约翰·霍兰（2011）认为，以适应性主体及其与之相关的特性和机制为基础，可以构建一个合适的理论框架来分析所有的复杂适应系统。

（一）城镇系统中的个体是拥有自主性和自适应的行为主体

在传统系统理论中，个体或系统基本单元只能是遵从物理规律的机械元件，亦或服从概率统计规律的物质原子或分子，但都与个性无关，也没有将环境的适应性纳入范畴，此假设与真实的社会经济系统有很大的差距，消解了理论本身的解释能力。城镇系统中的个体不是无差别的原子或分子，而是具有自主行为能力、个体之间差异显著的自适应主体。赋予城镇个体主观能动性的适应性主体，具有主动感受环境涨落、自主学习，感知环境压力刺激，通过学习调整自己的行为。正是城镇居民自适应主体的交互作用，寻找和创建相互适应并共同适应外部环境所需的行为规则，城镇复杂系统才拥有了适应性演变与发展的可能性。广义而言，可以将建筑物、交通路网、地下管廊等承载着人类城镇活动，体现城镇文化与智慧的物体因具有“活性”而被视为主体（侯汉坡等，2013）。

（二）城镇主体的聚集性

所谓聚集，描述个体基于某种目的或规则（如分工协作）组合成多个体的有机体。个体或主动或被动的聚集特性，可以在特定环境中基于彼此同意的原则而组成一个新的、可以在系统中独自行动的个体——聚集体。与城市经济学中的聚集经济不同，复杂适应系统理论中的聚集不仅涵盖主体之间距离的缩小，还强调主体间通过一种非线性的结合形成一种更大的主体，涌现出新奇的特质。单个主体在环境面前是脆弱的，通过相互之间的交互耦合聚集在一起之后，便涌现出协调性、适应性和持存性。主体的聚集形成众多具有不同属性的子系统，子系统之间的交互作用与耦合将粘合成为更大的、更高层级的子系统，类似情形持续进行的结果将是一个结构复杂、层次繁多、具有自主自适应性的复杂系统，这也就是城镇能够吸引众多禀赋差异显著的个体并以此推动城镇生长的动力。在分工与专业化演进网络中，众多个体聚集成企业，众多企业聚集成产业，全体产业聚集成整个国民经济（侯汉坡等，2013）。

（三）主体间交互耦合的非线性特征

个体结构和行为发生变化时，并非遵从简单的线性关系，在子系统之间的反复交互作用中尤其如此。非线性是指支配主体聚集的相互关系以及主体与环境之间的关系是非线性的，古典的还原、加成分析方法无能为力。线性相关无法解释系统的“涌现”现象，小型的人类聚落如何演变成城镇，继而发育成为城市和大城市，甚至是超大城市。探究城镇生长之谜只能是在复杂适应系统理论的指导下，运用非线性分析方法才有可能找到客观可信的答案。现代经济学已经注意到城镇非线性的“共享”机制和“学习”机制（吉尔斯等，2012）。事实上，在城镇社会系统中，居民共享交通系统、博物馆等公共设施，厂商可以共享工人的专业化技能。在学习机制方面，知识和信息在主体间的传播，促进学习、知识的积累和创新（侯汉坡等，2013）。学习机制是城镇复杂系统具有与环境变化保持同步的重要保障机制。

（四）城镇系统中的要素流

个体之间以及个体与环境之间的交互耦合将通过物质流、能量流和信息流实现，这些流的载体和渠道、流量和流速都将最终反映在系统的演变。复杂适应系统是一个非平衡态系统，主体间持续不断的资源配置将基于竞争的原则而进行，获得满意的适应状态或被市场所淘汰，正是复杂系统适应能力的机制保障。城镇正常生长发育所需要的要素流，除了人口、资本、有形无形的资源外，还需要相关的产业政策和社会政策的输入才能确保，尤其是城镇之间、城乡之间正常的资源流。

（五）特征属性标识与多样性

基于主体聚集的需要而相互识别和选择，对个体之间以及个体与环境之间的相互作用的功能与效率是非常重要的。有效的标识可帮助主体辨识方向、选择目标、区分合作者与竞争者，标识是聚集体特征属性的显示，能够促进指向性相互作用，有助于聚集体的协调发展和选择性发育。在企业招聘中，个体标识主要是学历、工作经历和能力、经验与技能等，而企业标识是其声誉、提供薪酬的水平、所在行业、工作环境等。当企业与企业之间进行合作时，又根据另外一套标识，如市场占有率、盈利能力、资产负债比等等（侯汉坡，刘春成，2013）。在个体或系统的适应过程中，其特征属性的差异将在与环境交互耦合中被淘汰或存续，最终导致分化和多样性。事实上，每个主体都存在于个体间交互耦合而成的小生境中，每个小生境都可以被若干能够在其中适应和发展的主体所利用，每个行动者进入小生境后有可能打开更多的小生境，为更多主体开辟更大的可能性（侯汉坡等，2013）。

（六）作为分析单位的积木块

为了科学有效地分析复杂对象，常常将复杂对象基于某种科学标准进行分解。社会现实中的复杂系统往往由简单的小单元经过多次组合、迭代而成。能被观察到的复杂性不在于块的多少和大小，而在于原有构筑块的组合规则。比如，当你身处一个新的街道，习惯地将其分解为树木、车辆、道路、房屋等若干部分，以便作为行为的参照和指引。这种分解能力只能是来源于后天的“学习”和经验积累对认知能力的提高。积木块的获得不是任意的，而是基于以往经验得到的能被再次唤醒使用的元素。对于城镇的研究可以将最高层次的积木块作为起点，也可以从低层次的积木块出发，两者都可以有助于寻找积木块组合、黏合以及迭代的规则，从而更好地理解城镇系统的运行机理。

（七）内部模型

使用积木块生成内部模型是理解复杂系统运行机制的重要手段，也是个体拥有预期未来的能力保障。事实上，在“学习”和经验积累机制的作用下，个体将基于以往经验的大量积累而进行归纳和演绎，不断提高认知能力，从而最终具备一定的预测能力。具体而言，个体将过去与其他主体及环境间互动中得到的大量经验存储、提炼、挑选可行的“内部模型”，基于环境刺激而做出可信的预测。城镇规划准则、产业发展原则、基础设施建造标准、交通法规、道德规范等均可视为内部模型，通过过去大量经验，指导人们的行动，使之更好地适应环境（侯汉坡等，2013）。

总体而言，复杂适应系统的特征与机制对理解城镇这个复杂系统有非常大的帮助。城镇系统的突现始于具有主动性和适应性的城镇主体，如由个体和个体创建的组织等活动基元。个体在特征属性标识引导下组合链接成高一等级的行动主体，逐层聚集，直至形成整个城镇系统。个体之间以及个体与环境间非线性的互动，可以实现共享大型基础设施、共担风险，能够更快捷地交流、传播思想、促进创新。城镇系统极大地促进了主体间物质、能量、信息的流动，而城镇主体的多样性使复杂的产业结构不断生长发育，主体彼此之间成为相互依赖的、无法分离的自然经济社会系统。

第三节　自组织与他组织理论

一、自组织理论的基本内容

审视自然界、人类历史或人类社会精神活动的时候，我们能看到的只是一幅由纷繁复杂的种种联系和无穷无尽相互作用交织起来的图景，一切都在运动、变化、生成和消逝。系统自组织理论可以提供这个万千变化的动态图景背后隐藏的具有普遍性的动力学机制。

所谓自组织，哈肯（1988）认为，如果一个体系在获得空间、时间的或功能的结构过程中，没有外界的特定干涉，便可以指称该体系是自组织。“特定”是指组织结构或功能并非外界强加给系统，且外界只是以非特定的方式作用于体系。自组织领域涉及的是事物自发、自主形成结构的过程，在这种过程中存在着特有的自组织特征、条件、环境和动力学规律（袁晓勐，2006）。自组织范畴是用来描述事物秩序（结构）形成的主导作用，即在内外部作用中谁占主导。但任何自组织系统或他组织系统及其运动、变化、生成和消逝，都是内部自发作用和外部环境他发作用的共同产物。自组织理论源于协同学、耗散结构理论、混沌理论等学科，用来解释系统形成有序结构的机理（朱广忠，2014）。在提炼物理、化学等自然科学理论研究成果基础上，对马克思主义唯物辩证法的进一步发展，是哲学层次的方法论，用以在中观层面解释现实世界中客观存在的各种现象。自组织系统具有临界性、非线性、自创生型、层次性和多样性等属性（何跃，2012）。作为复杂性科学的核心概念，“自组织”及其衍生的“他组织”范畴虽颇有争论（宋爱忠，2015），但更多的是共识。

自组织理论是基于复杂性科学的一个理论群，与布鲁塞尔国际物理化学研究所普里戈金领导的学派以及联邦德国斯图加特大学哈肯领导的斯图加特学派的科学活动是分不开的（漆安慎，1989）。这个理论群包括普里戈金等创立的耗散结构理论、哈肯等创立的协同学理论、托姆创立的突变论数学理论、艾根等创立的超循环理论以及曼德布罗特创立的分形理论和以洛伦兹为代表的科学家创立的“混沌”理论等。耗散结构理论解释自组织系统突现的条件及原因，协同学是理解系统运动、变化、生成与演变的动力机制，包括竞争、协同、役使和序参量等概念，突变论是用来解释系统演变路径的可能性，包括临界、渐变和突变等概念，分形理论研究系统走向自组织过程中的复杂性结构过程以及从简单到复杂的自组织演化问题，混沌理论关注系统自组织过程中对初始条件的敏感依赖性。

在自组织理论群中，耗散结构理论具有比较重要的基础地位。主要用来解释系统从无序走向有序所必须达到的一系列条件。一个远离平衡的开放系统（力学的、物理的、化学的、生物的乃至社会的、经济的、文化的系统），可以通过持续地与外部环境进行物质和能量乃至信息的交换，当外界条件的变化达到一定阈值时，从原来的无序状态，转变为一种在时空上或功能上有序的状态。构成复杂系统的众多子系统之间相互作用、相互协作。竞争与协同是系统自组织演化的基本动力。正是这种协同作用构成了系统演化的动力，推动了系统从无序向有序转变。

二、他组织概念的内涵

哈肯认为，从组织的进化形式来看，可以分为他组织和自组织两种类型。如果一个系统靠外部指令而生成某种结构，可称之为他组织；如果不存在外部指令，各要素基于其间的相互作用而突现某种相对稳定的结构，这样的系统可称之为自组织（何跃，2012）。

苗东升于1988年提出“他组织”概念。如果组织力来自系统内部则可称为自组织，如果组织力来自系统外部则应该称为他组织。任何外力包括偶然的作用力，如果能引起系统结构变化，就发挥了组织力的作用，就是他组织力。2013年，他组织范畴又有了延展，即“约束、压迫就是组织力，……只有在环境限定某种可能性空间后，系统自组织运动才有可能展开”“一切系统都是自组织与他组织的统一体。”清华大学吴彤教授也认为存在着与自组织系统性质完全相反的另一类系统，它不能自行组织、自行创生、自行演化，即不能自主地从无序走向有序，而只能在外界指令的推动下组织和演化，从而被动地从无序走向有序，这类系统我们称之为他组织系统。

在理解他组织概念的内涵时，需要注意以下两个方面（宋爱忠，2015）。首先，系统要素的内部作用和外部作用之区分只是认识论的思维产物。事实上，系统要素及其相互作用无所谓内外之别，只是为了分析的方便，才将导致系统变化的原因分为内外两个方面。其次，“自组织”范畴只是对系统秩序（结构）生成过程中力的源泉的描述。系统秩序（结构）生成的力主要来自于内部要素间的相互作用，称之为“自组织事物”，或该事物是“自组织的”。

根据他组织力施加的方式及其强弱特点，可把他组织分为三种类型（何跃，2012）。其一为指令式组织，此种他组织力是指令性的和强制性的。系统运行的全部过程及细节都由外部组织力进行严格的控制。行政系统的结构及其运行是典型的他组织。其二为诱导式组织，此种类型的他组织力以引导性或指导的方式施加影响。其三为限界式组织，此种类型的他组织力只规定系统运行边界，而系统在界限内具有自组织运行的空间。

第四节　几种自组织城市模型

普里戈金在其《自组织与城市》中系统地阐述了城市系统具有开放性、非平衡性、非线性作用和涨落性四个方面的特性，也是自组织城市系统的判据特征。常见的自组织城市模型主要包括耗散城市模型、协同城市模型、分型城市模型以及混沌城市模型等（袁晓勐，2006）。下文将以此为基础，综合陈彦光（2003）等学者的研究成果梳理常见的几种自组织城市模型。

一、耗散城市模型

由艾伦与合作者发展起来的耗散城市模型，是普里戈金的耗散结构理论在研究城市及城市体系时的成果。耗散结构理论认为，对一个远离平衡态的开放系统而言，在能量流和物质流输入的前提下，系统将从无序演变为有序，而开放条件下的非平衡和非线性是有序之源，也是自组织系统通过涨落达到有序的条件。基于这样的理解，自组织过程实际上就是“从混沌到有序”的演化过程。普里戈金的自组织理论特别强调耗散过程，要理解这点，需要将波茨曼的有序原理与贝纳德实验结合才能有所启发，事实上，贝纳德元胞与克里斯塔勒和廖什中心地六边形景观存在着形式和内容的一致性。艾伦与合作者由此受到启发，借助耗散结构理论模拟生成了静态的克里斯塔勒和廖什中心地空间图式，还以此基础上发展出了若干模型系列处理中心地等级景观，包括城市内部标度和城市体系。

耗散结构理论对理解耗散城市提供了启示。城市是一个远离平衡的开放系统，非平衡和非线性是这个复杂开放系统的基本属性，而为了通过涨落而实现从无序向有序的演化，城市系统必须获得外界的物质流和能量流，减少城市系统的熵值，向复杂有序的功能、时间或空间结构演变。这也正是城镇发展演变的宏观路径。

二、协同城市模型

协同城市源于协同学在城市地理学领域的应用。主要探讨部分、个体、子系统、组群共同工作的规律和机理。也就是系统内部各个组成部分的相互关系、相互作用、整合效果及其宏观结构和整体行为，以寻找宏观尺度质变背后的宏观系统演变动力。在一个非线性运动过程中，有快慢两种类型的变量，快变量属于短程作用变量，不会进入系统宏观演变动力范畴，而慢变量虽然是长程作用变量，但也只有少数几个慢变量才能发展为序参量成为主宰系统的宏观演化动力。这也就意味着决定系统发生临界相变（质变）的控制参量只能是慢变量而非快变量。因为在序参量施加决定性作用的过程中，快变量仿佛是序参量听从序参量的指令。类似地，如果将城镇生长发育过程区分为快过程和慢过程，那么快过程代表城镇微观尺度上的建筑、街道、地铁等变化，慢过程正是代表宏观尺度的城镇系统。从伺服原理角度分析，城镇系统是城镇微观结构演化的环境和边界条件，也是众多城镇微观结构演变的宏观结果。正是这种城镇系统中的微观演变与宏观演变之间相互依存和相互制约，有助于理解城镇系统演变动力机制。城镇系统微观结构演变的动力是在既定约束条件下的自适应和自组织，这种累积性的演变所呈现出来的城镇景观也将作为一种既定结果，投射到城镇系统的宏观结构中去，但肯定不是全部的微观变量都能有如此机会，城镇系统的内在属性将决定哪些累积性微观演变结果以及以何种方式投射到宏观系统结构中。

协同城市的实践意义在于指导城镇规划。从有机系统的角度来看，城镇是由众多的要素（含自然因素和社会因素）及其相互作用而构建成的子系统、各子系统之间的相互依存和相互制约而呈现出来的宏观特征。在城镇发展演变过程中，自然地理以及因此而凸现出来的文化传统将作为一种慢变量而维持着城镇总体的宏观特征，但同时也会为城镇累积性的微观结构演变提供进入城镇宏观演变动力的机会。城镇各要素、各子系统之间和谐融洽的关系，是城镇生长发育的基础和前提。

三、混沌城市模型

混沌城市是混沌理论形成后在城市地理学领域应用的结果。混沌是自组织过程一个侧面，许多经历自组织转变的系统也会经历混沌演变。系统初始条件很微小的一点变化会引致千差万别的宏观结果。正所谓失之毫厘，谬以千里。混沌理论关注三对关系。其一是简单与复杂的关系，简单的确定性系统能够产生复杂的行为，这种行为一般不可预见，如通过改变线性方程的参数就可以使曲线呈现出发散、收敛或无限循环等情形。其二是条件与结果的关系，混沌系统对初始条件具有敏感依赖性，或者形象地称为蝴蝶效应；其三是有序与无序的关系，无序之中隐含有序，有序的结构可以在呈现为无序。在系统自组织过程中，分析混沌与秩序（结构）的关系可以发现，混沌系统也可以通过自组织而达到有序的结构。但微观层面的混沌与宏观的确定性混沌是两种不同的形态，微观层面的混沌源于系统中个体无规则运动和行为，而宏观层面的确定性混沌源于系统中众多个体突然被吸引子吸引或者伺服于某些序参量的结果。

耗散结构论和协同学也研究混沌现象。耗散结构理论强调从混沌态走向有序化的过程中必须有能量流和物质流的输入即耗散，协同学强调系统组分之间的相互促进和相互制约。但两者主要研究微观混沌，而混沌理论主要关注确定性混沌。有学者提出城镇就是混沌吸引子的观点，为运用混沌理论研究城镇化过程奠定了基础。

四、分形城市模型

曼德博尔特在创造这个词时是指具有自相似性的支离破碎和不规则的对象。一个分形体有三个构成要素，即形态、机遇和维数，分别对应于空间、时间和信息。由曼德博尔特建立的分形理论最基本的特点，是用分数维度的视角和数学方法描述和研究客观事物，也就是用分形分维的数学工具来描述研究客观事物，突破了一维的线、二维的面、三维的立体乃至四维时空的整数维束缚，用分形分维的研究方法可以用来描述复杂系统的真实属性与状态，更加符合客观事物的多样性与复杂性。班迪和隆雷 1994 年的合著《分形城市》，就是分形理论在城镇研究方面的成果。同年弗兰克豪斯出版了《分形城市结构》法文版。事实上，表面上似乎没有任何规则的城市形态及其结构，实则隐含着自相似规律。

分形城市是自组织城市研究领域中最具活力的领域。分形理论为有关城乡边缘带研究与旧城区改造研究提供了一个全新的理论工具。研究表明，城市边界的形状是多种因素综合作用的结果，呈现出弯曲、折断、破碎等特征。为了揭示隐藏其中可以用来指导现实的有用信息，可以用分形理论来计算城镇边界线的分形分维数，随着这种分数维的累积性增加，就可以发现城镇发展演变的历史路径，并与各时间碎片相关的各要素联系起来，就可以既从微观上发现城镇生长的每一个足迹，又可以从宏观层面发现城镇生长发育的内在规律。这种运用分形理论研究单体城镇的价值不仅在于发现城镇生长发育的微观与宏观特征及其规律，还可以用来与其他城镇开展比较研究，发现了具有较大实践价值的位序规模法则。基于以往的分形城市研究成果，分形理论不仅可以有助于发现城镇生长发育的内在规律，还能体现出重大的实践价值。如对城市路网的改造、居民点的空间分布、城镇商业中心的空间布局以及城镇生产中心的空间分布等方面都可以通过基于分形理论的研究成果来得到科学合理的筹划。

五、沙堆城市模型

自组织临界性一直是复杂科学的关键概念，而沙堆则是自组织临界性的典型实例。沙堆城市尝试揭示城镇自组织过程中的临界性特征。沙堆崩塌是一种自然现象，当沙堆底面积固定，随着沙堆高度的增加，各种规模的崩塌都会出现，此时系统将进入一种统计意义上的稳定状态即自组织临界状态。进一步分析沙堆的物理结构可以发现，系统在许多区位是不稳定的，虽然沙堆坍塌可能随时发生，但沙崩的规模分布在统计性质方面却保持稳定。

沙崩规模分布的稳定性与城市规模分布的稳定性具有相同的机理。曼登利用 1790 年至 1950 年每 10 年一次的城市资料分析后发现，在此期间，各单体城市位序在微观层次上发生过多次交替，而宏观层次上的位序——规模分布则稳定地向前发展，没有出现过明显的类型转变。这样的实证分析验证了位序——规模法则是一个客观存在。这也正是沙堆城市模型所揭示的城镇自组织过程中存在自组织临界的客观属性。

六、细胞城市模型

细胞城市又称细胞自动机城市，也可以简称 CA 城市，主要尝试从微观层次揭示城市生长的微观机理。细胞城市理论最早由纽曼等人开创，20 世纪 70 年代进入地理学范畴。20 世纪 80 年代以后，基于分形理论研究的快速拓展，有学者发现了细胞城市也可以产生复杂的分形图式，由此细胞城市研究开始启动。

一个细胞城市模型一般有用于模拟的细胞、细胞的状态、邻位的定义和状态转换规则共四个基本构成要素。用这四个要素就可以对城市结构和形态的演化进行模拟。细胞城市的状态转换规则（如城镇居民对个体适应能力的持续性追求）只能是局部的，用来描述一个细胞与另一个邻居细胞的关系。

即使是一组简单的局域性规则（基于城市文明而呈现于居民日常生活中的习惯与风俗），也可以生成结构复杂的宏观结构和行为。一般情况下，自组织研究往往要在利用微分方程进行烦琐而枯燥的运算后，才有可能对自组织过程进行并非充分的定性描述，而基于细胞城市模型简单的网络模拟和系统分析就可以解释更多的自组织过程现象。这正是细胞城市模型的研究价值所在，因而被广泛用来模拟研究城市自组织过程。从具体的运用实践来看，细胞城市模型虽然属于一种离散动力系统，类似于现实中城市的房屋、场所、街区以及诸如此类的离散空间单元。如果将这些离散单元用不同状态的细胞来定义的话，系统中细胞阵列的状态由邻位细胞的状态来决定，意味着城市中分布的各离散空间单位也存在相互的作用力，即城市自组织过程中所体现出来的空间动力特征。借助细胞城市模型的自组织特征，可以揭示城市生长发育机理及其客观属性，从而有可能为城市他组织提供理论基础。

第二章　分工演变与城镇突现

分工演进使产品剩余成为可能，并诱发了交换的需求以及市场的涌现，而生产功能和服务功能先后在市集空间的迭加催生了城镇的突现。

——题记

在马克思系统提出社会大分工理论之前，劳动生产中的分工现象早已出现。无论是在历史上还是在今天，劳动分工是经济活动的基本特征。这种源于劳动者所在地自然资源禀赋差异的分工或者可以称之为以自然分工为基础的劳动分工，地域之间的资源禀赋差异随着劳动技能的增加而出现了产品剩余，个体或群体之间劳动成果的差异成为斯密所谓互通有无的动力。在熟能生巧和“干中学”的作用下，特定生产领域的劳动产品数量会有较快的增加，从而会诱导固定交换场所的突现，随着交换次数和交换频率的增加促使临时的、流动性的交换场所从不固定逐渐固定下来，定期开放的集市、墟市也逐渐演变为日常性交换市场。从哈耶克自发秩序的视角来看，用于交换的劳动产品数量、剩余产品数量和种类随着分工水平的提高而显著增加，于是越来越多的交换成为必然，按照这样的演进逻辑，固定市场和常态市场的出现将诱导出一种全新的职业，于是专业商人开始出现在交换场所，集镇成为自发秩序的必然结果。基于此演进路径，城镇的突现将始于市场的涌现和发育，为了更有效地探究城镇起源，必须分析市场起源。在此基础上进一步探讨城镇经济的分工演变之于单体城镇和城镇网络的生长作用机理。

第一节　分工演变与市场涌现

根据历史唯物主义方法论的要求，只有通过起源问题的讨论及本质探讨，才能科学分析和预测其未来的发展和演变趋势，才能为中国特色社会主义市场经济建设的实践活动提供理论指导，也是最有可能发现市场演变规律的方法论之一。

关于市场起源及其演变问题的研究，马克思主义经典作家主要以唯物辩证法为方法论基础，在融合达尔文的进化论之后，在逻辑上论证了社会分工与市场起源之间的内在关联。事实上，在农业经济时代，源于自然的环境和资源的禀赋差异是交换行为产生的客观前提，农业生产过程中的部分分工促进了产品剩余的增加，于是单体市场开始突现，随着分工水平的提升、交易知识的积累以及运输工具的改良，专业商人开始将孤立的单体市场串联为一个市场网络。在工业经济时代，已成型的市场网络将开始相对独立的发展阶段，也将更多地遵循其自身内在的逻辑而展开。而分工与市场之间的相互作用，既是理解市场发育的关键，又是把握现代经济的钥匙。

有关分工的研究文献，在今天的主流经济学领域几乎没有出现，而关于分工演变的研究文献就更少，至于探讨市场起源的文献也少见于主流杂志，在经济史研究领域有学者在关注，但持续关注的学者也并不多。下文的解读主要基于相关领域的经典文献，融合演化经济学的基本观点和分析方法，探究分工演变与市场起源之间的内在逻辑。

一、传统经济时期的市场形态

传统经济阶段主要包括原始经济阶段、传统农业发展阶段和近代工商业发展阶段。传统经济时期的市场形态虽然在不断发生变化，但市场的交易功能没有发生本质变化，只不过现代市场交易的形式和内容发生了数量方面的变化，市场的交易类型和种类在不断增加。鉴于此考虑，梳理传统经济时期的市场形态变化及其内在属性就可以很好满足分析的需要。

（一）原始经济时期的交换场所

传统经济时期没有相对发达的社会分工，只是在生产活动基于性别和社会角色的原始分工。低下的生产力只能维持基本生存，不可能出现大量的剩余产品，自然也没有产品交换，此时是没有市场的。到了原始社会后期，随着第一次社会大分工的出现，使畜牧业和农业开始分离，在“熟能生巧”和“干中学”机制的作用下，生产力有了一定程度的提高，剩余产品开始出现，才有了最初的产品交换，通过物物交换，出现了原始的交换场所，但此时的交换是偶然进行的。随着人类社会第二次大分工和私有制的出现，出现了直接以交换为目的的商品生产。从农业生产中独立出来的手工业使市场的范围日益扩大，交换的品种和数量大大增加。随着社会分工的扩大、市场范围的拓展，交换媒介开始出现。此时消除了物物交换的限制，促进了商品生产的进一步发展，使人们对市场的依赖程度逐渐增加。在人类社会第三次大分工后，出现了商业，商业是商品交换的发达形式，是专门组织商品流通的独立行业。商业产生后，商人充当了市场的组织者，不仅使市场的范围更加扩大，而且使市场的设施和业务日趋完善。

（二）自然经济时期的市场形态

从市场突现以来，经历了奴隶社会、封建社会和近代资本主义社会等阶段。在奴隶社会和封建社会，自然经济占主导，市场发育比较缓慢，对社会经济生活整体的影响也不大。在自然经济条件下，生产活动的最终目的主要是自给自足。农业生产和家庭手工业相结合是自然经济的重要特点，“男耕女织”“自给自足”是自然经济的基本特征。列宁曾指出，在自然经济状态下，社会是由许许多多同类的经济单位组成的，每一个这样的单位从事各种经济工作，从采掘各种原料开始，直到最后这些原料制作可供消费。自然经济的生产者生产自己所需要的一切产品，包括农产品和大部分手工业品。自然经济条件下的生产者既是财富的创造者，又是财富的消费者。生产所需要的物质条件全部或大部分是自己生产的，对外交换极为有限，产品还不具有商品的性质。在自然经济时期，生产活动完全主要是基于习惯、本能、共同协商或家长专制，由家庭或村落自行决定，因为生产的主体和市场的主体是同一的缘故，生产者根据自己的需要调节自己的行为。自然经济时期的生产力水平虽然有所提高但仍然低下，生产规模狭小，各个生产者或生产单位彼此处于分散孤立的状态，很少发生经济联系，自然经济是一种自给自足的相对封闭经济。

自然经济阶段也有可能出现产品剩余，从而诱发交换的需求。自亚当·斯密以来，学者常将分工与市场起源联系起来，希克斯对市场起源与专业商人出现的关系进行了深入思考。在希克斯看来，在古代社会市场还未出现时，贸易的发展实际上经历了两条不同的道路，其一是从自给自足的习俗经济中逐渐演化出市场组织，其二是指令经济即由国家力量来推动商业的扩张。介于指令经济和习俗经济这两种极端的形式之间，就是通常人们所说的封建主义和官僚政治统治之下的岁入经济。岁入经济先于市场，是一种名副其实的经济组织形式，也是研究市场经济产生的重要背景。而市场经济也在深刻改造着岁入经济。市场和专门化商人的出现成为商业专门化的标志。在岁入经济中，专门化商人来源于定期贸易中从事交易的贸易经纪人，并逐渐演变为存货持有人，最终成为专业化商人，也可能是直接为市场劳动并参与产品买卖的手工匠人，又或者是君主之间赠礼和进贡的使节，他们在代表主人经常执行商人的某些职能的过程中逐渐变成独立的商人。伴随专门化商人的出现，就逐渐形成了一个商人阶级，重商主义思想开始出现。早期的重商主义是政府干预市场以便维持某种秩序，减少政治统治的潜在威胁。国家出面制定符合市场经济的规则也是出自国家巩固自身统治的需要。重商主义经济是一种高度个人主义的商业经济，商人阶级在获得新的地位后也会提出组织方面的要求，他们创立的经济直到与之相适应的政治结构或半官方组织中的某些要素有所增长时才能大大发展。希克斯认为，城邦是一种经济组织，将城邦制度作为重商主义经济的第一阶段，此阶段的特点是商业团体建立在一种非商业的环境中。而市场经济之所以能在欧洲首先出现，因为欧洲历史上曾经有过这样一个城邦经济时期。此后，欧洲进入了黑暗的中世纪，经历了一个漫长的衰退时期，由于城邦时期两大经济遗产——货币和法律仍保存下来，成为欧洲再次复兴的重要基石。在此，希克斯将殖民地看成贸易站，它的形成促进了贸易的发展和商业的扩张，形成了贸易中心经济。事实上，商人之间虽然存在互相信任和自律，随着商业的不断深入发展，市场中的交易者需要获得对自身利益的保障，即对财产权的确立，对合同履约的保证以及如何界定由合同产生的权利的性质。即使商人团体可以达成一定程度的谅解，习俗制度也能够提供调节争端的方法，但最终还是要由国家出面提供才有可能达到最优规模。政府就逐渐通过法律机构和制度安排来确保交易者的财产权以及合同的履行，市场也就在政府导向下，逐步向着有利于维护市场交换中交易者双方利益的方向发展。

（三）商品经济发达时期的市场形态

商品经济是自然经济发展的新阶段，在商品经济的条件下，生产主体和市场主体逐步分化，价值交换在不同的主体间进行，商品经济条件下的市场逐渐显性化，继续推动和调节商品经济向更高能级的经济形式发展。一般而言，商品经济是一种为交换而生产的经济，即商品是为了交换而生产的产品。但商品经济通常建立在存在着众多独立的价值主体的社会基础之上，在市场的组织、调节和推动下，不同的价值主体相互联系，为追求更大的盈余价值，或为追求有效的效用价值而生产、交换，分配自己的价值投入带来的经济利益。

商品经济时期有高于自然经济阶段的社会生产力水平，财富的生产与对财富的需求同步增长，自给自足的生产方式逐步退出历史舞台，生产主体和市场主体逐步分离，人们对财富的需求从自然经济的自给自足发展到商品经济的主要通过交换来实现。在商品经济中，生产什么，生产多少，何时生产，如何生产以及为谁生产，不是由生产主体来决定，而是由市场主体来决定，因为生产的主体和市场的主体相分离的缘故，生产者必须按照市场的要求调节自己的生产行为。人们要获得更多的财富，一方面要加快商品的生产，另一方面更要加快商品的交换。要加快商品的交换，就必须寻求较大的市场。商品经济时期，市场开始公开化地引导、调节和推动社会经济的发展。

商品经济的发展极大地推动了市场的发育，使得市场经济逐渐占据了经济社会发展的核心位置，具有了支配经济发展的基础性力量。在商业发展的市场渗透的阶段，货币和法律得到了进一步发展和完善。此时货币制度逐渐向信用的方向发展，法律的形式也趋向于规范化。市场对非商业化的领域渗透包括货币和金融的发展对国家的渗透，商业经济和市场对传统农业的渗透以及劳动力市场从奴隶市场过渡到自由劳动力市场。希克斯认为，在市场渗透的过程中，“收益递减趋势”起到推动和激励的作用，一方面可以激励商人发挥创新者的进取精神，去寻找新的贸易对象和贸易渠道，从而实现贸易多样化；另一方面也可以促使商人进行组织上的改进和市场的扩展。

以市场机制运行为枢纽的商业经济不可避免要受到国家权力的束缚。随着市场在经济社会各方面的逐渐渗透，政府干预市场的范围进一步扩展，主要反映在货币制度的建立，税收政策的完善以及银行业的兴起。希克斯认为，国家制度与货币制度的关系历来是非常密切的。国家不仅能够从铸币中直接获利，还能从中得到更大的间接利益。货币是商业经济的产物，而国家通过贸易渠道用货币支付得到商品的价值是远远大于实物税收。在历史上，商业交换的兴盛也是与货币的应用相伴相随。一般来说，一个帝国的衰亡必然伴随着严重的财政危机，国家财政入不敷出才是影响国家政局稳定的直接因素。对国家而言，税收制度的建立和完善是至关重要的。希克斯认为，要解决政府的财政困难不仅需要依赖于商业经济的发展，还要依赖于国家财政制度的完善。财政压力往往是推动国家改革的动力，促使欧洲近代民族国家兴起的动力。为了缓解战时财政压力，国家需要大量借债，需要国家的信用作为保障，而银行业也正是在这个时段发展起来的。随着国家还债信誉的提高，国家和银行逐渐紧密联系在一起，国债的信誉和流动性的增加为国家缓解暂时的财政压力提供了资金来源。

希克斯《经济史理论》认为，商业发展的最后阶段是工业革命以来的近现代阶段。在工业从手工业阶段向现代工业的过渡中，由于利息率下降以及资金更容易获取，促使在流通资金的周转过程中，资金不断返还并用于再投资，加快了金融业的发展。而蒸汽机的发明，以及由机器制造的二代机器的出现，降低了生产成本，提高了工艺水平和精密程度，使得科学和工业的关系愈来愈紧密。在科学技术突飞猛进的近现代，工业化也在不断冲击着劳动力市场。

二、分工与市场起源及发育的理论思考

分析经济发展各个阶段的市场形态及其变化可以发现，分工与专业化的不断推进是市场突现的主要力量，因为分工与专业化演进使得生产能力不断提高，可以用来交换的产品数量和种类也在以几何级数增加，推动了市场规模和结构的日益拓展，市场之间的商品和服务的交换变得越发紧密。

（一）单体市场的突现

自然分工是本书分析市场起源及其演变路径的起点。所谓自然分工，主要是指因各种自然力的作用而导致的自然资源禀赋差异，如水文气候、地质地貌、自然植被、土地以及动植物和矿藏等因素之于经济活动的影响。自然分工主要强调经济活动的自然环境差异，而对差异的强调正是分工和专业化的内涵，从这个角度来分析，自然分工不仅是劳动分工的起点和基础，也是经济发展的初始条件。正如哈罗德·德姆塞茨在《经济发展中的主次因素》一文中所强调，自然资源禀赋差异是分析各经济体经济绩效及其演变路径的起点。这种初始条件的差异正是自然分工的内涵，由此导致专业化演进正是市场起源及其演变的微观基础和源泉。

自然分工所导致的生产行为及其结果的差异—多样性的产品剩余，是交易倾向和物物交换的客观基础。在劳动成果满足自身需要之前，交换不可能发生。随着“干中学”和熟能生巧的积累，产品剩余开始出现，并触发人性中的交易倾向。

一般认为，偶然交换是市场突现的起点。此时的交换场所并不固定，还只是与少量的、可用来交换的产品剩余相对应。随着生产中熟能生巧的积累，基于自然资源禀赋的比较优势将导致单一产品剩余量的缓慢增加，而自然分工所导致的劳动产品的差异化也将增加可用来交换的产品种类。为改善其生存状况而进行互通有无的交换得以实现。随着交换频率的增加，将出现交易知识的熟能生巧，并将导致交易效率的提高和交易费用的降低。此时，固定

的交换场所将逐渐显现。需要强调的是，只有将自然分工与源于自然资源禀赋的比较优势结合起来，才能理解交换形态变迁的内在必然性。

固定交换场所的出现是单一产品剩余量的增加和产品差异化程度的提高共同作用的结果，也是分工发展和积累交易知识共同作用的结果。事实上，分工演进与市场演变的同步和持续是固定交换场所突现的前提条件。就分工演进而言，专业化生产策略有利于生产知识的积累和单一产品剩余量的增加，而自然分工和劳动分工将增加剩余产品种类的多样性，从而导致交换量和交换频率的显著增加。需要注意的是，交易失败的风险也将随着剩余产品种类和数量的增加而快速地增加。为了避免交易失败，交易参与者将启动学习程序，通过观察并总结交换成功的经验，持续积累将逐渐形成有关交易的惯例，从而改善交易效率，降低交易成本，实现市场交易规模的扩展。总体而言，分工演进所增加的产品种类和数量，将促进交易规则和惯例的形成，随着市场规模的扩展而始终处于持续更新中，从而保持两者同步的演进态势。正如斯密基于分工所演绎从物物交换到市场再到货币、一条经得起时间检验的演化路径。

（二）市场网络的涌现

以上分析仅局限于空间范围有限且各自独立发育的交换场所，这些孤立的场所构成了市场网络的形成及其发育的基础。至于孤立发育的市场之间之所以能够产生越来越多的贸易联系，进一步成为市场网络中的一个节点的原因，不是别的，正是专业商人，特别是远程贸易商人的出现。劳动分工所增加的用来交换的产品种类和数量，仍然是专业商人的出现、市场网络的形成必不可少的前提条件。

在真实的经济生活中，专业商人的出现也是一个不断演变的过程。在专业商人出现之前，分工网络中的个体既是生产者，也是消费者，同时还承担着产品交换的任务。所以此时的个体是一个完全意义上的兼职者。在分工与专业化的过程中，兼业现象是一个无法逾越的阶段。因为当分工程度较低时，通过“干中学”和熟能生巧所积累的技能、技巧非常有限，改进生产的可能性也较小，因而产品剩余量和可用来交换的产品种类和数量也是有限的，此时市场所覆盖的范围（容量）也就较小，执行交换任务的只能是生产者。随着隐性知识和显性知识的累积性增加，生产技术进步所导致的产品剩余量将不断增加，而生产者如果还是需要完成生产和交换两个环节，那么时间配置方面的矛盾就会出现。如果减少生产时间，那么能够用来交换的产品剩余量也将减少；而如果减少用来交换的时间，在交易效率和交易成本一定的前提下，又有可能导致交易失败。无论是减少生产时间还是交易时间，都无法实现个体潜在的适应①水平。生产与交换的分离也就成为一种必然，专业商人开始突现于经济大舞台。

手工业与农业的分离既增加了可交换的产品种类和数量，又在手工业者与专业商人的分离方面创造了条件，从而催促了专业商人的登台。经济史料显示，随着交换场所的固定，从农业分离出来的手工业者就开始向市场集中并可能定居下来，成为“前店后厂”的兼业者——生产者和销售者。随着手工业生产技术的进步和市场需求的增加，农业生产中的个体在生产与交换的时间分配的矛盾将再次出现。手工业也将出现生产与销售的分离，专职销售手工业产品的个体开始出现。

一般而言，诸如中国历史上的晋商、徽商等专业商人首先是在区域性市场出现，随后是远程贸易的拓展，如中国近代的丝绸、陶瓷等在欧洲的销售。远程贸易的出现同时还意味着产品剩余量随着专业化进程而有了显著的提高，如中国专业化生产的大量茶叶、丝绸以及陶瓷等产品通过“茶马古道”或丝绸之路远销中亚、欧洲各国等。远程贸易的出现使原本相对孤立发育的“集”“场”“会”等交易场所，通过专业商人的产品销售而开始产生联系，成为市场网络开始生长并最终形成的起点，也是启动更高一级市场网络生长的前提。市场形态也将从区域性市场向着较高等级的地区性市场以及更高等级的中心市场方向演进。并不是每一个交换场所都必然拥有向着更高等级市场演进的条件。在众多不断发育的交换场所中，只有那些能够借助于有利的自然地理

① 生产与交换都是个体为改善适应状况而不得不完成的环节，生产是改善适应状况的物质基础，而交换是实现个体满意的适应状况的手段，两者的最终目的都是实现个体的多样化消费偏好，提高满意的适应水平。

条件的交换场所，如各级河流所经过的交换场所，才有可能发育成为高于其他类型的交易场所[①]，才能集中更多的剩余产品，或进行产品中转甚至进行简单加工，或直接向其市场腹地销售，从而有可能向着“中间市场”方向演进。正如张萍的研究表明，从地理上来看，陕西是西北五省的东大门，也是西藏、四川前往京师驿路的重要中转站，从经济结构方面看，正好处于农业经济与畜牧业经济交界处，于是陕西的三原、泾阳以及榆林等市场最终发育成为“中间市场”。

随着专业商人的出现，市场中介组织也开始出现，中国历史上出现的“牙行”以及“牙人”就是专业商人和市场中介的别称。《蒲圻县乡土志》记载，以行为业者谓之牙人，牙人必领牙贴，以为经纪人，牙行和牙人是促成市场交易的媒介，牙行数量有一定之规，由各省布政使裁定颁给。蒲圻县出现牙人及牙行的原因在于蒲圻物产殷富，商贩云集，需用经纪人颇多，而牙行以兴。日本学者加藤繁（1937）在考察清代村镇定期集市时声称，牙行由来已久，可上溯至秦汉，然而他们的活动主要在定期市。事实上，每一种商品都可设牙行，而交易额相当大的商品，如绸缎、药材、米粮、牲口、酒、茶等尤其有牙行设立之必要。然而并非所有集市墟市都设牙行，而且没有牙行的集市，并非一切商品都有牙行为之中介。明初曾一度废止官牙和私牙，明中叶以降，随着全国商品经济的发展，官方禁止设立牙行的做法有所松动，殆至清代，牙行已遍布全国。牙行经纪所经营的商品各不相同，其“行”多以商品命名，如清代乾隆初年，湖南计有绸行、缎行、油行、铁行、布行、瓷器行等 25 个。从各方志的记载来看，牙行是明清长江中游市镇经济得以运转不可或缺的机构。牙行由本地商人设置，负责向客商介绍商品，牙人穿梭于客商与本地货主之间，兼任中间商角色，撮合生意，平准物价。

综上所述，在传统的农业经济时代，市场网络的突现有赖于从农业生产与手工业生产中分离出来的专业商人，正是坐商和行商才使得原本孤立的交换场所，通过远程贸易而产生物质、信息和能量的交流，相互连接成为一个

---

① 究其原因，用来交换的剩余产品的运输成本是决定某一交换场所能否向着更高等级发育的前提条件。一般而言，水路运输要比陆路运输成本低得多，国内的研究显示两者相差有 20 到 30 倍之多。

有机的网络系统，而市场中介的涌现则促进了市场网络的层级分化。农业生产中的劳动分工以及手工业生产中的专业化仍然是市场发育的原初动力，是市场网络化的物质基础。

三、市场发育与分工演变的互动

市场是商品交易的场所或空间，但这种界定并没有涉及其丰富的内涵及其本质。马歇尔虽然在《经济学原理》中为此专门写了一章，但并未超越杰文斯有关市场的定义：指任何一群商业上有密切关系并进行大量交易的人。此后的学者都未能进一步阐释和修补。对市场认识较为深刻的是米塞斯《人类行为的经济学分析》中提出的，市场是生产工具私有制条件下的劳动分工的社会体系，……市场不是一个场所、一件物品或者是一个集体。市场是一个过程，由在劳动分工条件下合作的不同个人之间的行为的相互影响来驱动的。米塞斯关于市场的思考，是以亚当·斯密关于分工与市场之间的内在关联的认识为基础的，但比之亚当·斯密又更为深入。遗憾的是，米塞斯的工作因其非主流地位而没有引起太多学者的关注。在这以后，市场与分工之间联系的争论大多基于亚当·斯密定理及其进一步展开的扬格定理。

在亚当·斯密看来，分工程度与市场大小关系密切。如果市场较大，就能容纳较高程度的分工，而如果市场太小，只能进行较小程度的分工，甚至不能进行分工。事实上，市场太小也不能满足人们终身专务一业的要求。只有当某种产品或服务的需求量随市场范围的扩大而增长到一定程度时，专业化的生产者才能出现和持续存在。事实上，如果市场交换能力较小，生产者之间甚至无法交换各自的剩余产品，更不用说专务一职了。关于市场扩展的原因，亚当·斯密将其归结为人口密度和运输能力的提高。但没有给出理解市场起源及其扩展以及由此带来附加收入的条件。于是扬格（Young，1928）重新界定了市场及市场规模的内涵，用一种包容的观点来看，市场不是作为某种产业的输出口，因而不是外在于哪个产业，而是作为总产品的输出口，市场规模是由生产的数量所决定和确定的。市场概念在包容的意义上是与商贸联系在一起的生产活动的总和，……它必须是某种平衡，不同的生产必须是成比例的。劳动分工取决于市场规模，而市场规模又取决于劳动分工。于是扬格认为，斯密定理实际上就是“分工一般地取决于分工”。斯密定理的实质是处理生产组织内部分工与市场规模之间的关系，扬格定理解决的是社会分工与市场规模之间的关系，而斯蒂格勒则主要关注生产组织内部的分工是如何随着市场的扩展而演变成为垂直一体化及社会分工的，强调的是市场本身协调社会分工的作用。在马克思看来，社会分工最基本的问题是最小规模经济问题，实际上就是指市场规模促进生产组织内部分工的最低要求，揭示了生产组织内部分工与社会分工之间以交换为媒介的交互作用，如何推动资本主义经济发展、市场规模如何扩展并赋予生产组织内部分工以新的内容和形式的过程。因此斯密、扬格和斯蒂格勒关于分工与市场规模的思想用马克思的语言可以表述为“生产组织内部的分工取决于社会分工，社会分工取决于生产组织内部的分工”。这一命题成立的关键在于如何分析社会分工与市场规模之间的关系。

扬格对斯密定理的扩展暗含着分析方法的转变。亚当·斯密认为，分工与市场扩展之间存在着时间的先后之分，市场扩展于前，分工发展于后。事实上，“分工受限于既定的市场范围”这个结论只是静态分析的结果，而“分工一般地取决于分工”既是静态分析但更多是动态分析的结果。事实上，分工与市场之间既相互影响，相互促进，并非同步，因为从市场范围的扩张到与之相应的分工水平之间存在着时滞现象。对生产者而言，一方面，市场范围的扩展意味着交换机会的增加；另一方面，对一个同时生产多种产品的生产者来说，由于生产技术及其熟练程度的差异，各产品成本出现了高低之分。当成本的高低与市场交换价格进行比较之后，多产品生产者会用自己能够熟练生产且所耗时间最少的产品，交换自己最不熟练且耗时最多的产品，这时交易双方都通过交换实现了最大的好处。正是这种好处，使得参与交换的双方都在将自己有限的几种生产要素逐渐向特定的一种或两种产品生产倾斜。消耗在这一种或两种产品上的时间会逐渐增加，随着“干中学”与熟能生巧机制的作用，生产技术和技巧的积累将不断加速，使得可以用越来越少的时间完成单件产品的生产。通过交换所得到的好处的大小与生产者的技术熟练程度成正比，而熟练程度的高低与产品生产要素的分配有关，有限的几种生产要素的分配又与交换所得好处的大小成正比，于是生产技术的熟练程度就与通过交换所得好处的大小成正比。当多产品生产者通过多次调整其有限的生产要素以获得最大的好处时，最终结果是这个多产品生产者将只生产一种他最熟练生产的产品，于是个体专业化生产开始出现。

分工与专业化发展的结果表现为最终产品和中间产品数量和种类的增加，根据萨伊定理，供给将自动创造出自身的需求。于是因分工而导致的供给增加也将导致市场需求的增加，从而扩大了市场规模。这也就意味着分工发展也将促进市场范围的扩展。但这种促进并不会自动完成，而是要同时满足单位产品成本和交易费用的降低两个条件。单位产品成本的降低可以通过专业化规模生产完成，而交易费用的降低则有赖于市场机制的有效性。一般而言，交易费用的大小与市场腹地的空间范围成正比。在单位产品成本既定的前提下，交易活动的空间范围取决于交易活动的单位费用，也就是既定的交易费用决定了既定的交换边界。道路的开通、运输工具的改进、通讯手段的进步和数据处理技术的创新都是交易技术的进步导致交易费用下降的最好说明。

鉴于以上的分析，短期而言，市场扩展将促进产品的专业化生产，而专业化程度的提高将导致中间产品的数量和种类的快速增加，促进市场扩展；长期而言，社会分工与市场规模的发展各自都有一个逐步发展的历史过程，但两者发展的过程又难以分开。事实上，社会分工与市场规模是在历史的互动中共同演进的，生产组织内部的分工与市场规模之间的关系，社会分工在生产组织内部的反映和表现。这正是理解市场扩展与分工发育之间相互作用的内在机理之关键。

第二节　分工演进与城镇涌现

一、单体城镇的突现及其演变

分析市场起源及其演变可以发现，分工与专业化演进创造了产品剩余，诱发了互通有无的需要，交换的需求通过临时或固定交换场所得以实现，固定交换场所吸引了原始手工业者的进驻，使固定场所拥有了生产功能，随着人口集聚进而诱发了服务功能的产生，此时原本称为市场的空间场所有了新的名称——城镇。城镇是交易功能、生产功能和服务功能在特定空间地域迭加结果。无论是城镇的交易功能还是城镇的生产功能，甚至是城镇的服务功能都将因为分工与专业化演进而获得持续的演进，这三者将以三位一体的方式共同推动城镇的生长发育。

从经济分析的角度来看，城镇是市场网络的生长与工业产业链、农业产业链的延伸而共同导致的结果。而从发生学的角度来看，市场的出现要早于城镇的凸现。考察城市发展的历史可以看出，首先是市镇从农业经济的土壤中凸现出来，出现的主要原因仅在于实现分工网络中各主体之间的交易，也存在着非常少量的手工业者，在市镇里从事简单的加工制造等活动；其次是城镇从固定的交易场所中凸现出来，原本在市镇中的手工业规模不断扩大，而且有更多的手工业者从农业中分离出来并向城镇集中；然后是众多城镇中那些因地理位置、自然资源条件较好的发育成为城市。在此基础上，城市进一步发育成为大城市，以及随后的超大城市和城市群的出现。单体城镇的凸现与分工演进之间的关系如图 2-1 所示。

从经济发展的轨迹来看，因自然条件的差异而导致的分工，使得经济活动的个体或组织从事不同的生产活动，结果是不同区域之间的个体或组织存在着显著的产品差异，意味着存在剩余产品交换的客观基础。随着个体或组织通过“熟能生巧”和“干中学”机制的作用，不断地积累了在各自生产活动范围内的专业化知识，累积的效果表现在生产成果方面就是产品产量的增加。虽然产量增加的速度并不是很显著，但这种因专业化知识（生产）的积累而导致的产量增加是稳定而持续的。当产量增加到一定程度之后，将会出现产品剩余，虽然剩余量在开始时是很小的，但随着产品增量的持续性增加，剩余量将越来越大，这时候交换的物质性基础就已经具备了。而交换的愿望或动机也就是产品差异因自然分工而存在着，所需要的就仅仅是一次偶然的碰面及交换。从逻辑上讲，历史上所说的在井旁完成交易已经是较为固定的交易场所了，而偶然交换早就在这之前已经发生了多次。交易场所首先是偶然的、不固定的，这种情形与交易量的大小有直接的关系，随着产品剩余量的增加，需要完成的交易数量在不断地增加，交易频率不断提高，为了方便交易活动的完成，将交易场所固定在一个各交易主体都能携带各自的剩余物品，较方便到达地点。产生的好处就是在提高交易效率的同时，减少交易费用。

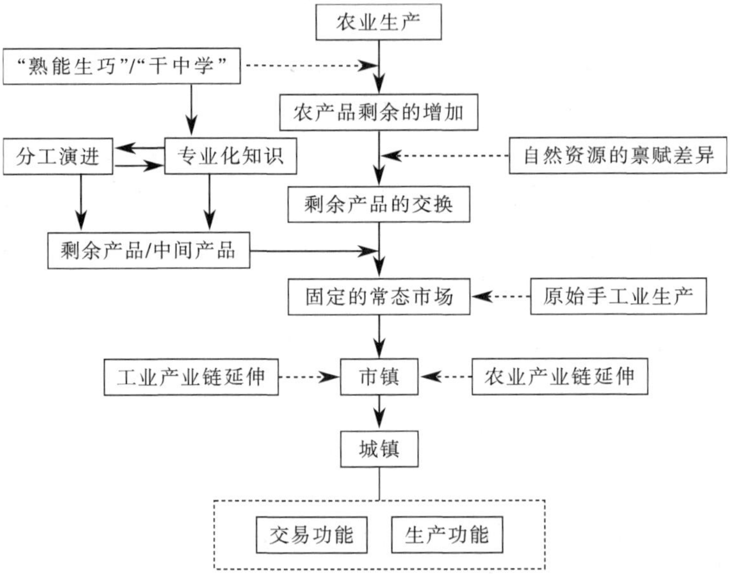

图 2-1　经济系统的分工演进与城镇的凸现

当交易场所固定之后，一方面，农产品剩余量还在继续随着专业化知识的积累而增加。而增加的剩余产品可以在市场上通过交易，实现个体或组织的适应环境的能力，即剩余产品就意味着适应状况的改善。市场的功能类似于“产品转化器”，只要个体或组织能够在各自的生产领域生产出一定量的剩余产品（甚至是全部用来交换的产品），就可以通过市场交换来实现适应环境的目标，这是在农产品生产方面的情景。另一方面，随着个体或组织在各自的专业化生产领域知识的积累，手工业的萌芽开始在农业生产领域凸现，这就是马克思所说的社会大分工。一旦手工业生产者从农业中分离出来成为现实，意味着进入市场参与交易的物品不仅仅是农产品中的剩余部分，还包括完全用来交换的手工业产品。而且手工业产品的凸现意味着市场交易的数量及种类快速增加。从生产的角度来说，农产品本身就是最终消费品，之所以农产品要参与交易，主要原因是因分工而导致的产品差异，通过交换也能够有效地改善个体或组织适应环境的能力，而手工业产品则不同。人类社会生产活动的目的在于消费，之所以有手工业生产者与农业生产者之间的分工，主要原因在于农业生产可以利用手工业产品提高农业生产水平，农产品剩余量从而可以不断增加，意味着个体或组织的适应状况可以不断地提高。从属性来看，手工业产品是一种中间产品，为农业生产提供生产工具的产业。从社会生产的角度来看，在开始生产最终消费品之前，一部分个体首先进行生产工具的生产，然后另一部分个体，利用生产工具去进行最终消费品的生产，于是整个社会的生产活动开始出现迂回，也可以说是社会生产链条开始延长。因为手工业产品的中间产品属性，导致了市场交易量的增加。因为手工业者如果不能通过市场交易，将自己的手工业产品通过“产品转换器”，获取自己所必需的生活消费品以及相应的生产原料，那么手工业是不会从农业中分离出来。从分工水平与个体适应状况之间的关系来看，手工业者之所以出现，意味着个体或组织通过手工业生产活动，可以获得比从事农业生产活动更高水平的适应能力。这是手工业生产者的出现导致市场交易量增加的一个原因。事实上，手工业产品除了中间产品这个属性外，还有一个特殊性表现在手工业与农业相比，内部的分工与专业化演进更容易一些。农业生产活动在完全自然的环境下进行，特别是气候变化的规律，在人类社会的早期还是个体或组织所不能了解的，所以在当时人类对自然的认识非常有限的前提下，众多影响农业生产及其成果的不确定性是无法了解的，直到今天农业生产的自然属性仍然在制约着农业生产。这也就是在农业生产领域，虽然“干中学”和“熟能生巧”机制的作用机理与手工业生产领域同样在其作用，但专业化知识的积累量远远满足不了农业生产实践的需要。手工业生产活动与农业生产活动最大的不同之点在于，前者可以在较小的范围内，个体或组织所能了解和控制的范围内进行专业化知识的积累。在这种情形下，专业化知识的积累速度就会快于农业生产领域的专业化知识积累，这也就是今天所见到的工业产业内部的分工与专业化演进速度要远远大于农业领域的真正原因。所以，手工业内部较快的分工与专业化演进速度，在产业层面上表现为手工业生产链条的延伸，结果是中间产品的数量和种类的不断增加，而中间产品的增加则意味着交易数量、交易频率的增加。从市场发育的角度来看，随着进入市场交易的产品数量和种类的增加，意味着市场功能在不断增加，市场因为输入了更多的负熵而成为存在一定秩序的自组织系统。

农产品剩余的增加导致了市场的凸现，而手工业者从农业生产活动中分离出来则导致了市镇的凸现，但市镇的内涵仍然侧重于市场的功能，虽然在市镇里，存在着手工业者，也出现了部分生产功能，但毕竟是有限的。随着在市镇里的手工业者数量的增加，以及手工业生产领域专业化知识的积累而导致的分工细化，在不断地增加市镇的生产功能，当这种功能在量方面的积累达到一定程度之后，就引起了质的变化，这就是城镇（市）发育的第二个阶段——城镇。

相对于城镇而言，市镇的基本内涵仍然是实现个体或组织之间的交换，虽然有少量的手工业者定居在市镇，但总体而言，市镇人口数量及其密度是很小的，所以为手工业者提供服务的仍然是农业生产者，当然也有市场交易中介的凸现，但数量有限，而且仅为市场交换的顺利进行而出现。到了城市发育的第二个阶段，城镇人口数量及密度都有了显著的增加，这种现象的出现意味着在城镇这个聚落空间里，生产活动在个体或组织之间的分工与专业化有了进一步的发育。具体来说，首先是手工业者之间出现了更加明确的分工，有些手工业者的制造活动从原来完整的工艺过程缩减为生产制造过程中的一个环节，或者仅仅是加工某种产品的某个零部件，这种情形在亚当·斯密的《国富论》中有详细说明。这种将整个生产过程区分为各自相对独立的生产，分别由不同的个体或组织完成，最终结果是加工生产的链条在不断延伸，也就是迂回生产方式不断得到发育，从而使纵向产业链得以延伸，而与此同时，横向产业链也随着纵向产业链的延伸而不断发育，从而形成了纵横交错的产业链网络。但需要说明的是，在城镇这个聚落空间里，分工与专业化的发育程度并不是很高，而且在迂回生产方式中，纵向产业链的发育要快于横向产业链的生长，可能是手工业产品的需求量并不是特别大，从而诱发横向产业链生长的动力并不具备。一般来说，横向产业链的发育事实上有赖于有效市场容量的扩张，只要市场有效需求没有达到一定的规模，虽然横向产业链也存在发育的动力，但生长速度非常缓慢。只有当某种产品需求量的积累达到一定程度，横向产业链的延伸才能启动。而纵向产业链的生长则侧重于新的中间产品种类、产品质量以及制造成本方面的改善。

城镇生产功能的增加是通过手工业内部的分工与专业化发育来实现的，但值得注意的是，手工业生产者之间的每一次分工，即使是个体或组织所处环境中的技术与制度条件都具备，还需要市场的同步发育作为分工演进的必要条件。无论是纵向产业链还是横向产业链的发育，生产者之间的每一次分工，意味着进入市场交易的中间产品数量及种类上的增加，从而导致交易量和交易频率的增加。市场交易技术和制度在不断地随着交易知识的积累而不断地得以创新，仅凭交易技术的改善并不能保证参与交易的个体或组织能够顺利地完成各自的交易，还必须随着市场交易量的增加，进行市场服务组织方面的创新，从而诱发为市场服务的专业化组织。在城镇手工业者之间的分工与专业化生产不断细化的同时，市场发育也在不断进行，市场功能在不断增加，为市场交易提供各种服务的中介组织也开始出现，不断地随着交易量的增加而获取发展所需要的能量，提供交易服务的种类及其数量都在增加。城镇生产功能的增加意味着加工制造业内部的分工与专业化生产的演进，与此同时，市场功能的发育也是必不可少的条件。或者就可以认为“分工与交易”构成了城镇出现的动力或城镇的内涵。

在讨论城镇的起源及其发育时，产品运输是一个不得不关注的问题，城镇的市场腹地问题是分析的起点。一般而言，单个城镇存在着一定数量的市镇，这些市镇与城镇之间存在着贸易以及因贸易而产生的各种经济联系，如农产品向城镇的输送，各种加工制成品需要运输到市镇中去销售等，甚至还包括少量的生产要素的流动。在分工发育水平不是很高时，产品输送量并不是很大，产品运输承担者也许是个兼业者，随着分工与专业化的发育，需要运输的制成品以及中间产品数量大幅增加，此时原来的产品运输者，或者是从手工业生产活动中分离出来的个体或组织成为专门提供各种运输服务的个体或组织。当然从事产品运输的个体或组织通过提供各种服务，同样也可以获取其满意的环境适应状况或水平。随着运输业者的专业化，市场交易总量及交易频率又有了进一步的增加，也促进了市场的进一步发育。产品运输在城镇的发育过程中，起着积极的促进作用。产品运输量的增加实际上意味着流入市场的产品种类及其数量得到增加，市场容量进一步扩大，从而城镇获得了发展的物质基础。另外，产品运输量的增加也诱发了经济活动的分工发育，即产品运输仓储等服务业的雏形开始显现。

城镇是城市发育的第二个阶段，在聚落里，手工业者之间的分工与专业化在不断地进行着，导致纵向产业链的不断延伸，中间产品数量不断增加，而有效的市场需求量的积累诱发了横向产业链的生长。与此同时，市场发育也在与产业链的延伸中保持着协调，或者说市场发育是迂回生产方式得以进行的必要条件。从交易的角度来看，随着交易数量的增加，各种市场服务中介组织开始出现，并随着交易量的增加在不断地发育。从分工演进的角度说，伴随着市场交易量的增加，市场中介服务者之间也在进行着分工与专业化。考察各种最终产品及中间产品的运输问题时可以发现，专业运输业者此时得以从其他生产活动中分离出来，成为一种专门化职业。如果从三次产业的角度来看，市场中介服务和交通运输服务意味着第三产业的出现。虽然这种服务的数量和质量以及种类方面并不是很多，但毕竟服务业者的专业化分工已经开始出现。如果随着经济系统分工与专业化的演进，流入市场的产品种类和数量继续增加，在市场交易技术和制度创新能够顺利完成的前提下，市场组织所提供的服务数量及质量、种类将显著增加。此时城镇将进入发育的第三个阶段——城市。

通过考察城镇的出现及其发育，手工业生产者之间的分工与专业化已经达到了一定的程度，而且市场发育也在同步进行，市场中介开始出现并随着市场交易量的增加而不断发育，运输业作为一个专业化的服务提供者也开始出现并开始发展，但在城镇这个空间里，所有这些因分工而出现的专业化现象都还只是处于发育的初期，真正开始迅速发育是在被称为“城市”的这个空间区域里。

从感性的角度来看，城市外在性地表现为在特定空间区域内，人口总量及其密度达到一定的程度（在国民经济统计中对各等级城市的人口数量以及居民所从事的职业有相应的规定），在这个空间区域内活动的个体或组织所从事的职业大多可以归纳在加工制造业和广义的服务业中，而农业生产活动变得相对较少。

如果将城市视为一个相对独立的经济体，从国民经济结构的角度来看，城市经济总量主要由第二产业和第三产业构成，而第一产业的比重随着城市规模的扩大呈现出减少的趋势，但具体所占比重则因各城市的等级而异。从经济系统的分工与专业化演进的角度来看，城市相比较城镇而言，在生产活动的分工与专业化方面，前者要明显高于后者。虽然从分工发育的程度来看，两者仅存在着量的差异，由于量方面的差异导致了两者之间质的差别。从经济发展路径来看，城镇聚落里的加工制造活动仅仅是在“原始工业”的范畴内开展，而随着加工制造业内部的分工与专业化程度的加深，专业化知识的积累导致了“工业革命”的产生，结果是原来的城镇演变为城市。当经济活动的分工与专业化演进到一定程度之后，城镇演变为城市。

城市经济活动的分工与专业化演进，可以通过城镇居民所从事的职业种类及其数量的增加得到说明。在乡村或者城镇聚落里，职业种类是比较少的，在乡村只有农民和小手工艺者，而乡村居民所需要的其他产品或服务大多是通过兼业方式来提供，一个乡村居民在农忙季节时是农民，而在农闲时可以是走村串巷的小手工艺者，也可以从事运输，甚至到镇里或城里去做散工。当然，不管从事何种职业活动，都仅仅是获取满意的适应环境能力。但不得不承认的是，其专业化知识的积累是非常有限的，因为有限的时间分散在太多种类的活动中。但在城市聚落里，个体所从事的职业在相当长的时间内是保持稳定的，个体兼职的现象较少。一般情况下，个体所从事的职业是唯一的，在所从事的专业化生产过程中所积累的专业知识是很快的。另外从职业种类及其数量来说，城市聚落要远大于乡村和城镇，这点可以从感性的角度认识。如城市公共交通系统的从业人员，司机、公共交通管理人员等在城镇和乡村里并不成为一个专门化的职业，而是一种兼业行为。特别是城市经济结构中第三产业的出现及其迅速发展是城市区别于城镇的主要特征，随着分工与专业化的演进，中间产品数量显著地增加，在产品运输过程中自然需要仓储，于是仓储从业人员从其他生产活动中分离出来成为一个独立的专门化职业。同时交通运输业以及提供通讯服务的邮电业等也都成为新的职业种类，这些都是因为城市聚落里分工与专业化演进所诱发出来的、新的行业或职业。随着产品运输与销售的数量增加，与物流相对应的资金流开始出现，且流量在不断增加，对产品生产者而言，管理这些不断增加的资金就需要特定的、具有专业化知识的人员，原本在生产单位中从事资金管理的人员从生产单位分离，成为专业化人才，为生产者提供资金方面的服务，这就是钱庄、票号等原始金融组织凸现的内在动力。随着原始金融组织内部的分工，逐渐演变成现代银行等种类众多的金融组织。随着城市人口数量的增加，专门为城市居民提供住房的部门——房地产业开始出现。城市里各种为居民提供服务的公用事业、居民服务业以及各类技术和咨询信息服务等都是只有在人口数量达到一定程度的城市聚落里才可能出现。科学研究、文化、教育卫生、社会福利事业等都是只有在城市聚落里才出现，新的行业部门的出现也就是新的职业种类的出现。根据现代国民经济结构来看，广义的服务业及第三产业，如交通运输、邮电通讯、商业、物资供销及仓储等直接为生产者服务的行业部门，间接为生产者服务的行业如教育、科学研究、文化、卫生、社会福利事业、广播电视事业等从业人员，以及为维持城市居民生产、生活正常进行的公共管理部门等，都只是在城市聚落里才能出现的现象，而在城镇聚落里是不会出现的，更不用说在乡村。

总体而言，城市聚落里的分工与专业化发育程度要大于城镇，以至于城市聚落里的职业种类和数量都得到明显增加，纵向和横向产业链也得到了进一步的发育，而市场网络及其相关服务中介的发育程度也要大于城镇和乡村。这只是在分工与专业化的演进方面，而事实上，由于分工演进方面的量的积累，导致了城市第三产业的极大发展。

至于在城市的范畴内进一步划分出中小城市、大城市、特大城市，以及城市群等，都只是在一定空间区域内人口规模、人口密度在数量方面的增加，或者城市经济总产值方面的数量规定，但在城市聚落里，经济活动的分工与专业化演进程度的差异，而且差异不会导致无论是外在的城市景观，还是城市居民的生产、生活活动等方面产生质的差异。中小城市、大城市、特大城市以及城市群在分工的水平方面存在很明显的差异，城市规模越大，分工水平越高，越复杂。专业化分工越精细，新的职业种类就会不断出现，专业化分工同时在加工制造领域和服务业展开，每个人所从事的工作越是精细，工作范围越是狭窄，个体获得适应环境能力就越高。从就业岗位方面来看，由于分工的不断细化，自然就有新的就业岗位不断创造出来，这就是城市规模越大，人口数量越大的原因，很难想象对个体而言，没有就业岗位而可以在城市聚落里生存的。只要个体可以参与到城市经济活动中去，进入城市分工网络中，占据一个分工与专业化不断演进的网络中的节点，就可以实现其环境适应能力的改善。占据分工网络中的节点所需要的是个体拥有相应的专业化知识水平。

现在可以总结城镇的起源及其演变的路径。固定的交易场所是城镇发育的胚胎，随着市场网络的形成及其发育，市镇开始出现，从农业生产活动中分离出来的手工业者开始在市镇里定居并集中，市镇获得了一定的生产功能，随着农业和手工业的分工与专业化演进，市镇的生产功能和市场功能有了进一步的发展，此时市镇就演变成为城镇。与“原始工业”过渡到现代工业同步进行的是城镇到城市的演变，与此同时，为生产活动提供各种服务的组织也随着这一进程开始显现并不断发育，这就是第三产业的形成。在城市聚落里，第二产业与第三产业内部的分工与专业化演进，使城市获得了更多的发展动力，这就是大城市、特大城市以及城市群出现的内在原因。总体而言，无论是城市的前身如市镇、城镇，还是大城市、特大城市以及城市群都是经济系统分工与专业化演进的结果，将随着专业化水平的提高而获得进一步发展的动力源泉。

二、城镇网络的涌现与发育

自然地理分工的存在意味着各区位空间所拥有的资源禀赋差异成为一个客观的现实，当这种客观存在与劳动分工与专业化演进而导致的产品剩余，将诱发远程交易的突现。从而对各城镇的生产功能和服务功能产生积极或消极的影响，这种作用最终将原本孤立的城镇逐渐连接成为一个整体，这就是城镇网络。

城镇网络的形成源于各单体城镇之间的贸易联系，以及随着这种联系的加强而延伸出的生产要素在城镇网络内的输送。毫无疑问，远程贸易是产生这种联系的主要因素，可以用“穿针引线”这个成语来恰当描述远程贸易之于城镇网络的形成。城镇网络的形成及其发育与经济系统分工演变之间的逻辑关系可用图 2-2 来简要表示。

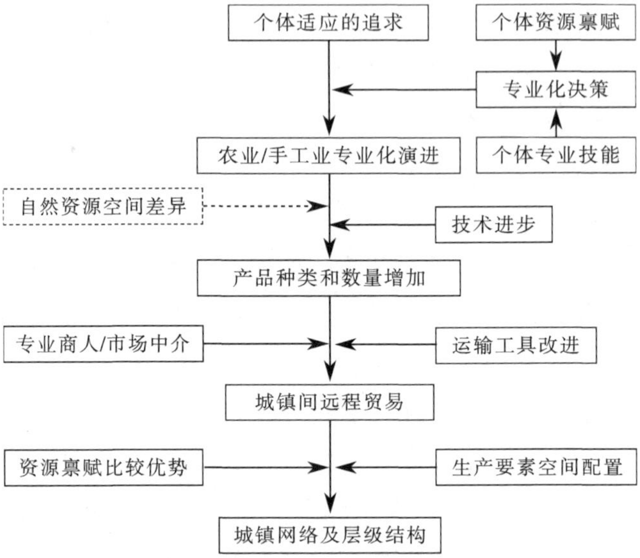

图 2-2　分工演进与城镇网络的涌现

城镇凸现于农业生产活动的土壤中，并吸收了农业生产活动的成果——农产品剩余量。农产品剩余是城镇得以凸现的物质基础，甚至这种剩余量决定了城镇早期的规模以及在一定空间内城镇的数量。这就是中国台湾地区学者赵冈（2006）在其《中国城市发展史论集》一书中说明的，也是城镇起源论中“农业产品剩余派”的核心观点。

随着生产（包括农业和手工业）知识的积累，个体或组织在进行各自的生产过程中，“熟能生巧”和“干中学”机制的作用，使得各个体或组织在各自的生产领域积累了较多的专业化生产技能或技巧，在提高其产品生产效率的同时，还通过一定的扩散渠道，从而可以在更大范围内，促进生产效率的提高，从而在特定的生产领域出现了产品持续性增加的现象。这样的情形也发生在其他的生产领域，结果是在特定经济区域内，产品总量出现了持续性的、稳定的增加，于是远程贸易的物质基础就具备。正如前文所述，地区之间的自然分工导致的产品差异是交换愿望产生的基础，这是远程贸易的第一前提，产品剩余是开展这种远程贸易的第二前提，必要的运输工具及运输条件构成了远程贸易的第三个条件。

产品运输一般可以分为陆路运输和水路运输。陆路运输方面，在传统运输时代，骡驮、车运是最重要的运输方式之一。据张萍（2006）在其《地域环境与市场空间》一书中研究表明，即使是在明清时期，陕西关中地区商业运输大多依赖牛车，这一点可以在明代所设官方递运所的说明中反映出来。明代递运所是一种特殊的驿递设置机构，主要运输物资，如粮食、食盐以及手工艺品等，而牛车是主要的运输工具，每大车一辆，载粮十五石，配车夫三人，牛三头，布袋十条。小车一辆，载粮三石，配车夫一人，牛一头。清代陕西食盐的运输陆路同样以牛车运输为主，牛车日行三十里，当然也还有部分驴、骡运输，驴骡日行五十里。在水路运输方面，据赵冈（2006）研究表明，中国是一个很早就从事人工运河修筑的国家，而且主要的运河都是南北流向，以弥补天然河流结构之不足，而运河的主要功能是为了粮食运输——漕运。亚当·斯密在《国富论》中比较了陆路运输和水路运输之间的差异。“一部宽轮运货马车，由两个人驾驭、八匹马拉，才能在大约六个星期之内，在伦敦和爱丁堡之间来回运送将近四吨货物。大约在同一时间内，一艘由六个人或八个人驾驶的轮船，常常可以在伦敦和利斯两个港口之间来回运送 200 吨货物”，可见相对于陆路运输，水运大大地减少了运输成本，而且运输量也是陆路运输所不能比较的。这也就是那些从农业生产活动中凸现出来的市镇之所以大多位于水滨的缘故，或者是靠近内河且农产品剩余量较多的区域内，或者是在海运发达之后，靠近海边的区域内容易生长出市镇、城镇、城市以及特大城市和城市群。

在远程贸易所需要的第三个条件具备之后，城镇之间的触角便开始生长，城镇之间的经济联系开始出现，城镇网络便是这种经济联系加深之后的结果。当然这种联系首先发生在较为邻近的城镇之间，随着各城镇触角的延伸，而成为一个完整的城镇网络。从联系的内容来看，首先自然是农产品的远程贸易，还包括各种生活必需品如食盐的远程贸易等，然后随着手工业从农业生产活动中的分离，各种手工业制成品也加入到了远程贸易的行列，如各种农业生产用的铁犁、耙、镰刀等，还有各种丝织品等。总体而言，在城镇之间的远程贸易发育的早期，各地域之间所交换的产品绝大部分是最终消费品，也就是说最终产品的远程交换是城镇网络形成的早期动力，而分工演进所导致的中间产品和生产要素的流动进一步促进了城镇网络的发育。

随着分工与专业化演进所导致的专业化知识的积累，各种水路和陆路运输条件和运输工具的改善，使得运输效率有了进一步的提高，而且物质性产品生产领域的分工与专业化演进也在同步进行着，所以远程贸易量有了进一步增加，各种半成品开始出现在远程贸易的行列。半成品的出现是因消费习惯的差异所致，如某种产品在经过远程贸易的中转城镇时，需要进一步加工处理，使之符合销售地的消费习惯。这种情形在张萍所著《地域环境与市场空间》一书中有较好的说明。如湘、鄂等地的茶叶在经水路运输到陕西三原之后，用当地的泉水将茶叶发酵，然后再将发酵之后的茶叶制成砖茶，在中蒙边界的“茶马互市”上进行销售。纺织品的情形也与此类似，经过长途贩运的纺织品也在三原进行再加工，如将布匹适当加长加宽，或进行漂洗、上色等工艺之后再行销售。值得注意的是，半成品的远程贸易诱致了各种原材料以及生产要素在远程贸易中的出现。在分工与专业化生产与专业化知识的积累范畴内，理解远程贸易中出现原材料以及生产要素的原因并不是很困难。因为如果个体选择了某一专业化生产，随着“熟能生巧”和“干中学”机制的形成，便可以很快地积累到足够的专业化知识，表现在生产方面，就是产品产量和质量以及生产成本都得到显著的改善，而且这种改善对兼业者而言，产生了一定的比较优势，从而也可以实现个体较高的适应水平。并因此而产生“获得者优势”，正如“滚雪球”所表现出来的内涵，越是在获得了专业化生产的比较优势，越能积累更多的专业化知识，随着专业化知识的积累也就越能产生出更多的比较优势。

总体而言，当城镇之间从最终产品的远程贸易演变成为各种中间产品以及各种生产要素的远程贸易之后，城镇之间的经济联系正式形成。即使是在今天，各城市之间的经济联系从内容来看，基本上包括了最终产品、中间产品以及生产要素、原材料等方面。

关于城镇网络的形成及其演变，还有一点需要说明。城镇之间最初的联系，可以肯定地认为仅仅只发生在邻近的城镇之间，而且邻近城镇之间的联系程度要大于非邻近城镇，随着城镇之间贸易程度的加深，特别是远程贸易的发展，与非邻近城镇之间的联系也在一定程度上得到了加强，随着联系的深入，使得具有较好的发展资源的城镇，能够从为数众多的城镇中脱颖而出，而发展成为规模较大的城市，类似地，大城市也是从中小城市中脱颖而出的，特大城市的出现也是如此。从网络的层级来看，特大城市以及城市群是城镇网络的最高层级，在一定的区域内，数量最少，而市场腹地最大；城镇网络的第二层次是大城市，数量较少，但拥有的市场腹地仅次于网络中的最高层次；中小城市则位于城镇网络的第三层次，表现出数量较多而相应的市场腹地较小；城镇网络中最后的一个层次是城镇，拥有最小的市场腹地，而总体数量则最多。城镇网络的特征既表现在同层次城镇之间的经济联系（城镇之间的横向联系），也通过网络中不同层级城镇之间的联系（称之为纵向的联系）来体现。

第三节　城镇的本质及属性

学者有关城镇本质及其属性的探究没有停止过，这方面的研究成果也非常丰富，各相关学科也都基于自身的背景和视角进行了研究。但以个体对适应的持续性追求作为探究的起点，在分工专业化累积性演进的体系中研究城镇的本质及其属性的文献并不多。以本体论作为研究的方法论，在尽可能接近真实经济世界中的个体特征的基础上，用分工演进原理，分析技术进步与制度创新的匹配与累积性作用，研究农业生产或是原始手工业生产的迂回程度不断增加的客观事实，总可以发现经济学领域的城镇经济属性及其本质。城镇作为一个个体实现其自身适应状态的空间场所，还需要从基于分工所必须要处理的人与人之间的协作问题，也就是需要在城镇舞台上分析个体之间的各种关系，因而从行为规范即制度的视角探讨城镇的本质也是必然的路径，这是社会学视角的城镇本质解读。社会学视域中的城镇既涉及城镇居民个体的社会化问题，也需要同时思考个体化现象以及个体之间基于职业的、血缘关系的、情感兴趣的差异而结成千差万别的共同体。在物质文明高度发达足以实现个体生存与发展条件的同时，个体精神层次的需求也可以通过参与功能属性各异的共同体而得以实现。当然，其他学科对城镇本质的探索也丰富了研究维度，也是本书探究的基础。

一、有关城镇本质的讨论及评价

生产力的发展和社会分工是城镇和乡村彼此分离的基本动因和历史前提（谢菲，2012）。群体与个体的活动网络构成了城镇的深层结构（郑佳明，2012）。城镇首先是一个市场聚落，后发育成为聚落的经济中心（马克斯·韦伯，2005），继而演变为在有限地域内集经济实体、社会实体、物质实体于一体的复杂有机体（陈敏之，1983）。学者据此认为城镇化的本质就是集聚（吉昱华等，2004），包含产业集聚、新产业区与城市经济空间的整合（张明之，2003），也有学者做了实证分析（陈建军等，2011）。

集聚还使得城镇不仅有形而下的实体空间，还有形而上的组织与管理层面。但城镇绝非简单的物质现象和人工构筑物，而是人性的产物，因而具有人文特色和人文精神（罗伯特·帕克等，2012）。彼得·霍尔首先意识到城镇化属于人的主体行为，正是人的基本需要及其能动性驱动着城镇的产生和延续（纪晓岚，2004），是人类自身品格外化而成的物质环境构造体系和相关的制度（宋俊岭，1994）。究其本质而言，包含人性的理论、需要理论和环境理论三个方面（纪晓岚，2001）。在更为抽象的层面，城镇是人类本质的延伸和物化，是文明人类的存在形式和主要载体（刘涛等，2006），是一件杰出的文化产品（吴良镛，2004）。城镇从无到有，从简单到复杂，从低级到高级的发展，反映着人类的文明成就。作为贮存、孕育和传承文化的"容器"和"磁体"，是人的生存场所、生活的剧场和心灵的栖息地，是冷却与凝结文化的贮模，并通过吸引、融合与传播（赵强，2011），实现人的生存意义、生活意义和发展意义（芒福德，2005）。

关于城镇本质的讨论，国内学者早期的研究大多强调集聚，后期则侧重于探讨城镇的文化属性。但集聚只是一种行为，一种现象。对个体而言，其目的是分享人类文明的成果，获得更好的适应能力。而在类的层面，将通过创造和传承文化而促进人的全面发展。现有研究在探讨城镇化与人的自然本质、人的异化以及人的全面发展之间的内在关联还需要更为深入的研究，也缺少从复杂系统理论的角度分析城镇经济的自适应特征，个体与城镇自适应之间的联系也有待说明。

有关城镇化动力机制的研究成果较为丰富。资本、技术与贸易作为城镇化的初始动力，在不同的经济发展阶段呈现出不同的动力结构。但目前的研究仅局限于宏观层面，缺少在微观层面探讨个体、企业与城镇化之间的联系，城镇化动力各个侧面之间的逻辑关系也尚未整理，城镇各子系统之间的自组织过程与机理还有待研究。

二、分工演变是农村城镇化的经济本质

城镇是自然和社会的历史产物，并非是一种简单的物质现象和人工构筑体，而是人性的产物，是人类本质的一个延伸和物化（刘涛等，2006）。纪晓岚就以人性的理论、需要理论与环境理论为基础，将城镇的本质界定为人类满足自身生存和发展需要而创造的人工环境（纪晓岚，2001）。城镇作为一个有机的文化磁体和容器，可以通过吸引、融合、储存和传播文化而丰富和发展人性，因而具有人文特色和人文精神（郑佳明，2012）。芒福德甚至将城镇的本质界定为文化及其总和的人类文明（赵强，2011）。

凝聚人性的丰富和发展而析出的人类文明，主要表现为城镇所创造的极大丰富的物质财富。在亚当·斯密看来，劳动分工是财富增加的源泉。奥地利学派经济学甚至将劳动分工视为人类行为的本质特征。基于演化经济学的基本观点，人类行为的目的在于不断获取对自然环境和社会经济环境的适应能力。劳动分工是行为自主体获取适应能力的主要手段。事实上，在农村经济中，农民作为行为自主体，正是以累积的技术进步和制度创新为基础，通过与自然环境和社会经济环境之间的非线性相互作用，尝试选择合理的专业化水平，将行为结果反馈到现有的技术体系和制度规范，以修正其反应模式和行为方式（侯汉坡和刘春成，2013）。通过持续的试错和行为调整，最终找到与环境相适应的生存与发展策略。因此，劳动分工是探究城镇涌现及其生长的一个合理而有效的视角（尤建新，2006）。

在分工演变分析框架中，行为自主体在生产中所能使用的专业化技术水平越高，拥有的适应能力就越强。当农村经济中各行为自主体都在基于自身的资源禀赋而选择不同的专业生产水平时，农业生产中的各环节和阶段在时

间和空间的分离将成为必然。随着累积性的技术进步和制度变迁以及正反馈机制的作用，生产与最终消费之间的环节在不断增加。基于行为自主体之间的非线性互动，在宏观层面上就表现为农业产业链的涌现。与农业分离的手工业由于脱离了自然因素的干扰，在“干中学”和“熟能生巧”机制的作用下，专业化分工速度远快于农业，于是工业产业链开始出现。在农业产业链和工业产业链不断延伸的同时，农村市场也在累积性的交易技术和交易制度的相互作用下，将零散的交易场所链接起来，成为一个不断生长和发育的农村市场网络。在农村经济的范畴内，农业产业链、工业产业链与市场网络的共生演化和相互叠加，将诱致城镇涌现于特定的自然经济地理空间，进一步诱导生产要素、产业活动、市场交易与消费的集聚，促进城镇空间的延伸，逐步成为是区域政治治理网络、市场网络和文化辐射网络的枢纽，而城镇网络将使经济社会成为一个有机的整体（郑佳明，2012）。

三、城镇是一个复杂的自适应分工网络

（一）城镇经济是一个分工网络

城镇在形而下的层次上表现为实体性的地理空间，意味着各城镇的涌现所凭依的自然资源禀赋并不相同，而基于路径依赖的发展使得各自的资源比较优势得以显现。资源禀赋的差异及其比较优势诱导了专业商人的出现，而远程贸易的发展将各专业城镇的经济活动逐步链接为一个相互关联的整体，每一个城镇都是经济网络中的一个节点。

对单个城镇而言，经济活动只能以专业化为原则。从城镇起源及其演变的角度来看，农业技术的累积性进步促进了剩余产品的种类和数量持续增加，诱致了交换场所的固化。随着手工业与农业的分离，以及手工业生产在固定交换场所的集中，城镇的雏形开始涌现。基于技术进步的正反馈机制和持续的制度创新，手工业拥有了原始工业的形态，通过现代科学技术的改造而成为城镇的主导产业。随着市场规模的增加、人口的集聚以及现代工业对辅助性服务部门的需求，诱发了城镇服务业的快速发展。在现代工业经过信息化改造而进入后工业化阶段，为生产和生活服务的第三产业逐渐成为城镇主导

产业。城镇产业结构的演变就是城镇经济活动的专业化过程，同步决定劳动力就业结构、城镇消费结构以及城镇基础设施和公共产品的供给。在产业层面，城镇经济因分工协作而耦合为一个系统。在产业内部，单个企业因其专业化特征而耦合为一个完整的产业链。于是分工网络就是城镇的经济本质。

（二）城镇经济系统的自适应

城镇是由分工网络中的行为自主体构成的一个复杂适应系统（侯汉坡等，2013），是源于个体与环境以及个体之间的交互作用而涌现的宏观现象，个体对适应的追求使得城镇也拥有了自适应的特征。一般而言，复杂适应系统中个体能主动地感知环境的刺激，基于信息媒介与其他个体进行交互作用，自主地修改自身的规则，并调整自己的行为。个体基于其企业家才能的发挥，最终实现适应的目标（科兹内尔，1978）。

在分工网络中，个体适应与企业家才能关系密切。面对共同的技术——制度环境，个体将敏锐地感知环境信息，发现和把握环境中因技术进步或制度变迁而出现的机会，在自身的知识储备和信息图景中进行解读，重新组合现有的信息或知识拼图，不断地寻找、发现新的目标和手段，以获得自身的适应能力。企业家才能是独特的、个人的和不可重复的，因而每一个体的企业家才能都可以发挥出来。即使是那些最缺乏知识，只拥有点滴知识或片段信息的个体，都能基于本能的警觉来采取行动，获得自身的适应能力。因此，在分工网络中，每一个个体都可以基于其自身的知识储备，自主地选择合理的专业化水平，通过与分工网络中其他个体的交互作用，实现其适应的目标。但个体企业家才能的发挥也有可能无法改善其适应状况。这种无效的应对将促进个体的学习和经验积累，最终能领会源于交互的反馈信息，并调整其行为以改善其适应能力（陈禹，2001）。

城镇系统的适应性既表现为短期的个体适应，也表现为长期的系统演变。在分工网络中，个体之间的互动大多表现为学习怎样相互协调的过程。正是这种后天习得的调适技巧，使个体拥有了自主地追求其特定目标和利益的能力，也是分工网络得以存在和发育的基础。虽然每一个个体都能基于其局部小环境刺激，并行地、独立地改善各自的适应状况（谭跃进等，2001），但分工网络中的个体在追求其适应能力时，必须彼此依赖，相互协作。对个体而言，虽然在制度知识的领悟和专业知识的储备方面存在一些细微的差别，但也有可能因环境涨落而导致个体差异扩大化，也有可能因公共知识的积累而促进个体之间的聚集。当个体之间基于某种经济联系或规则而相互协作时，个体之间以及个体与环境之间的物质流、能量流和信息流开始逐渐强化，于是相互协作的个体“粘合”为一个新的聚集体，意味着新的层次和结构涌现于个体之间的强交互作用（约翰·霍兰，2011）。而且在城镇系统层面，企业专业化水平的不断提高，将促进产业链的延伸和分工的精细化，并可能诱发新的产业以及交换与分配过程的专业化演进，改善了城镇系统的整体适应能力。

四、新型城镇化是人的城镇化

（一）人的自然本质与城镇化

人无论是作为个体还是作为类而存在，维持其生存是第一要务。在这个意义上，人具有自然的本质（费尔巴哈，1959）。城镇既是人的自然本质的体现，也是个体适应环境的最佳场所。

人的生存只能通过自己的物质生产活动和实践活动来满足。随着社会分工的深化，专业化策略逐步成为个体获得适应能力的唯一手段，而个体专业化策略互动的结果，使得城镇作为一个发达的分工网络而涌现。在个体层面，“天人合一”作为获得适应的原则，既体现在个体与环境的交互，也体现在分工网络中个体之间的相互作用。而“现实的人”作为生产主体，总是处于一定历史条件下并受各种历史条件所限制（丁翔，2013）。在城镇系统这个分工网络，个体专业化活动只能在现有的技术——制度环境中进行，还必须在其他个体的协作下才能顺利开展，而且个体专业化策略互动的结果也将更新现有的技术——制度环境从而形成新的社会关系。在人的类层面，城镇作为社会经济和文化中心，既是自由自觉的社会实践的结果，也是人类社会逐步摆脱自然束缚，实现人类社会自由而全面发展的载体。城镇化也因此获得了永久的动力。

作为中国传统政治智慧的民本思想，旨意在于肯定和重视人的自然本质。我国的新型城镇化强调以人为本，着力解决进城农民工最基本的生计和生活问题，改善他们的生活质量，通过社会救助和社会保障体系的建设，为城镇居民的安居乐业提供保障。通过促进城镇经济的快速发展，满足城镇居民对富裕的追求、对幸福的渴望这些人生的基本目标。事实上，民本思想认可人民群众是社会经济发展的基本动力，既是新型城镇化的主体，也是新型城镇化的最终目标（刘泽华，2000）。

（二）人的异化与城镇化

人的异化是劳动异化的形式及其结果。既是劳动产品与劳动本身的异化，还是人的类本质的异化以及人与人的异化，并导致外在的经济依附和内在的心理依附（管宇，2006）。在分工网络中，物与物的关系掩盖了人与人的关系，成为支配和控制人的行为的因素，致使主客易位（杨楠，2013）。在个体层面，分工网络作为一种客观的存在而影响和支配着个体行为。日益细化的分工限制了个体综合能力的发挥，剥夺了人全面发展的可能，使每一个个体都成为固定化、片面化的畸形人，导致劳动产品的异化和劳动本身的异化。在城镇经济中，个体只是参与产业活动的某一个环节，无论是个体劳动本身还是劳动产品都必须相互依赖，才能完成最终产品的生产。作为人的类本质，劳动异化与劳动产品的异化是城镇经济发展的必要前提。我们无法抛弃分工，否则就只能自给自足。

在分工网络中，作为人的类本质的劳动产品与劳动本身的异化是可以避免的。人的自由活动完全可以基于对规律的认识和把握来实现，而自觉则可以通过理性的支配来摆脱本能的冲动而自主地从事所选择的活动，从而避免人的类本质的异化。促进城镇化进程正是基于社会经济发展规律的认识而做出的选择，城镇经济的专业化属性及其文化本质，将为个体理性的发展提供基础，从而可以基于自身的资源禀赋自主地选择适宜的专业化水平。

（三）人的全面发展与城镇化

在现代经济条件下，人的异化将随着分工网络的发育而深化，也将因此而获得物质财富的极大丰富，从而为人的全面发展创造条件。事实上，人的全面发展作为现实的社会历史过程，需要经过从人的异化到人的自主性再到人的自由个性发展三个阶段。城镇作为创造物质财富的载体及其文化本质，将为人的全面发展提供可能。

人的自由与全面发展是马克思人本思想的核心内容，包括人的需要、人的能力、人的个性的全面发展（谢苗，2012）。首先，人的需要的全面发展既是城镇化的动力，也是城镇化的目的。个体在追求适应的驱动下，将基于自身的资源禀赋参与城镇经济的专业化活动，以满足其生存与发展的需要。个体在精神层次的需要也将因为城镇的承继、创新和传播文化功能而得到满足。其次，人的能力的全面发展是城镇化的基础和保障。个人能力的发展可能会受到社会分工的制约，但累积性的实践能力、认识能力、审美能力将正反馈于人类社会活动的广度和深度，在促进分工深化的同时，有利于人的能力的进一步加强与完善，能够更好地把握和理解城镇化规律。最后，人的个性的全面发展可以在城镇这个文化容器里得到实现。城镇作为文化中心可以改善个体的自觉能力，使其能意识到自身的存在价值，基于自身的企业家才能，经过不断的自我调节和控制，自主地选择合理的专业化策略以维持其生存与发展，从而成为自身的主人。

教育之于人的全面发展非常关键。卢梭就强调要通过教育在人民中培养仁爱与正义的美德，引导人民以低层次的、由欲望和本能驱动的自我来服从高层次的、富有理性与道德意识的自我（管宇，2006）。传统中国的民本思想也非常注重教化，通过增进德性，明辨是非善恶，知人伦道德，来培养良好的行为和精神寄托（陈碧芬，2011）。城镇作为贮存、孕育和传承文化的“容器”和“磁体”，为人的全面自由的发展提供可能，是实现人的生存意义、生活意义和发展意义的载体。

第三章　城镇生长的一般路径及规律

> 城镇生长发育受制于历史的经济社会发展水平，城镇功能的迭加演变增加了城镇生长路径的复杂性和可变性，但也遵守其内在的普遍性。
>
> ——题记

城镇是特定地域空间内交易功能、生产功能和服务功能迭加的结果。城镇的突现及其生长发育的动力源于经济活动的分工与专业化演进，意味着城镇经济活动的专业化程度越高，城镇生长发育的动力越强劲。基于此判断，探讨城镇生长发育的一般路径及规律将根据分工与专业化的整体情况，分别探讨古代、近代和现代城镇化一般路径，并在此基础上提炼城镇化的一般规律。

第一节　中国古代城镇的突现与生长

从时间上看，本书将古代界定为基于考古发掘而发现的史前城市和有史料记载的直至清朝晚期这个时间段。从城镇的突现及其随后的生长发育情况来看，南宋以前朝代的城镇主要服务于政治和军事的需要，源于经济活动的城镇只是到了南宋以后才开始出现。整个时期的劳动分工与专业化演进都比较缓慢，城镇生长发育也很缓慢，城镇化程度不高。

一、史前城市

城镇作为与农村聚落相对而言的生产和人口集聚的场所，源于三次社会大分工及专业化进展，逐步形成了以自然经济为主要特点的手工业商业结合的，以王权、神权为中心的城市。恩格斯认为，人类文明史进入原始社会末期，生产力有了突飞猛进的发展，先后出现了三次社会大分工，即农业和游牧业分离、手工业农业分离、商业的剥离。社会分工的发展创造了剩余产品，而财富在城市、在部分群体的聚集催生了私有制度的产生和进一步发展，出现了阶级与国家的概念，城市成为统治中心和国家权力的象征（何一民，2012）。

考古发掘及研究发现，我国最早的城市如郑州商城及安阳小屯村等。郑州商城位于今河南郑州附近，距今大约 3 500 余年，城内有宫殿和平民住宅区，还有铸铜、制骨、制陶等手工业作坊和墓葬区等功能区。安阳小屯村遗址发现大量夯土房屋台基，其上为宫室建筑群，沿洹河两岸呈带状分布，长达 5 000 米（沈福煦，2012）。到目前为止，考古发掘已发现的史前城址十座。何一民（2013）研究发现，建城时间最早的可上溯到仰韶文化晚期，大部分为四千多年前的龙山文化阶段；地域上主要分布于黄河中下游地区、长江中上游地区以及内蒙古中南部与东南部地区。黄河流域的史前城址主要有河南登封土城岗、淮阳平粮 5 座城址，山东以景阳冈和校场铺为中心的两组共 8 座城址。长江中上游流域的成都平原的新津龙马宝墩古城、郫县古城等 9 个城址，其中城头山大溪文化城址距今 6 000 年，是目前已知最早的古城址。内蒙古东南部的赤峰东八家、赤峰英金河、阴河流域发现有数十座史前时期的石城遗址以及中南部的包头阿善和凉城老虎山遗址等 11 处。

人类社会的早期阶段，生产力极为低下，随着社会大分工的出现，农产业生产有了较大提高，随着农业和手工业的进一步发展，出于安全和防御侵犯的需要，史前早期的城市聚落开始出现，正是这些规模相对较小城市聚落逐步发展成为早期城市，从而在中国聚落形态发展史上实现了一次飞跃性的质变。基于较为丰富的考古发掘材料的研究可以发现，史前时期的城市具有一些相同的属性。

首先，所有城市遗址均设有城墙。早期原始聚落就为防范凶猛野兽而在聚落外围搭建防卫设施，其后是为了抵御其他部族的经常性侵犯活动而增建和完善了各种防御设施。中国新石器时代早期聚落防御性设施主段为环形的壕沟和土垄。城邦国家的出现使环形的壕沟和土垄逐渐发展成为城垣。在黄河流域和长江流域所发现的史前城址大多修筑城墙，除部分为堆筑外（城头山城址），大部分城墙为夯土筑成。四川成都宝墩古城城墙规模巨大，城垣内面积竟有 280 万 m^2。

其次，政治、军事需要是这些史前时期的城市出现的唯一原因。赵冈（2003）就认为，中国城市的早期起源主要是政治性的。傅筑夫（1980）认为，就城市起源而言，中国古代的城市和欧洲古代的城市两者有本质的不同。中国城市兴起的空间地域虽然不同，但都是为了防御和保护而兴建，早期城市是权力的象征，也是维护权力的工具。考古发掘材料的研究也显示，数十座史前城址都强调宫城的中心性，是王权的所在地，几乎没有“市”的属性。张光直（1985）的研究也发现，虽然中国型初期城市与近东型初期城市都是在阶级社会、文明、文字、国家等综合因素的结果，但中国初期的城市不是劳动分工的直接产物，而主要是是一种政治工具。中国史前早期城市的产生主要受到原始社会末期的阶级分化以及国家的产生的推动，众多城邦国家起到了催生婆的作用。大小城邦国家都需要确立政权中心及维持统治，而建城正好可以满足这样的现实需求。城市是早期国家政治权利的物化形式。但也需要注意，这些城市已不同于原始居民的农业聚落，除了政治功能外，衍生出了一定的宗教文化中心和财富中心这样的功能。事实上，众多史前城址内除了宫殿、宗庙和陵寝外，还普遍发现有与祭祀相关的建筑遗址以及祭祀法器（包括玉器、青铜器），意味着这些拥有政治权力的城邦国家统治者也拥有宗教祭祀权力，早期城市已经成为宗教祭祀中心。此外，这些史前时期的城市还是一定区域内的财富聚集中心，统治者通过超经济方式或战争手段所获取的大量的社会财富都集中在城市，考古发掘也证明了这点。虽然这些财富与流通或交换无关，而是用于消费，但大量财富的集中和消费对于城市经济功能叠加起着一定的促进作用，促进了手工业的发展。从目前发掘的早期史前城址来看，有相当部分城址发掘出手工业作坊，表明手工业已经从农业中分离出来，陪葬和祭祀品的精细程度意味着手工业者已经专门化，而不再是兼业农业生产。社会分工和专业化以及阶级的分化，逐渐丰富了城市居民的职业和阶层结构。

最后，出现了城市功能分区。即使是最早的城头山城址也按照一定的规则进行了宫殿、祭坛、墓地、农田、房屋的空间区划。从发掘出来的龙山时期的史前遗址来看，这些史前时期城市的空间布局在定向与规划上都具有一定的规则性。

有关史前时期的城市遗址的考察，可以将这些史前时期的聚落形态称之为“城”或“城堡”，尚未具备“市”的功能，但也不能否认它们有交换功能的出现，因此而认为这些因为政治和军事功能的需要的存在的聚落是城市的早期形态。而如果随着手工业的发展、政治和军事需要而积聚了一定数量的人口，生产功能和交换功能也会得到较好的发展。

二、夏商周时期至清中前期的城市①

（一）夏、商、周时期的城市

夏、商、周时期社会生产力有很大的发展，新的社会制度和政权相继建立，是中国有史料佐证的历史元年，对中国随后的发展影响深远。农业生产及手工业的发展，逐步使城市成为国家的政治、军事、文化中心。

考古发掘资料表明，夏、商、西周王朝的都城遗址主要有河南偃师二里头古城遗址、偃师商城、郑州商城、安阳殷墟，陕西岐山和扶风境内的周原遗址、长安丰镐遗址和河南洛阳洛邑遗址等。河南偃师二里头古城遗址范围为东西约 2km，南北 1.5km，总面积达 400 多万平方米。遗址内发现有永久性大型宫城遗址，宫城内有二组排列有序的宫殿建筑群遗址，有一定的城市

① 有关夏、商、周三代以至晚清时期的城镇化分析材料主要参考了何一民（2013）的《中国城市史》、沈福煦（2012）的《城市文化论纲》、赵冈（2006）《中国城市发展史论集》、［美］乔尔·科特金（2014）《全球城市史》等学者的专著。

基础设施，如房屋、道路、水井、给排水设施等，还发现了铸铜遗址、青铜工具、武器和酒器。二里头遗址经考古学家确认为夏朝都城斟鄩，为夏国的政治、军事、经济、文化中心，因而河南偃师二里头古城遗址标志着中国古代城市的初步形成。其后所发现的商城和周城都有与之相同的特征。

（1）政治、军事因素是夏、商、周三代的城市发展的一个重要原因。夏、商、西周三代时期的城市的修建都与国家的建立有着密切的关系，所谓“筑城以卫君，造郭以守民”。城市居民以王室、贵族、军队为主体，手工业者等则处于从属地位。

（2）宫殿建筑及其他政治机构建筑成为城市的主体，城市规划受政治因素很大的影响。郑州商城、安阳殷墟、西周镐京、东都等都是以宫殿及政治性建筑为主。城市规划按照《周礼·考工记》：“匠人营国（城），方九里，旁三门。国中九经九纬，经涂九轨。左祖右社，面朝后市。”

（3）形成严格的城邑等级制度。周王朝建立了城邑等级制，如规定周王城方九里，公七里，侯五里，男三里。按照分封制规定，诸侯在封区内也实行分封，即将大部分封地分给卿大夫，卿大夫也按等级在封地内建邑，从而形成了城邑等级制度体系。

（4）城市建筑技术和建筑材料有较大的发展。夯土技术趋于成熟，瓦的发明和使用，大型宫殿建筑群的出现，四面屋顶转角相交处的里转角等复杂的结构问题得到了很好的解决。

（二）春秋战国时期的城市

春秋战国时期的中国社会发生了深刻的变化。随着社会生产力的发展，奴隶制生产关系逐渐解体，封建的生产关系萌芽并得到发展。为了适应生产关系的变化，各国先后进行了一系列的变法改革，促进了封建的生产关系的进一步发展，社会阶级关系也发生变化，封建的社会制度逐渐确立。

社会的巨变也给城市发展带来变化。冶铁技术的突破和铁制农具的广泛使用，改善了农业生产条件，提高了农业生产力。铁器的广泛使用使中国的生产工具制造进入了一个全新的领域。各诸侯国大量兴修水利，推广使用灌溉和排水技术，对农作物施肥，推广牛耕，从而促使农业生产力得到较大发展，由此推动人口的增加和手工业、商业的发展。而手工业和商业的发展进一步促进了城市的成长，诸侯国之间的战争也推动筑城技术的进步和城市的发展。战国中后期，大型城市 15 个，中型城市 20 个，小型城市（2 000 人以上者）400 个。城市人口 509 万人，城市化率为 15.9%（赵冈，2006）。总体而言，春秋战国时期的城市发展有以下三个方面的特征（何一民，2013）。

（1）城市数量较多，城市规模扩大。周朝分封诸侯推动了诸侯国城市的建设，这是第一次筑城高潮。春秋战国时期的中原诸侯国是第二次筑城高潮，此时的筑城赋予政权意义而不惜人力、物力，各国的大小城市已达千余。筑城的规模也有所扩大。《战国策·赵策》云：古者，四海之内分为万国，城虽大无过三百丈，人虽众无过三千家者…今千丈之城，万邑之家相望也。

（2）城市社会结构发生变化。随着工商业的发展，城市人口增多，封建制度的逐渐确立，工商业者获得较多的自由，城市中除了统治者外，士、农、工、商所占比例越来越大。士的职业种类很多，有技艺之士、商贾之士、游学之士、法律之士、侠士、庶士等。春秋战国时期城市工商业有较大的发展，从事工商业的人越来越多，出现了一批拥有巨资的大工商业者。随着私营工商业的发展，工商业内部的分工更细，从行业来看，则划分为木工、石工、玉人、铸工、纺织工、漆工等。商人中有官商、私商、行商、坐商、大商小贩等，个体工商业者数量增加较快。他们往往聚族而居，手艺家传，分工协作，集中经营，成为城市中的主要居民之一。其他业者诸如卜者、医者、修鞋补席者、厨子、屠夫、乐人等也在城里出现。

（3）城市的经济、文化功能不断叠加。手工业和商业的快速发展，催生了如齐国国都临淄等一批工商业城市。史称“临淄甚富而贵，其民无不吹竽鼓瑟，击筑弹琴，斗鸡走犬，六博蹋鞠者。临淄之途，车毂击，人肩摩，连衽成帷，举袂成幕，挥汗成雨，家敦而富，志高气扬”。赵国都城邯郸也是工商业城市和冶铁中心，其他如燕下都、蓟、咸阳、成都等城市的工商业都比较繁荣，城市成为地区性的经济中心。此时城市虽然增强了经济功能，尚未出现单纯的工商业城市，政治功能仍然是城市的主要功能。此外，这一时期城市文化也出现空前的繁荣，出现了“百家争鸣”的局面。文学、教育、科技等都有很大的发展，城市成为文化的中心。

（三）秦汉时期的城市

秦汉时期是中国封建制度确立和初步发展时期，空前统一的中央集权国家的建设为城市发展产生了深远的影响。这个时期城市的数量不断增加，单个城市的规模也不断扩大，城市政治、经济和文化都获得高度发展，城市建筑也进步明显，秦汉时期的中国城市文明进入到世界前列。

秦朝时期城市的发展首先体现在数量增加方面，据杨守敬《嬴秦郡县图·序》（民国刊本）考证，秦朝一代的城市有800～900左右，其中规模较大的有250个左右，最重要的城市主要为都城和郡治城市。都城郡县制城市体系初步形成。就城市区位而言，北方城市数量为29，南方只有13，城市的空间分布还是以北方为主的格局没有发生变化。都城咸阳是一个以宫殿为主的城市，宫殿建筑数量多规模大，分布范围广，建筑技术高，极尽豪华奢侈。咸阳是秦统一六国后的政治中心，随着六国贵族、豪民12万户迁居咸阳，全国能工巧匠的集中使得咸阳手工业也比较发达，成为全国冶金、机械、建筑、制陶、纺织、皮革、日用品等手工业生产中心，人口集中和发达的手工业也促生了商业繁荣，一时商贾云集，货物充溢，但随后执行的“金布律”“关市律”以及“谪戍”政策使商业遭受沉重打击。

秦朝的暴政和随后的战争极大地摧毁了都城和郡治城市，司马迁《史记》卷十八载：“天下初定，故大都名城散亡”。“文景之治”后残破不堪的城市才逐渐恢复生机。至汉武帝时期，休养生息后的经济得到发展，人口增加，疆域也得到扩展，所设郡县之数也随之增加，城市数量也因之增加。西汉中后期县级以上城市达千余个。据《汉书·地理志》记载，汉平帝时期有郡国130个，县邑1 314个，侯国241个。汉代的城市主要是县郡治所在的城市，有一定规模的城市670多个，比秦朝增加了一倍多，城市行政等级体系中第二层级的郡国城市数量也较秦代增加一倍多。东汉时期除洛阳外，西汉时期的城市也有所发展，数量也略有增加。由于都城东迁，政治中心和经济中心也随之转移，中原地区和长江流域城市得到较大发展，如会稽、丹阳、豫章及荆襄等。另外随着海上贸易的发展，沿海城市番禺、徐闻、合浦也得到发展。但总体而言，北方仍是西汉的政治中心，也是经济和文化重心，北方城市的发展要超过南方。据《史记·货殖列传》记载，汉武帝时期除长安以外全国有 18 个较大城市，大多分布在北方中原地区和关中、河北、山东地区，秦岭淮河一线的城市只有 5 个。另外，由于西汉对边疆地区的开发和对外经济文化交流的加强，在边远地区也出现了一些新的城市，如武威、张掖、酒泉和敦煌，但规模不大。值得指出的是，西汉时期工商业城市的兴起是中国城市发展史上质的突破，而农业、手工业和商业的发展及交通的开发为此创造了条件，包括关中地区、巴蜀地区、颍川南阳地区在内的十大宏观经济区域推动了工商业城市的兴起。代表性城市主要有全国政治经济中心长安，天下之中、万方福凑的洛阳，天下膏腴之地莫胜于齐者的临淄，天府之都的成都以及颍川南阳经济中心的宛（南阳）等。

汉代手工业也得到快速发展，不仅从业人数众多，行业种类也较秦代有所增加。代表性的手工业主要有冶铁铸造业、丝织业、漆器业、造纸以及造船、制盐、制瓷和酿酒等。城市商业也较发达，《史记》记载，当时的商业行业有 22 种，如油盐调料业、竹木业、杂货业、粮食业等。汉代城市文化娱乐业较丰富，尤其是歌舞之风盛行。汉代的城市建设继承了战国时期的风格和技术，但在城墙形制方面也有新发展。宫殿和官署在城中所占比重较大。

（四）唐宋时期的城市

唐朝尤其是中前期是中国封建社会的一个鼎盛时期，国力强大，经济繁荣，人口达 6 050.3 万，城市因而获得高度发展。唐天宝十四年总人口 5 290 万，城市人口比重 20.8%（赵冈，2006）。总体上看，唐朝的城市数量增加，分布也较广泛。新增县城 140 个，县城总数达 1 551 个，贞观元年（公元 627 年）设有 10 个道治城市，州治城市 315 个。开元二十一年（公元 733 年）设置 15 道，新增设城镇 140 个，105 个位于东南和西南地区，西域地区的城市因设置北庭都护府、安西都护府而获得发展。唐朝一代还出现了特大城市和一批大城市，中等城市数量也在增多。最重要的政治城市包括凤翔府、京兆府等 10 府，汴州、并州及扬州等 24 都督府。这些重要的城市都位居重要的经济区域，农业和手工业都比较发达，位于水陆交通要道上的城市逐渐发展成为工商业繁荣、人口荟萃的大都会。代表性的城市主要有长安城、洛阳、扬州、成都、广州、苏州、杭州等七大城市，扬州、成都甚至被称为“扬一益二”。除此之外，大城市也比较多，以天宝年间户口计，仅黄河中下游地区和长江下游地区的人口户数超过 7 万的州有 30 个。北方的大城市有清河、沧州、太原等 9 个，南方的大城市除扬州、杭州、苏州和广州外，还有因运河开通而发展起来的京口、洪州等重要的经济中心城市。据估计（何一民，2013)，有唐代一城市人口高达 800 万，占全国总人口的 10%。唐朝城市经济的发展是以农业生产的发展和交通条件的改善为前提的。唐代城市手工业十分兴旺，生产部门种类和作坊数量均远超汉代，主要部门有绢棉、织绫、制衣、雕版印刷、酿酒等 60 多个门类。城市商业十分繁荣，唐朝的坊市制度有利于商业活动的开展，但商品经济的发展突破了在城市内设置固定市场的束缚，甚至出现了“夜市”，也出现了一些诸如邸店、柜坊、飞钱业、车坊、质库、寄附铺等新服务行业。水陆交通的便利为长途运输提供了条件，长途贩运从奢侈品变为日常用品，市场上商品琳琅满目，南货北货应有尽有，富商大贾和外商也不断增加。

宋朝的城市出现了历史性的巨大转折，同期的少数民族地区兴起的城市颇具特色。宋朝在结束五代十国的分裂局面后局部性地统一了中国，在政治、军事和文化等方面进行了一系列改革，促进了农业、手工业发展，商业的繁荣甚至超过唐代，一些重大的科技发明也在这个时期出现，也推动了城市发展。农产品剩余是城市兴起的前提。农业生产方面，耕地面积增加，开发了圩田、沙田、淤田及架田等，农业生产工具也因冶铁技术的进步，铁制农具得到大规模推广和应用。大举兴修水利工程，仅江苏、浙江和福建三地就有 817 项水利工程。极大地提高了农产品剩余的数量和规模。手工业方面，一些主要的手工业行业规模较前朝扩大，分工更为精细，产品数量和质量也有所提高。煤矿的开采改进了铸造技术，提高了铁的质量。宋皇祐年间（1049～1054 年）全国铁产量达 724 万斤，是唐朝元和年间的 3.5 倍。纺织业也得到进一步完善，仅绢就有 50 多种，绫有 27 种。生产规模也有所扩大，官办成都锦院就有 117 间房子，154 台织机，580 名工人。造纸业、造船业也非常发达，雕版印刷之后又出现活字印刷。农业和手工业的发展为商业经济繁荣创造了条件，繁荣程度超过了任何一个朝代，商业内部的分工更细、行业更多。

唐代长安的工商业有220行，南宋临安的工商业多达400余行，饮食行业进一步细分为饭店、酒店和食品店，租赁业有出租马匹、车辆、宴会桌椅器皿，甚至葬礼用品也可出租。私营商业发展超过官营商业，商业行会开始增加，宋代有文献记载的行会名称有414个之多。商业活动中的“交子”“钱引”和“会子”的出现意味着货币经济开始萌芽和发展，海上贸易也有惊人的发展。据不完全统计，宋代最兴盛时期的外贸国家竟有50多个，出口商品主要是丝织品和瓷器，进口货物种类最多时有300多种，以奢侈品为主。北宋都城东京（开封、汴京）和南宋都城临安作为特大城市的出现是中国城市发展史上的标志性现象。同期的大城市数量增加明显，城市规模普遍较大。总体而言，宋代城市发展因日益精细的劳动分工而获得强劲的发展动力，坊市制度的打破和城市规划布局的合理性都极大地促进了城市发展和繁荣。

宋代城市居民管理较唐代松弛，坊的围墙在宋初即拆除，人民可自由出入，临街开门，取消了城中住宅区与商业区的严格划分，商人可自由选择地点开设商店，店主及家人晚上可住在店中。县治以下允许设市（唐时禁止，有所谓草市、墟市、步、店等非正式市场），商业市镇开始出现。许多唐及五代军队驻防地点“镇”此时也演变为商业市镇，宋朝官府还在某些大镇派驻常设的商税征收机关“务”，北宋神宗熙宁十年（1077年）全国2 100多个商税务，866个商税务设在大型镇（赵冈，2006）。

南宋是中国历史上城市化发展的转折点，临安250万居民，全部城市人口比例22.05%。到公元1220年前后，临安人口已接近高峰，南北全长35公里，宽7公里，城内占地45平方公里，人口100万，城外郊区180km^2，人口150万（赵冈，2006）。南宋以后中国历史上再也没有出现200万人口以上的大都市，直到20世纪70年代中国城市人口比重也没超过22%。南宋时期是中国传统城市发展的极限。

（五）明清（中前期）的城市

明清时期是中国封建社会的晚期，封建专制中央集权达到最高顶峰，传统农业和手工业也达到封建社会最高水平，促进了市场繁荣和工商业城市的兴起，资本主义在此期间萌芽。

明朝建立初期，采取了若干措施强化中央专制制度，对当时的社会经济和城市发展产生了巨大的影响，明代城市发展较快，数量增加和规模扩大，城市经济和城市社会都有较大的进步。明朝城市数量增加和工商业城市兴起主要源于社会生产力的发展，棉纺织业、丝织业、制瓷业、矿冶业和造船业有显著提高，超过前朝发展水平。私营手工业较过去有很大的发展，许多城市出现大批的私营手工业作坊，生产进一步趋向商品化，商业也更加繁荣。15世纪初，全国著名的工商业较发达的大中城市有应天、顺天等30个，中等城市如淮安、九江、芜湖等25个，这些城市都在主要的水陆交通线上，与商路繁盛关系密切。明代前期的海上贸易又促进了广州、厦门、泉州、宁波等沿海城市的发展。除城市外，在水陆交通干道上和经济发达的区域还出现了一大批规模较大，人口较多的工商业市镇，如制瓷业为主的景德镇、以冶铁业为主的佛山镇、以丝绸业为主的盛泽镇、南浔镇等24个。总体上看，明代城市发展水平较高，城市人口增加、规模扩大。特大城市南京、北京的出现也是明代城市发展的一个标志。南京城市人口鼎盛时期曾高达119万。明代手工业和商业都有很大发展，手工业以冶炼、制陶、制瓷、纺织、造船、造纸、兵器制造等13个行业发展尤快。宋应星《天工开物》对这些工艺过程和技术成就有详细记载。纺织业出现了更为精细的分工，花楼机的构造有所改进，新型织机“改机”和“纱绸机”相继发明，印刷业的铜铅板普遍使用。这些细密的分工对劳动生产率的提高、产量增加起到了很好的促进作用。明代城市经济尤其值得关注的是资本主义生产关系萌芽的出现。在江南的一些城市如苏州、松江、杭州、嘉定和湖州等出现了早期资本家和具有资本主义性质的雇佣工人。

清代中前期的城市发展，从明末到康熙二十三年三藩之乱结束，中国传统城市的生长在此期间中断，相当部分城市数百年积累起来的城市文明毁于一旦，至康雍乾盛世城市发展才逐步恢复。有清一代，各级行政区划治所所在城市始终在城市体系中占有非常重要的地位，城市数量与行政建制有直接的关系。清代地方行政区划系统分为三个层级，省（包括将军辖区、大臣辖区和内蒙古地区）属于第一级行政区划，行省下设府、直隶州、直隶厅为二级行政区划，其下再设县、州、厅等为三级行政区划，以省辖府、府辖县奠定清代地方城市行政等级体系。省会城市是除都城之外最重要的城市，大多历史悠久，有优越的地理条件和经济基础，是地方政治中心，经济较发达，23个行省城市几乎没有发生变动。府级城市在顺治年间有150个，康熙二十五年增至181个，宣统年间继续增至358个。厅是清代新设置的地方行政区划，厅的数量不断增加体现了边疆地区和内地民族地区城市的发展。县的数量在宣统三年为1 382个、散厅94个、散州147，县级行政机构共计1 623个，比康熙二十三年净增247个。清后期全国共有县级以上建制城市1 799个。介于城市与乡村之间的市镇也随着商品生产和贸易的发展而得到空前发展。19世纪中后期，全国的中小市镇达28 000个，清末城市人口方面，罗兹曼根据19世纪大量地方志，采集1820年前后各省城郡市镇的资料，总人口35 300万，城市人口比重6.9%。施坚雅估计1893年城市人口为25 538 000人。1901年总人口42 600万，城市化率6%。赵冈将1893年城镇人口修正为32 662 000人，占总人口的7.7%（赵冈，2006）。清代的城市化水平低于唐宋时期，主要是农村人口增加太快，农产品剩余有限所致。但东南沿海各省的城市化水平较高，北方及华北次之，西南除成都外最低。至康熙中期以后，城市生产规模不断扩大，分工细密。城市手工业机具和手工业人数比明代有所增加，南京织机数量在乾嘉时期达3万多张，广州的织工有4到5万。分工方面，有新的手工业专业区出现，如广州、佛山的丝织业，台湾的制糖业、云南的铜矿业，大巴山区的伐木业、矿冶业造纸业等都是新发展起来的。手工业内部的分工也越来越细密，如棉织业分为轧花、弹花、纺纱、织布、染踹等行业。生产工具和技术的进步和革新促进了生产的发展，产品种类增多，质量提高，商路的开通有利于商品流通扩大而繁荣。这些都为资本主义萌芽重生创造了条件，并较明代又有了一定的发展。

表3-1　中国古代城市与世界古代十大城市

城名	建设年代（公元）	城市面积（平方公里）
隋唐长安	583年	84.10
北魏洛阳	493年	73.00
明清北京	1421～1553年	60.32
元大都	1267年	50.00

续表

城名	建设年代（公元）	城市面积（平方公里）
隋唐洛阳	605 年	45.20
明南京	1366 年	43.00
汉长安	220 年	35.00
巴格达	800 年	30.44
罗马	300 年	13.68
拜占庭	447 年	11.98

资料来源：董鉴泓．中国城市建筑史［M］．中国建筑工业出版社，1982 年版，第 37—38 页．

（六）对中国古代城市发展的思考

政治、军事需要是中国古代城市的首要因素，而社会分工发展为城市的突现及其发展提供了动力。在原始社会末期，随着生产力的发展和劳动生产率的缓慢提高，畜牧业从农业中分离出来，出现了第一次社会大分工，种植业者逐渐定居下来，形成了人类最早的固定居所——村庄。分工的发展促进了技术进步，铁矿冶炼为铁器的出现创造了条件。铁制农具使人们可以扩大耕地面积，开发广阔的森林地区，除粮食外还能种桑、麻等作物。铁制农具也使原来附属于农业的手工业日益发展，生产日益多样化，生产技术的进步越来越快。使得原始手工业与农业发生了分离，人类历史上第二次社会大分工。第二次社会大分工促进了生产规模的扩大和劳动生产率的提高，使商品货币关系进一步发展，促进了远程贸易的发展，为城镇产生提供了必要的经济条件。原始手工业和商业则是城镇产生的直接经济基础，交换场所是城镇产生的物质内容和物质基础。第二次社会大分工后，已经出现了以交换为目的商品生产和商品交换。商人专门经营商品，从事商品买卖活动，贝币普遍使用，商品交换的范围扩大了。商品交换不同于农业和畜牧业，需要有较为固定的交换场所，城镇的发展开始启动。

第二节　近代城镇的生长

按照史学界的共识，近代的时间跨度在中国历史上介于清晚期至民国时期。下文将以此为据，分别考察清晚期和民国时期的城市发展。

一、清晚期的城市发展

19 世纪初期，除少数城市外，中国的城市主要是行政中心，京师以及省会城市也都是区域性经济中心，这点与清中前期、明代没什么区别，甚至与宋代都极为相似。1840 年以前的中国城市是根基于传统农业的传统城市，与农业生产水平及其剩余农产品数量密切相关，甚至决定了城市人口的增长。这种基于传统农业的城市化只有量的增长，而没有质的变化。1840 年后，中国社会的性质从封建社会转变为半封建半殖民地社会，城市发展也经历了一个曲折畸形和动荡发展过程。许多重要的传统工商业城市受到破坏或发展缓慢。

晚清城市的发展在空间分布上也极不平衡，东南沿海、长江流域、珠江三角洲、东北南部地区、京津唐地区等城市发展较快，初步奠定了中国城市体系和结构布局，即东南部沿海地区、长江中下游地区和东北地区的城市数量多，规模大，分布密集，技术先进，经济发达。而地域面积广大的西北、西南地区城市数量少，规模也小，分布稀疏，经济落后，少数民族地区的城市还十分落后。

晚清时期经济的发展不是始于工业化，而是商业化。商业的发展推进了交通工具的进步、近代金融业的出现和工业化的进行。西方资产阶级强迫清政府五口通商后，外国商品尤其是大规模的生产工业产品大举进入中国，以通商口岸为中心渗透到全国各地区市场，向广大腹地和农村倾销。各开埠通商口岸城市人口激增，刺激了商业的发展，各种各样的零售商店、娱乐场所和社会服务行业也随之而兴。商业贸易的发展带动了城市交通运输业、近代工业、金融业、通讯业和城市建设等近代经济部门。在此基础上，当时先进的生产技术和机械设备直接从国外引进，近代工业在通商口岸城市逐渐发展起来，洋务运动也在一定程度上促进了这一进程。据不完全统计，1843～1894年，外国资本设立的近代工厂101家，1895～1913年，外资新建厂矿1 366家，投资总额102 153万元；19世纪60年代，中国人也开始采用机器创办近代工业。19世纪60～90年代，清政府创办军事企业约20家。1895～1913年，新设厂矿企业549家，投资总额12 029.7万元，其中国家官僚资本企业86家，民族资本企业463家（汪敬虞，1957）。

总体而言，通商口岸的繁荣商业带动了近代工业技术和机械设备的输入，启动了晚清时期的城市近代化进程，引发了近代金融业、交通运输业及通讯业的发展。但晚清时期的城市近代化是迫于西方强盗国家入侵的压力而启动的，完全以外界蛮力推动的近代化，不仅对晚清的社会经济产生了完全消极的影响和破坏作用，导致了中国城市近代化的畸形和扭曲。

二、民国时期的城市发展

民国政府存续时间很短，但期间西方列强入侵对城市的发展所造成的破坏和灾难要远超过晚清。开埠城市的发展受到压制城市发展极不平衡，总体发展水平低。但近现代化因素在城市政治、经济、文化的渗透传播，促进了城市的质变。民国时期的城市发展大致可以区分为两个阶段，民国初期到抗战爆发前是第一个阶段，抗战爆发至1949年中华人民共和国成立是第二个阶段。第一个时期的城市发展总体上呈上升趋势，第二个时期则是衰变、倒退之势。

辛亥革命以后，宁波、苏州、武汉等城市的工厂企业都有一定程度的发展。据1913年统计，全国各大中城市有53家中资面粉厂，新增机器制造厂9家。第一次世界大战后，经济重建使西方资产阶级国家对原材料产生了更多的需求，新兴的工业部门进一步得到发展，1914年至1923年是中国资本主义发展的黄金时期。1923年对外贸易额16.7亿两，比1918年高出6.3亿两。1919年华资纱厂的资本较1911年增长2.6倍，较大规模的织染厂和针织厂较1911年分别增加20余家和10余家，缫丝厂较1911年净增200余家，铁机织绸厂净增70余家。1911年全国有面粉厂和机器磨坊40余家，1919年增至

120 余家，昼夜生产能力从 4 300 袋增至 188 000 袋。1914 年至 1919 年，华资火柴厂 42 家，资本额 1 459 900 元。此外，机器制造业、制药业和电力部门等也取得较大发展。

1937 年日本发动全面战争后，战局动荡，经济发展受到破坏，许多城市遭到战争的严重破坏。抗战期间，中国东部半壁江山沦陷，包括北平、上海、天津、武汉等若干重要的政治中心城市和近代兴起的主要工商业城市相继沦陷，使这些城市遭到严重破坏，人口锐减，城市生长中断。无锡在抗战前是中国民族工业的重要基地，日军占领后棉纺织业直接被破坏的纱锭总数 166 614枚，布机 3 304 台，占全部设备的 70%；大型丝厂在战前有 41 家，全部被毁的 9 家，部分被毁 26 家；面粉业三大厂中的茂新一厂被烧、劫一空，茂新二厂被劫掠后，厂房被日军占用，九丰面粉厂也被日军占有，充作日军军需厂。日军在占领华北、华中、华东和华南期间，垄断和控制了这些城镇的大多数工厂企业，中国民族资本的新式工业和手工业遭到严重摧残和打击，尤以上海、天津、武汉等五大城市的破坏为重。据统计，1937 年至 1941 年，日军在沦陷区抢掠中国银行、中央银行、中国农民银行等 53 家公私银行 4 142.9万元，金条无数。日本侵略者对沦陷区的烧杀抢掠和疯狂的经济掠夺使得有些城市严重衰败甚至消失。

民国时期的城市发展受到多重因素的影响而呈现出不同的类型特征，如以上海、天津、武汉为代表的综合型开埠通商城市，以香港、青岛、大连、哈尔滨和长春为代表的殖民地城市，以南京、重庆为代表的政治统治中心城市，也有唐山、无锡、焦作、大冶、本溪等因工矿企业和交通运输业发展而兴盛起来的城市，还有共产党领导下的新型城市等。

整个民国时期，游离于行政型城市体系之外的市镇及其人口集聚现象也是值得关注的一个方面。市镇数量的变化及其所集聚的人口的增减，都反映出农村地区乡村工业和农业生产的发展水平。慈鸿飞（1996）的研究发现，20 世纪 30 年代全国镇集的总数约 64 440 个，约有 13%以上的人口居住在集镇。据民国政府内政部 1933～1934 年的市镇统计，江苏、浙江、山东、山西、河南、河北等 6 省人口在 2 000～20 000 人之间的城镇个数分别为 2 132、2 080、748、414、1 573、1 079。上述 6 省总计 548 县共有人口在 2 000～

20 000人之间的城镇个数为8 026。但这些统计数字都并不完整，还有43个县没有统计。1933～1934年，安徽、江西、广东、四川4省203个县共有镇2 126个，陕西、甘肃、宁夏、察哈尔、绥远、青海、云南、贵州、广西、湖南、湖北、福建12省537个县只有镇3 861个，黑龙江、吉林、新疆、热河、辽宁、西康等6省统计数字缺失。这6省共有县政府所在地249个和相当于县一级政府的21个设治局所在地，共270个。上述22个省1 010个县合计共有镇约6 987个，平均每县为6.9个。按照平均每县的镇数6.9，补上没有统计的县的镇个数为9 775。20世纪30年代，内地大多数镇人口都在2千人以上。北方镇的数量比南方少，但常住人口都在2千人以上。南方镇的常住人口数字高低相差悬殊，多数都在数千人，很少在2千人以下。边远省区人口稀少，镇的数目少，2千人以下的镇个数占很大比例。如果这9 775个镇中约有15%是常住人口在2千人以下的，那么2千人以上的镇就有8 309个。据此，20世纪30年代全国共有常住人口在2 000～20 000人的镇16 335个。与1893年相比，40年间增加了约1.45万个。1890年中国的人口大约为3.7亿，按国民政府统计局公布的数字，1933年的人口为4.44亿，仅增加了7 000多万。人口增长率为20%左右，而镇集的增长率为818%。1993年中国2 000人口以上的小城镇为55 000个，绝对数比1933年增加了两倍多，人口也比30年代增加了近两倍。

市镇数量的快速增加意味着区域农业生产率的累积性提高，从而保障足够数量的农产品剩余，以便为镇市人口提供必需的粮食供应。正如中国台湾学者赵冈（2006）所言，农业生产率直接决定城镇人口规模，与城镇化率成正比。一定数量人口在城镇的集聚不仅可以为乡村工业提供劳动力，还能诱发服务业的产生，为城镇功能的完善提供动力和保障。

表3-2 20世纪30年代中国集镇基本情况

	镇	集	各省镇集合计	列入统计的县数
陕西	621	640	1 261	74
甘肃	417	432	849	51
宁夏	23	24	47	6
察哈尔	72	47	119	13

续表

	镇	集	各省镇集合计	列入统计的县数
绥远	80	29	109	20
青海	25	13	38	8
山西	664	662	1 326	104
河南	2 160	7 488	9 648	108
云南	781	1 586	2 367	101
贵州	359	524	883	27
广西	199	1 329	1 528	85
湖南	308	1 876	2 184	71
湖北	518	1 100	1 618	41
福建	458	488	946	40
总计	6 685	16 238	23 672 （含 749 个县城）	749

数据来源：慈鸿飞. 近代中国镇、集发展的数量分析［J］. 中国社会科学，1996（2）：27—39.

三、对近代城市生长的思考

中国近代城市的发展既受限于农业生产力，农产品剩余量决定了城市人口数量和市镇的发育及城市化进程，同时又受到西方资本主义列强的侵扰，整个时期的城市化虽然也有一定的发展，但受到严重的破坏和阻碍，其中以日本军国主义入侵造成的破坏尤为严重。总体而言，期间偶尔出现的近代工商业发展仍是近代城市化的动力，但行政型城市体系的格局基本没有受到较大破坏。

城市化基础动力来自近代科技进步和经济活动的分工与专业化进展。中国近代科学技术的引入是被动展开的，也有类似于洋务运动的革新求变的主观动力推动。系统性引进近现代科学技术主要在两个层面进行，其一是实业救国的渠道，官办和民办工商企业大量引进先进的生产技术和机械设备，以资本主义方式开展工业生产；其二是通过引进近现代高等教育的方式引进近现代基础性科学知识体系，在消化吸收的基础上开展适合国情的革新和改良，同时主要培养具有近现代科学知识和专业技能的新型工人。对城市发展而言，第一个层面的推进更为直接。引进的新技术在投入生产后，一方面会提高生产领域的专业化进程，另一方面也会诱发新的行业，以此推动经济活动的专业化发展。如近代工商企业的发展就直接推动了交通运输业、金融服务业和城市建设等新的专业化部门。正是这些经济部门的专业化演进在推动城市化进程，城市之间的分工也随之出现。生产力发展和区域分工的进化，使得城市之间都会获得各自的箱底比较优势，从而使城市分工更为清晰，而分工所必然要求的协作使城市之间的联系更加紧密，促生了城市网络、超大型城市和城市群的突现，推动了地区城市化进程。正如恩格斯指出，城市之间的联系使新的劳动工具从一个城市运往另一个城市，生产和商业间的分工随即引起了各城市间在生产上的新的分工，在每一个城市中都在自己的特殊的工业部门占着优势，最初的地域局限性开始逐渐消失。商品经济的进一步发展，促进了城市的分工，使得每一个城市的主导功能突显出来。城市主导功能的不同，形成各种不同性质的城市，反过来又通过城市间的协作，推动整个国民经济的发展。城市分工既是社会分工发展的结果，同时也促进和加固了社会分工，成为发达社会分工的基础。恩格斯指出："文明时代巩固并加强了所有这些在它以前发生的各项分工，特别是通过加剧城市和乡村的对立而使之巩固和加强。"正是因为城乡之间的对立和分工，才把社会上的分工固定下来，使人们终生从事某种职业，并且日趋专业化，从而促进了农业、手工业、商业以及科学文化的发展。

总体而言，近代城市的发展虽然受到一些波折，但仍然有了一定的发展，而城市经济的分工与专业化演进始终都是其发展的基础性和决定性动力。

第三节　现代城镇的快速生长

1949 年以来的城镇化经历了世界历史上规模最大、速度最快的城镇化进程。党中央、国务院高度重视城市工作，城市规模不断扩大，城市经济实力持续增强，城市面貌焕然一新，城镇化建设和城市发展取得了举世瞩目的成就。党的十八大以来，在以习近平同志为核心的党中央坚强领导下，坚持新发展理念，遵循城市发展规律，大力提升城市治理体系和治理能力现代化水平，城市正在成为环境更优美、社会更和谐、人民更幸福的美好家园。

一、现代城镇化概况

现代城镇的快速生长是第二次工业革命和第三次工业革命发展的结果(冯尚春，2004)。两次工业革命以技术进步和制度创新极大地推进了经济发展，专业化分工的精细程度不断提高，新的职业种类和新的就业岗位为城镇人口的集聚提供了可能。现代城镇不仅意味着人口和规模的扩大，还是传统自然经济向现代市场经济转化的过程。

国家统计局《新中国成立70周年经济社会发展成就系列报告》显示，2018年末，中国常住人口城镇化率达到59.58%，比1949年末提高48.94个百分点，年均提高0.69个百分点。1949年末，中国常住人口城镇化率只有10.64%。2018年末，常住人口城镇化率比2011年提高了8.31个百分点，年均提高1.19个百分点；户籍人口城镇化率达到43.37%，比2015年提高了3.47个百分点，年均提高1.16个百分点。2018年末，城市个数达到672个，其中，地级以上城市297个，县级市375个；建制镇21 297个。2017年末，中国地级以上城市户籍人口达到48 356万人，户籍人口超过500万的城市有14个，300至500万人口的城市有16个，50至300万人口的城市达到219个，50万人口以下的城市有49个。

新型城镇化取得重大进展，城镇化水平和质量大幅提升。2022年全国常住人口城镇化率达为65.22%，2020年全国常住人口城镇化率达到63.89%，户籍人口城镇化率提高到45.4%。农业转移人口市民化成效显著，户籍制度改革取得历史性突破，1亿农业转移人口和其他常住人口在城镇落户目标顺利实现，居住证制度全面实施，基本公共服务覆盖范围和均等化水平显著提高。城镇化空间格局持续优化，“两横三纵”城镇化战略格局基本形成，中心城市和城市群成为带动全国高质量发展的动力源，京津冀、长三角、珠三角等城市群国际竞争力显著增强，城市规模结构进一步优化，2020年末城市数量增至685个。城市可持续发展能力持续增强，城市发展方式加快转变，基础设施和公共服务明显改善，生态环境质量不断提升，城镇棚户区住房改造开工超过 2 300 万套，城市轨道交通运营里程超过 7 000 公里，新型城市建设步伐加快。城乡融合发展体制机制和政策体系基本确立，城乡要素自由流动、平等交换和公共资源合理配置稳步推进，城乡居民收入比不断缩小。

二、城镇化的几个阶段

（一）新中国成立至1978年城镇化进程

建国初期的城镇化水平只有 10.64%。从 1949 年建国到 1978 年改革开放以前，我国城市化进程很缓慢。经历了三年恢复和“一五”时期平稳发展、大起大落的“大跃进”与调整时期、以及文革“三线”建设的停滞发展等阶段。到 1978 年我国城镇化水平只提高到 17.92%。设市城市由 132 个增至 193 个，仅增加 61 个。全世界城市人口的比重由 1950 年的 28.4%上升到至 1980 年的 41.3%，其中发展中国家从 16.2%上升到 30.5%。而同时期我国的城镇化率仅由 11.2%上升到 19.4%。需要特别指出的是，我国城镇化进程缓慢的原因并不是经济发展水平较低。在建国至改革开放前这段时间，我国工业和国民经济增长速度并不算慢，工业总产值 1978 年比 1949 年增长了 38.18 倍，工业总产值在工农业总产值中的比重，由 1949 年的 30%提高到 1978 年的 72.2%；社会总产值增长 12.44 倍，其中非农产业在全社会总产值中的比重，则由 1949 年的 41.4%上升到 1978 年的 77.1%；国民收入总额则从 1949 年的 358 亿元增长到 1978 年的 3 010 亿元（按当年价格计算），提高 7.41 倍，其中非农产业在国民收入构成中的比重，也由 1949 年的 31.6%上升到 1978 年的 64.6%。在世界范围内看，1950 年至 1973 年，世界 GDP 总量年均增长 4.9%，人均 GDP 增长 2.9%，其中我国 GDP 年均增长 5.1%，人均增长 2.9%，高于和等于世界平均水平，高于同期发展中国家平均水平。这与我国选择重工业化道路、户籍制度的建立以及城镇化水平起点低等因素有关。这一时期重点建设城市，“一五”时期除北京外有工业建设重点城市如太原、包头、西安、武汉、大同、成都和洛阳等 7 座，重点扩建城市如鞍山、沈阳、吉林、长春、哈尔滨等 20 多座，局部扩建城市如南京、济南、杭州、昆明、唐山等15座左右；“三线”建设时期有十堰、成都、兰州、宝鸡、西宁、汉中等。

1978年以前的城镇化有四个特点：首先，政府是城镇化动力机制的主体，城市运行机制具有非商品经济的特征；其次，城镇经济以重化工业为主，轻纺工业发展缓慢，城镇化对非农劳动力的吸纳能力很低；再次，城镇化的区域发展受高度集中的计划体制的制约，与国家五年经济社会发展规划以及国家经济社会发展重大项目空间布局关系紧密；最后，劳动力的职业转换优先于地域转换，呈现出就地城镇化的特征。此外，城乡二元结构也是导致改革开放前我国城镇化水平偏低的根本原因。这种人为原因形成的城乡之间相互隔离和相互封闭，制约了农村人口向城镇地区的转移。

（二）改革开放至2000年的城镇化进程

1978年改革开放以后，国民经济发展由计划体制改为计划与市场相结合的体制。市场动力开始成为我国城镇化的主要动力。城乡之间的二元壁垒开始松动，随着乡镇企业的快速发展，我国的城镇化进程进入快车道。1978年至2000年，城镇化经历了返城时期、乡镇企业时期、工业园区和民工潮等阶段，城镇化水平由17.92％上升到36.22％，年均增加0.83个百分点，设地级市城市由193个增加到663个，建制镇由2 173个增加到20 312个。这一时期我国城镇化进程明显加快，首先是明确了以经济建设为中心的工作重点，其次是由重工业化转变为轻纺工业为重点的工业化战略，再次是实施了城市中心带动区域发展战略、小城镇优先发展战略以及向沿海倾斜的区域发展战略等。

1. 城镇化进程的三个阶段

改革开放以来，我国的城镇化进程还可细分为农村经济体制改革、乡镇企业发展和城市经济体制改革三个小的发展阶段。

第一阶段，农村经济体制改革为农村经济和第一产业的快速发展提供了充足的动力，为市场动力机制的引入创造了条件和基础。探索并推进家庭联产承包责任制，激活了农民的生产积极性，极大地推动了农村经济的迅猛发展，在丰富城乡农贸市场的同时，释放了大量农业剩余劳动力，此时政府也逐步放松农业人口流动的管制强度。在第一阶段，我国的城镇化率由1978年的17.92%提高到1984年的23.01%，年均提高0.85个百分点。这个阶段城镇人口的增加主要来源于上山下乡知识青年和下放干部返城就业，农村学生通过考学升学进入城市；同时，城乡集市贸易的开放和迅速发展，使得大量农民进入城市和小城镇，出现大量城镇暂住人口。个体经济、乡镇经济的迅猛发展，城乡贸易市场开始出现并不断繁荣，促进了中国小城镇的快速发展，提供了较多的就业机会，为农民进城就业提供了可能，随着国家对农村人口到城镇就业管制的逐步放松，中国出现了最早的“农民工”，即具有农民身份的产业工人。

第二阶段，是乡镇企业和城市经济体制改革作为双重动力的城镇化阶段。这个阶段以发展新城镇为主，沿海地区出现了大量新兴的小城镇。1984年至1991年是以城镇经济体制改革为主要动力的城镇化阶段。1984年党中央和国务院在兴办经济特区的基础上，又进一步开放大连、秦皇岛、天津、烟台、青岛、连云港、南通、上海、宁波、温州、福州、广州、湛江、北海14个沿海港口城市，逐步兴办起经济技术开发区，开启了城镇经济快速发展的大幕。城镇作为人口和产业集聚的空间载体得到极大发展。国家给予经济特区、沿海港口城市、经济技术开发区等重要功能平台一系列优惠扶持政策，鼓励这些地区率先引进国外先进技术、资金和管理经验。在国家优惠政策扶持、国内巨大的消费市场需求、国外技术资金管理经验等多重利好因素的共同作用下，东部沿海城镇获得迅猛发展，沿海城镇的经济规模和人口规模迅速扩张。

第三阶段，是全面推进城市化时期。1992年至2011年是中国城镇化全面快速发展阶段。以城市建设、小城镇发展和普遍建立经济开发区为主要动力。1992年到1998年，城市化率由27.63%提高到30.42%，年均提高0.42个百分点。20世纪90年代以后，我国的城镇化已从沿海向内地全面展开。1995年底与1990年相比，建制市已从467个增加到640个，建制镇则从12 000个增加到16 000多个；从人口来看，城市化水平也从1990年的26.41%提高到28.62%。总体而言，随着城镇经济的快速发展，产业工人需求大幅度增长，农村经济的迅猛发展也释放了大量的农业剩余人口，在这种引力的作用下，大量农村劳动力到城镇就业。但依附于户籍之上的城乡基本公共服务改革滞后，致使中国户籍人口城镇化增长相对较低，常住人口城镇化率和户籍人口城镇化率的差距开始逐步拉大。

2. 城镇化政策的变化

城镇化政策的变动以政府他组织的方式促进了进程。1980 年，全国城市规划工作会议提出了“控制大城市规模，合理发展中等城市，积极发展小城市”的城市发展思路。1983 年开始加强小城镇建设，以小城镇为主，大中小城市为辅解决农村剩余劳动力就业问题。1984 年至 1986 年开展“撤社建乡”运动，同时降低建制镇标准，建制镇的数量增加 7 750 个。1986 年修订“建市”标准后，县级市数量也增加很快。1986 年至 1996 年，县级市数量净增加 286 个。1992 年国务院再次修订小城镇建制标准，促进了小城镇的发展。1993 年，建设部等 6 个部委联合颁发了《关于加强小城镇建设的若干意见》。1995 年，国家体改委等 11 个部委联合下达《小城镇综合改革试点指导意见》，并选择 57 个镇作为综合改革试点。1997 年，国务院批转了公安部《小城镇户籍管理制度改革试点方案》和《关于完善农村户籍管理制度意见》的通知。1998 年，《中共中央关于农业和农村工作若干重大问题的决定》提出“发展小城镇，带动农村经济和社会发展的一个大战略”，进一步提升了发展小城镇的重要地位。2000 年，中共中央国务院《关于促进小城镇健康发展的若干意见》指出，适时引导小城镇健康发展，是当前和今后较长时期农村改革与发展的一项重要任务。2001 年，国务院批转的公安部《关于推进小城镇户籍管理制度改革的意见》指出：凡在规定范围内有合法固定的住所、稳定的职业或生活来源的人员及与其共同居住生活的直系亲属，均可根据本人意愿办理城镇常住户口。这意味着户籍限制不再是小城镇发展的制约因素了。

（三）2000 年以来的城镇化进程及特征

1. 2000 年至 2010 年的城镇化进程

21 世纪以来，中国城镇化进程快速发展。2001 年至 2010 年，我国正式制定了加速城镇化发展的总体战略，提出了大城市、中等城市、小城市与小城镇协调发展的基本思路，经历了区域性中心城镇化发展时期、城镇群发展时期等阶段。2010年城镇化率达到49.95%，城镇化率年均1.2个百分点，速度进一步加快。城镇建设重点是区位条件好建制镇，区域性中心城市以及大城市附近的新城区，如天津滨海新区、郑东新区、沈北新区等，城镇规模扩大、城镇之间交往密度增加，分工协作的城镇群逐步形成，如长三角城市群、珠三角城市群和环渤海城市群等。

2. 2011年后的城镇化高质量发展阶段

按照城镇化一般规律，城镇化率在30%～70%是城镇化快速发展时期，我国仍处在快速发展时期。在强调以人为核心的新型城镇化提出之前，城镇化仍然沿着传统路径而展开，存在一些如土地城镇化、财政城镇化以及人口的半城镇化等不利于城镇自身健康发展的局限性。迫切需要启动高速度向高质量转变的中国特色新型城镇化道路。2011年以来，开始日益强调以人为核心，农业现代化与现代工业化、信息化和城镇化的四化同步，优化城镇空间布局，突出强调生态文明、文化传承等方面的要求。2012年，党的十八大提出要坚持走中国特色新型工业化、信息化、城镇化、农业现代化道路，“新型城镇化”的概念开始出现。

十八届三中全会明确提出坚持走中国特色新型城镇化道路，并在随后的中央城镇化工作会议明确指出要“走中国特色、科学发展的新型城镇化道路”。2014年《国家新型城镇化规划（2014—2020年）》正式出台。按照规划要求，新型城镇化明确强调突出人的城镇化，通过转换城镇化发展路径，创新城镇户籍管理制度，有序推进农业转移人口的市民化。同时强调要以城市群为主体，推动大中小城市和小城镇协调发展。同步推进生态文明建设，以综合承载能力为支撑，提升城市可持续发展水平。围绕人口管理制度、土地管理制度、城镇化资金保障、城镇住房制度、生态环境保护制度不断完善的体制机制，提升新型城镇化的质量，中国城镇化正式步入高质量发展新阶段。

（四）21世纪以来的城镇化特征及发展趋势

2012年党中央正式提出要开展新型城镇化建设，提出以人为核心的新型城镇化阶段（贾若祥，2019）。目前仍在全面推进新型城镇化建设。

（1）以人为核心的城镇化是新型城镇化的本质要求。城镇化是由农业人口向城镇人口转换、农业生产向工业和服务业生产转变的过程。这其中最为重要最为核心的就是人的城镇化，这也是中国特色城镇化的内在要求和本质规定。城市建设的新发展理念逐渐深入人心，城市生态文明建设和绿色发展有序规范推进，绿色城市、智慧城市和人文城市等新型城市建设热点纷呈。城镇棚户区和旧房改造成绩亮眼，综合交通网络明显优化，地下管网改造不断加强，海绵城市建设成效明显，各地智慧城市建设正在快速推进；很多城市高度重视文化建设，努力传承和弘扬优秀传统文化，多渠道、多形式加强博物馆建设，打造书法城市、体操城市、瓷器城市等文化名片，不断开发文创产品，大力推动地方特色文化发展。

（2）融合生态文明理念的新型城镇化。新型城镇化强调人与自然的和谐相处，将生态文明理念覆盖到新型城镇化建设全过程，按照山水林田湖草生命共同体的内在逻辑，着力推进低碳绿色城镇建设，努力使城镇发展更加平衡、更加充分，满足新时代人民对新型城镇化的新需求。在新型城镇规划和建设过程中，要以资源环境承载力为底线，规划建设科学合理的新型城镇化进程。积极开展绿色低碳新型城镇化建设，用绿色发展理念推进新型城镇化建设，处理好生产空间、生活空间和生态空间的均衡发展与衔接问题。积极采用先进适用技术，科学合理推进生态城镇、低碳城镇、智慧城镇建设，积极推进城镇垃圾分类处理和综合化利用，推动城镇绿色循环发展。

（3）特色小（城）镇不断涌现。城乡结合，生产、生态和生活“三生”融合的特色小（城）镇建设形成热潮，全国大部分地区明确了培育目标，制定了支持政策和相关规划，正在稳步有序推进特色小（城）镇建设工作。特色小（城）镇的发展不仅注重产业升级，更关注居民生活品质的提高。完善的设施配置，多元的产业配套，成功的商业运作让越来越多的小（城）镇闻名遐迩，蜚声海内外。截至2018年底，全国特色小（城）镇共有403个，全国运动休闲特色小（城）镇有62个，国家森林小（城）镇有50个，再加上各地政府创建的省级和市县区级特色小（城）镇，以及市场主体自行命名的特色小（城）镇，特色小（城）镇创建数量有数千个。

（4）以19个城市群为重点推进城市群建设。《国家新型城镇化规划

(2021—2035年)》指出，坚持走以人为本、四化同步、优化布局、生态文明、文化传承的中国特色新型城镇化道路，明确“十四五”时期深入推进以人为核心的新型城镇化战略。“十四五”时期，城镇化质量有待进一步提升，户籍制度改革及其配套政策尚未全面落实，城镇基本公共服务尚未覆盖全部常住人口，城市群一体化发展体制机制尚不健全，大中小城市发展协调性不足，超大城市规模扩张过快，部分中小城市及小城镇面临经济和人口规模减少，城市发展韧性和抗风险能力不强，城市治理能力亟待增强，城乡融合发展任重道远。与此同时，我国仍处在城镇化快速发展期，城镇化动力依然较强；京津冀协同发展、长三角一体化发展、粤港澳大湾区建设等区域重大战略深入实施，城市群和都市圈持续发展壮大；城市物质技术基础不断强化，满足城市居民对优质公共服务和生态环境、健康安全等需求的能力日益增强，城市可持续发展的客观条件更为坚实。为此必须开展以下几方面的工作：第一，坚持把推进农业转移人口市民化作为新型城镇化的首要任务，存量优先、带动增量，稳妥有序推进户籍制度改革，推动城镇基本公共服务均等化，健全配套政策体系，提高农业转移人口市民化质量；第二，提升城市群一体化发展和都市圈同城化发展水平，促进大中小城市和小城镇协调发展，形成疏密有致、分工协作、功能完善的城镇化空间格局；第三，坚持人民城市人民建、人民城市为人民，顺应城市发展新趋势，加快转变城市发展方式，建设宜居、韧性、创新、智慧、绿色、人文城市；第四，树立全周期管理理念，聚焦空间治理、社会治理、行政管理、投融资等领域，提高城市治理科学化精细化智能化水平，推进城市治理体系和治理能力现代化；第五，坚持以工补农、以城带乡，以县域为基本单元、以国家城乡融合发展试验区为突破口，促进城乡要素自由流动和公共资源合理配置，逐步健全城乡融合发展体制机制和政策体系。

第四节　城镇生长的一般性规律①

城镇作为物质文明和精神文明的载体、人类社会进步的精华所在，在受到自然地理条件初始影响的同时，也会更多受到历史时期经济社会发展的促进或阻碍，是在历史的长河中历经冲刷打磨、传承与创新甚至是涅槃重生。考察城镇的起源及其发展演变有助于探寻支配演变的内在逻辑，为今天的城镇化建设提供建议。城镇作为独立的研究对象时间并不长，学界关于城镇生长规律或趋势的研究并不多，但城镇发展史肯定有其内在的逻辑，下文将尝试在既有历史梳理的基础上，搜寻城镇生长发育的基本规律。

就城镇生长发育的普遍性而言，东西方学者有不同的见解。西方学者基于欧洲中心论的观点认为，城镇的突现及其生长发育是经济发展尤其是劳动分工与专业化演进的结果，而与其他没有太多的联系。英国工业革命将散布在农村地区的原始手工业改造成近代大规模生产的工厂企业，工业生产技术的大规模使用和管理思想理论的革新，极大地推动乡村原始工业向近代工业的转变，继而催生了商业服务业，尤其交通运输业和近代金融业以及通讯业的发展。生产要素特别是人口的集聚推动了城市生活服务业和城市公共事务管理的需求，而随着城市管理结构的引入，近现代城市也就正式形成了。研究中国城市史的学者基于历史文献资料的解读，发现中国城市发展有别于西方学者的判断。中国城市自诞生之日起，政治性因素的影响就不曾离开，时至今日的中国城市体系所呈现的位序结构仍然是行政型城市体系，经济因素作为附属功能或辅助因素而在政治型城市的基础上进行了合理且成功的功能添加。

鉴于本书的现实意义和作者本人的研究偏好，下面将主要基于我国城市史脉络的梳理，从政治和经济发展两个方面探讨我国城镇发展演变的内

① 此处所分析的城镇生长规律仅指农村地区的城镇化现象，包括县、县级市及其所属行政地域内的乡镇、小城镇，偶有提及地级市意义上的城市，但不是分析的重点。

在逻辑。

一、城镇生长发育有明确的政治基因

中国古代城市与欧洲城市有本质的不同，虽然兴起的地点各有不同，但都是基于防御和保护目的而建立起来的，正所谓“筑城以卫君，造郭以居民”（傅筑夫，1980）。事实上，中国初期的城市出现不是经济起飞的产物，而是政治领域的工具，早期的城市既是权力中心，也是维护权利的工具（张光直，1985）。周代之城不是由自然村演化而来，而是为周王室武装殖民而建筑的（赵冈，2006：35）。城市就是统治者驻所，按照政治权利的大小，行政级别的高低确定城市规模等级。西周时期，中心城市的普遍模式就已形成，贵族、宗教功能和军队是城市的主要角色，手工业者和商人的活动服务于上层统治阶级，通常是次要角色（科特金，2014）。中国城市发展的主要因素是政治力量，而不是工商业的兴起，政治因素的变化也会直接影响城市的兴衰更替。长安、洛阳、开封、南京和北京等城市的涨落取决于统治王朝对其位置的喜好。防御的需要在很大程度上决定了哪个城市成为首都。中国城市中的政治特色到周代已十分明显，周代城市最早是以集中设市为原则，一城一市，集中交易买卖，市场由官府统一管理。

从春秋战国到秦朝统一六国，城市仍继承了先秦城市的特性，成为中央、郡、县各级行政机构所在地，从而形成了“首都—郡治—县治”的行政等级行政体系。宋朝以后这一体系逐渐完善，发展成为“首都—省会—府（州）—县”的行政等级城市体系，城市之间保持着密切的行政隶属关系。即使处于魏晋南北朝和五代十国时期那样的分裂时期，这种城市体系仍然存在，只不过是由原来大一统的城市行政体系分为若干小的城市体系。另外，城市规模的大小也与城市行政级别的高低成正比，从秦朝到清朝中前期，几乎绝大多数城市都是封建王朝从中央到地方各级统治机构的驻地，因而也就成为中央或地方的政治行政中心，单纯的工商业性质城镇数量不多，即使有少数的因工商业发展而成为后来的市镇，也很快被纳入政治行政体系中。由此，逐渐形成了比较完备的从中央到地方的、具有中国特色的以首都为核心的城市行政等级体系。

中国古代的城市结构和城市规划都打上了鲜明的政治烙印。周代的城市按照等级尊卑制度和宗法礼教思想，对各级城市的面积大小、道路配置以及城市行政、经济功能分区均有严格的规划。所谓“匠人营国（城），方九里，旁三门。国中九经九纬、经涂九轨。左祖右社，面朝后市”。农业时代中国城市规划的理论思想基础主要来源于皇权至上的政治思想和天人合一的宇宙观，从而形成了中国特色的早期城市规划理论体系。对此后两千多年的中国城市规划产生了深远影响。

城市生长发育中政治基因的显性作用体现在中国城市发展的现代化阶段。比如在计划经济时期，镇集的发展就深受政策的影响。1953 年全国有建制镇 5 402个，但到 1956 年就缩减为 3 672 个，60 年代减少更多，1982 年时全国只剩下 2 819 个，仅仅相当于 30 年代江苏一个省的镇的数量。人民公社化以后，建国初期的江苏省 790 个镇只剩下了 25 个，山东省则一个不剩。1978 年后，商品经济重获生机，集镇经济和作为集镇经济载体的集镇本身都得以蓬勃发展。仅 1983 年至 1986 年，全国就增加了 7 750 个镇。1987～1991 年增加了 1 731 个。1992 年，全国新设立 2 084 个镇，建制镇总数达 14 539 个。服务于国家经济社会发展战略的“三线”建设工程，催生了诸如攀枝花、十堰等一大批新型工矿企业城市。1978 年启动改革开放以后，强制性的国民经济社会发展计划调整为指导性的国民经济社会发展规划之后，对城市化建设的指导和控制仍起到了非常明显的作用。但需要指出的是，在厘清市场与政府的关系后，包括政府制定的新型城镇化规划等指导性政策文件，特别是强调“以人为本”的新型城镇化战略，为现代城镇的健康发展提供了科学有效的指导和引领。经济社会高质量发展战略也将在新型城镇化建设中起到应有的作用。

辩证看待城市生长发育中政治基因的作用，贯彻“以人民为中心”和“以人为本”的城镇化建设原则，强调开放、创新、绿色、协调、共享的高质量发展观，科学制定城市发展规划，政治因素将为新型城镇化造福人民、实现可持续发展提供坚强有力的指导和保障。

二、城镇生长发育的基础动力是经济发展

中国城市发展的早期受到政治、军事因素的影响较大，不稳定的政治军

事因素会导致城市化的急剧波动和起伏，作为政治中心和文化中心，兵家必争之地因战争而成为废墟（赵冈，2006）。但随后农业生产力的提高和城市手工业的发展等经济因素逐渐成为城市生长发育的基础力量。如《史记》所列各大都会，以及唐之扬州与宋之苏州交通便利、工商业发达，经济功能已经替代了政治重要性。宋以后，国内各地出现了许多市镇，原无政治功能，而是因为其经济重要性设置，江南的若干大镇以及汉口、佛山、景德镇等，规模早已超过若干县治郡城（赵冈，2006）。但传统城镇化时期，影响城市化因素首先是农业生产力。从春秋战国到南宋末年，城市人口比例不断上升，从15.9%上升到22%，最大的城市人口从25万增加到250万。南宋以后，人口快速增加而耕地增加有限，农业生产力也在提高，但粮食产量赶不上人口增加的速度，余粮率开始下降，城市人口也随之下降，最低时只有6%。新增人口全部生活在农村，农户开始不厌其烦地精耕细作，还必须开展农村家庭手工副业生产，手工业生产越来越家庭化、农村化，从而推动了遍布乡村的大大小小的市镇发展，商人们从家庭手中购买手工副业产品，然后转卖他处（赵冈，2006）。

农业生产力的缓慢提高，致使农产品剩余有限，从而限制了城市手工业的发展，进一步将农村剩余人口束缚在土地之上。过剩的劳动人口因为农业生产力水平低下，农产品剩余有限而无法养活更多的城里人，只能在农村开展副业生产以副助农，拿到街市售卖以换取粮食，而首要的副业生产就是棉纺织业。松江家家户户纺纱织布，号称是衣被天下，其次是蚕桑丝绸。吴承明估计，鸦片战争前中国每年生产棉布6亿匹，52.8%作为商品销售，约有3亿1 500万匹，是同时期英国卖到全世界的棉布量的4.7倍。这每年6亿匹棉布都是个体小农户以副业方式生产的。除苏州等少数城郡外，中国庞大的棉布市场与交易量对大多数城郡几乎没有什么影响。其中只有15%卖给城市居民，而有85%卖给北方农村居民。即使是在最大的城市里，大多数产品也主要是为了本地的消费，而多数农村的需求则是在乡村得到满足。南宋以后粮食余粮率随人口增加而不断下降，城市化水平也因之而下降。南宋至20世纪以前的京师，再没有出现过宋时开封和临安那样的大城郡了。

明清时期，随着全国经济中心的南移，作为农业高产区的江南地区出现众多商业市镇。江南市镇以农村副业为动力而兴起，以副助农，卖出是为了买进，纺织生产逐步专业化，与之相关服务业也随之兴盛。带动了上下游行业、就业机会。人口数量的增加而带动米市兴盛，仅次于丝市（赵冈，2006）。而有关市镇的讨论，刘石吉认为，明清方志中所载的“市”“镇”，而非通都大邑及各级行政中心城市。明清时期的江南市镇以商业功能为标准，市镇与镇市都是一般商业聚落的通称，樊树志认为，市和镇是经济社会发展到某种特定阶段的产物，市是农村交换剩余产品而形成的定期集市演变而成，镇是高一级别的经济中心，明清时期市镇的行政地位介于县城与乡村之间，但其经济地位大于县城。陈学文认为，明清市镇属于城市体系，是城乡原料作物的加工中心和技术中心、乡村农副产品与手工业商品的贸易市场、与大中城市和广大乡村之间相互沟通联系的中介。何荣昌认为，市为商贾贸易之地，镇乃戍兵之所。北魏开始设置军镇，隋唐沿袭，北宋伊始，太祖废藩镇，保留了部分镇的名称，设立“监镇”以管理或收税，直至明清时期“镇”因有了市的功能而成为市镇或镇市（罗婧，2010）。

宋以后的江南地区市镇大多是以传统市镇为基础发展起来的。在苏州、松江、常州、杭州、嘉兴、潮州六府境内宋朝时市镇数量 71、明朝时为 316、清朝时为 479。功能不是为消费服务而是为农村副业生产服务，主要产业为棉纺织业与平织丝绸。盛泽镇宋元以前的绫绸之业为郡人为之。盛泽黄溪四五十里间，居民乃尽逐绫绸之利，染色和踹砑都由大作坊完成，有规模经济效应（赵冈，2006）。虽然苏州从来没有成为王都，但繁荣程度不低于各朝代国都。苏州水路四通八达，隋炀帝开通大运河以后，苏州商业发达，有发达的手工业。中国早期的丝织业以华北和四川为中心，南宋时南移，苏州的丝绸纺织业也正是这个时期大为发展，与湖州附近的州县连为一片，成为当时全国最大的丝织业中心。明清时期的棉纺织手工业也在此兴盛，号称衣被天下。染工与织工各有数千人，织机万余台。苏州也是纺织品加工地，有大量的染坊和踹坊开业，雍正年间，阊门外有踹坊 450 余家，踹匠 2 万余人，苏州的造纸业和银器业也很有名。苏州人口估计为 150 万以上，明清时城内人口恢复到 50 万，全部人口接近 100 万。另外，景德镇在军事上无战略价值，交通也不便捷，纯粹靠窑业而兴盛了千余年，景德镇不远的瑶里乡高岭村，盛产瓷土，产制釉的原料，宋以前便成为烧制瓷器的专业地（赵冈，2006）。值得留意的是，越洋贸易的增长极大地刺激了国际性商业都市的发展。广州是公元前100年繁荣起来的城市。公元971年，宋朝在广州设立海关衙门，到了下一世纪独享真正的外贸垄断权。公元1200年，广州人口已经超过20万，是当时世界第四大或第五大城市。近东、印度和东南亚的香料、药品、保湿和手工艺品从这个码头流入各个城市的货站，中国的手工艺品、技术和丝绸也源源不断地输出（科特金，2014）。

改革开放以后，乡村工业的快速发展是推动城镇化进程的主导力量。乡村工业的前身是社队企业，主要立足当地资源，从事与农业生产有关的农机修理服务和简单加工工业，典型的如所谓的“五小”企业（小水泥厂、小化肥厂、小农药厂、小加工厂、小农机厂等）。乡村工业的起飞和嬗变发生于20世纪80年代，无论从市场覆盖、产业关联度还是吸纳农村剩余劳动力方面都有了质的飞跃，发展空间大大超越了农业与农村，所产生的作用也不再是作为沟通城乡的集镇，而是脱胎成为区域工业中心，事实上起着中小城市的作用。主要类型有作为大城市工业配套和转移的辐射镇、以出口加工为主的外向型经济工业镇和作为商品集散中心的商业镇。乡村工业的迅速崛起与对外开放政策以及多种经济成分的繁荣密不可分。沿海地区受开放政策之惠，引进了大量外资和先进的技术，在很大程度上改变了传统乡村工业在技术和管理上落后的状况，极大地提高了产品的竞争力和市场占有量，从填补城市工业的空白开始，逐步发展与城市大工业争夺市场，在市场竞争激烈的部分行业中占据优势。

乡村工业的迅速发展推动了沿海地区农村小城镇的发展，实现了“就地工业化”和小城镇建设。工业发展和城镇建设资金主要来源于自身资金积累，而不是由中央政府通过国家计划予以安排。同时，劳动力的就地非农就业及其向城镇的聚集主要是通过市场机制自发进行，吸纳了大量“外来人口”。以市场为导向的乡村工业化带动地区城镇发展的战略在东部沿海地区的成功，有着多方面的有利条件。乡村工业发展所需的资本方面，如苏南及珠江三角洲地区历史上就属中国富裕地区，自然条件优越，农业生产发达，人口密集，农村人口的人均收入长期位于全国前列，更有较长时期发展工业的基础，这些有利条件意味着当地乡镇工业发展拥有资本积累上的优势。至于工业发展中的技术因素，苏南和珠江三角洲地区分别毗邻上海、港澳等大城市，在这些地区产业结构调整的过程中，比较容易就近获取适用技术，迅速转化为生产力。苏南不少乡村工业在80年代就是依靠上海的“星期天工程师”发展壮大。

始于安徽凤阳小岗村的改革开放，在极短的时间内解决了温饱问题，出现了极其丰富的农村剩余劳动力，为乡村工业迅猛发展提供了源源不断的劳动力供给。继乡村工业快速发展之后启动的城市经济体制改革，在确立建设中国特色社会主义经济体制后，也获得了强劲的发展动力。改革开放所创造的经济奇迹也在城镇的数量和质量方面得到了显著呈现。

三、城镇生长发育接受文化基因调控

城市是人类文明的结晶，源于人类社会在处理人与自然之间、人与人之间关系的历史积累。所隐藏的价值观念和行为规范既来自生产实践和社会实践的经验总结，将继续引领和规范人类社会城市化进程。

在芒福德（2015）看来，城市凝聚了文明的力量与文化，保存了社会遗产，而城市建筑、形态规划、建筑物穹顶和塔楼、宽广的大街和庭院正是其具象的呈现。任何一个城市都有属于自己的文化，创造出别具一格的文化产品、人文景观、建筑及独特的生活方式。甚至城市的空间构型、建筑物的布局设计本身就是文化符号。但城市文化并非一日之功，而是经年生长发育的累积性结果。在此过程中，促使人类文明的生成物不断增多，不断丰富，使人类经验不断转化为有生命含义的符号和象征，表现为人类的各种行为模式，提炼为有序的体制、制度。既能集中展示人类文明的全部重要含义，也让多元化的时令庆典和仪式活动绽放成为一幕幕栩栩如生的戏剧。城市有机体的健康运行有赖于子系统及其构成要素的协调与合作，也取决于各部分发展目标的一致性。和谐、平衡和内部合作是机体健康的关键，也是城市社区健康的基本因素。芒福德（2015）指出，美国快速城市化驱动力量主要来源于工业化、科学技术新成就以及工业资本与金融资本引领下的钢铁、采矿、煤炭、化工、铁路、石油的飞速发展，由此带动大量国内外移民，导致了包括城市贫困、犯罪、社会解体、环境危机等城市社会问题。而究其本质，如此严重的系统性问题基本上是由工业文明特有的机械式的思维方式在创造工业文明的同时所附带制造出来的，是这种目光短浅的、机械式理念的副产品。在中国快速城镇化时期也出现了一些诸如城市环境污染、交通拥堵、农民工市民化以及城镇居民生活不便等问题。反思这些问题需要回归城市的本质，不仅需要回答“城市是否满足人的基本需求”问题，还需要基于城市文化所内含的价值观念来判断。严肃思考人类与环境的关系、人与人及群体之间的关系、技术进步的根本目的以及建筑的本质和城镇增长极限等问题。以此形成的新理念还需要不断地向人工环境、技能产业、组织制度、生活习俗，典型人格等文化要素不断转化，使城市让生活更美好。

反思中国快速城镇化时期出现的各种问题及其恰当有效的应对结果可以发现，基于中国优秀传统文化中的“天人合一”思想，作为处理城市发展与自然生态系统之间关系的基本准则再次得到了印证。

总体而言，城镇生长发育中所出现的违背“以人为本”和满足基本生活需要的社会问题，都需要回到城市文化系统本身，运用内含的价值观念和行为规范来加以思考和解决。城市文化始终为城市有机体的健康生长发育在保驾护航，不断修正和控制城市发展轨迹，使城市化进程服务人类社会发展需要。

第四章　现代城镇生长动力机制

理解城镇生长演变动力机制只能借助于复杂系统理论，而城镇经济主体对适应的持续性追求及其互动的结果还须运用分工与专业化演进原理。

——题记

第一节　城镇化动力机制研究进展及评价

城镇化动力机制的研究是国内外学者持续关注的领域。梳理这方面的研究文献将基于城镇化的理论研究和实证研究分别予以整理。

一、城镇化动力机制的理论研究进展

陈鹤松（2017）从社会分工理论、马克思主义群众观、马克思主义生态自然观和马克思主义平等观四个方面，论述了以人民为中心的中国新型城镇化的理论来源，特别强调人民是我国新型城镇化动力机制。曹华林、李爱国（2014）从个体在城市中“身有所居”和“心有所属”两个微观角度来理解

“人的城市化”。“城市认同感”和“城市归属感”是“人的城市化”的心理基础，是“人的城市化”的精神驱动力；“城市认同感”和“城市归属感”是在“安居感”“乐业感”和“社会交往”的基础上形成的，安居和乐业是“人的城市化”的物质基础和物质驱动力，社会交往是“人的城市化”的社会基础和社会驱动力。孙振华（2014）与季小妹、武红智（2015）各自梳理了城镇化动力机制研究文献后总结出了五种动力机制。部分学者从工资收入、集聚经济、受教育程度及全球化等方面对动力机制进行了探讨。更多学者认同这样的观点，即有关城镇化动力机制的研究因视角、历史阶段与空间尺度等方面的不同，研究所揭示的动力机制也有所差异，多维度视角研究成为共识。

基于行为主体的政府与市场对城镇化作用力视角的研究。虽然不少学者认为市场的诱致性是城镇化变迁的最主要方式，而林毅夫认为市场主导的城镇化也不能离开政府的推动，因为城镇化制度的变迁需要巨大成本，而这只有政府才能承担。也有不少学者认为要素资源是推动城镇化发展的主要动力，例如土地、劳动力、自然资源、技术等。李强等（2012）认为，自上而下的政府主导模式是中国城镇化发展的主动力。无论是政府行为还是企业和居民行为，都是作为主体行为对城镇化的影响而表现出来。根据政府、企业和居民三者各自的作用，可以划分为由政府主导的自上而下型和由市场主导的自下而上型（孙振华，2014）。前者主要表现为政府在城镇化中的比较优势，政府主体成为城镇化发展方向、模式等的决定性因素（辜胜阻等，2000）。从各自的作用机理来看，主要为政府主导、市场牵引、农民推动。政府引导与市场主导相协同；城镇建设与乡村发展相协同；物的城镇化与人的城镇化相协同（杨发祥等，2014）。项继权等（2015）也指出，典型的新型城镇化动力机制主要有“自上而下的城镇化”“自下而上的城镇化”和“多元化复合动力因素互动的城镇化”等。政府和市场之于城镇化的作用力来看，综合表现为城市的拉力和农村的推力。发展经济学认为，城市的吸引力与农村的推动力共同构成城镇化持续发展的动力来源。生产要素流向城市的回报率要高于农村地区，基于提高要素报酬的牵引而导致农村人口向城市转移即为城市的拉力。农村地区较低的要素报酬成为一种推动力量，农民进城务工就是这样推理的作用结果。傅崇兰（2003）指出农业人均劳动生产率相对于二、三产业而言偏低，导致大量的农村剩余劳动力向城镇迁移。曹宗平（2009）提出，由于城乡之间在收入水平、受教育程度、交通便利度等方面存在着较大的差距，致使大多数的人口通常会理性地选择到城镇发展。李世泰、孙峰华（2006）在此基础上进一步提出，城镇化发展动力系统由推力系统和阻力系统所构成，具体是由利益动力、产业动力、制度动力和农民排斥力形成的综合体。

基于产业结构演变视角的研究。根据克拉克定理，农业发展是城镇化发展的初始动力，工业化是城镇化进程的根本动力，第三产业是推动城镇化的后续动力。翟书斌和张全红（2009）认为，农业发展是城市化的原始动力，主要表现为农业剩余的贡献，为城市化的发生和发展奠定基础。有学者特别强调产业结构的演变对城镇化的显著影响。张培刚（2001）从工业与农业的相互关系角度提出，工业化是城镇化的内生动力，缺乏工业化的城镇化是难以想象的，缺乏农业的城镇化也是不可持续的。汪冬梅和刘廷伟（2003）、陈柳钦（2005）认为，农业是城镇化的基础动力，工业化是根本动力，第三产业是后续动力。产业集聚也是城镇化的重要动力之一（孙振华，2014）。葛立成（2004）认为，产业集聚是城市化的基础，特别是第二、三产业的空间集中及农业人口向非农业人口的转移直接推动了城市化进程。赵玮和王韬（2006）、范剑勇（2008）认为，造成中国东、中、西部及内部城市化差异的除了工业化原因之外，还在于产业的集聚水平。有学者认为科技要素的丰裕程度推动城镇化发展的重要因素。Henderson 等（2007）的研究发现科技进步在很大程度上影响了城市数量与城市规模。丁波、李雪萍（2014）将城镇化动力结构区分为农业技术发展的推动、城乡之间收入与服务差距的驱动、城市工业发展的带动和制度改革的促进。

基于经济发展与城镇化的内在关联视角的研究。有学者把城市发展动力归结于经济发展，尤其是开放经济体中。贸易自由化、生产与金融全球化是亚太地区加速城市转变的基础，经济发展规模、工业化水平、产业结构对城市发展起着重要的作用（Douglass，2012）。城市化进程与经济发展密切相关，特别是外资流入及国际化生产加快了发展中国家的城市化进程（Gilbert，1993）。经济全球化使得一些城市成为经济、文化等各种活动集中的国际化城市并形成国际竞争优势产业，随着这些国际竞争优势产业的增多与增强，进而成为具有国际竞争力的城市（Lo，at al，2003）。还有学者将城乡政策视为城镇化动力机制，城乡政策的实施有助于通过鼓励劳动力的迁移而完成城镇化（Michael Seeborg，2000）。制度变迁也是一种城镇化动力机制（孙振华，2014）。罗小龙和张京祥（2011）认为，行政管理体制创新、财政体制和有关制度的创新成为城镇化的关键动力。

基于宏观综合视角的研究。城镇是一个复杂的有机体，发展演变受到众多因素的影响，学者更多地从宏观层次综合分析城镇化动力机制。代玮（2014）的研究表明，基础条件动力是城镇化的重要支撑机制；产业发展动力是城镇化的资源配置机制；外向经济动力是城镇化的拉动机制；主体行为动力是城镇化的推动机制；政府政策动力是城镇化的宏观调控机制。从我国城镇化实践进程来看，城镇化动力正由单维度动力机制向多维度动力机制转变，由外生型动力机制向内外兼备型动力机制转变，由被动型动力机制向主动型动力机制转变，由产业发展数量型动力机制向质量型动力机制转变（孙振华，2014）。楚静（2016）认为，传统城镇化动力机制类型分别为社会物质生产方式转变的内生动力，政府调控的外生动力。周达等（2004）的研究表明，区域地理位置、农业生产力水平、乡镇企业发展水平、第三产业、地方政府态度等因素是农村城镇化的。陈明星等（2009）将城市发展动力概括为行政力、内源力、外向力与市场力 4 种类型。李昉（2014）的新型城镇化动力机制主要强调以人为本，将目标设定为实现人的实质市民化；重视发展，将动力机制中的核心力量设定为优化产业结构；强调政府职能转型，但要限制其主导作用，同时提高政策法规、监管制约的效率。孙振华（2014）强调新型工业化是新型城镇化发展的基础机制；收入和福利水平提升是新型城镇化发展的核心机制；公共需求是新型城镇化发展的保障机制；生态环境保护是新型城镇化发展的长效机制。在这类国家或地区的农村城镇化进程中，外部需求、国外投资与贷款、国家宏观政策等因素起到了决定性的作用。大多数发展中国家是靠外生动力发展城镇化的，如收入水平较高的巴西、阿根廷和韩国，以及亚洲和非洲的大多数发展中国家。

冯尚春（2004）梳理了西方经济学中有关农村城镇化动力的文献。农村城镇化产业动力方面，克拉克和钱纳里所揭示的产业结构变动趋势中隐含着农村城镇化的产业动力思想。克拉克根据现代统计资料和已有的理论研究成果认为：随着人均国民收入的增长，首先是对农产品需求将不断下降，对工业制成品的需求将不断增加，而对服务的需求将不断上升。配第一克拉克定理就是随着人均实际收入的提高，劳动力在三次产业中的分布存在着依次此消彼长的演进规律，即劳动力将首先从第一产业流向第二产业，然后再从第二产业流向第三产业。埃·索维进一步阐述了克拉克的劳动力产业转移思想：第一次是脱离自然界，第二次是脱离原材料，第三次是在第三产业内部脱离一部分人群而转向为另一部分人群提供服务，而每一次带有升级含义的转移都相应增加了收益。钱纳里和塞尔奎因在《发展的形式（1950—1970）》中，根据战后 20 年间 100 个经济增长程度不同国家的统计资料，分析在人均 GDP 增长不同阶段产业结构、就业结构和城乡人口结构的一般变化趋势。在美国经济学家托达罗对农民流动预期收益的分析中包含着农村城镇化的预期收益动力思想。

马克思主义经典作家的农村城镇化动力思想（冯尚春，2004）。① 农业劳动生产率提高是农村城镇化的原动力。马克思指出，农业劳动是其他一切劳动得以独立存在的自然基础和前提。独立化包括社会分工初期手工业同农业的分离，因为食物的生产是直接生产者的生存和一切生产的首要条件，所以在这种生产中使用的劳动，必须有足够的生产率，……使农业剩余劳动，从而使剩余产品成为可能。② 农村城镇化的带动力。城乡工业发展是农村城镇化的带动力。乡村工业就是以农产品为原料的加工工业，具有突出的聚集作用。马克思指出，大工业企业需要许多工人在一个建筑物里面共同劳动，工人必须住在近处，甚至在不大的工厂的近旁，他们也会形成一个完整的村镇。他们都有一定的需要，为了满足这些需要，还有其他工人，于是手工业者、裁缝、鞋匠、面包师、泥瓦匠、木匠都搬到这里来，……当第一个工厂很自然地已经不能保证一切希望工作的人都有工作的时候，工资就下降，结果就是新的厂主搬到这个地方，于是村镇就变成了城市，而小城市又变成了大城市。③ 农村城镇化的吸引力。城乡收入差距是农村城镇化的吸引力。城乡收入差距是吸引农村人口向城镇流动的一个重要因素。由于城镇工业的迅速发展产生了对劳动力的需求，从而在一定程度上提高了城市工人的工资水平。同时，农村居民生活水平很低，被排挤的农业工人生活也处于无保障状态。恩格斯指出，因为织工在织机旁能赚更多的钱，他们就逐渐抛弃了自己的农业而专门织布了，大租佃者的竞争把小租佃者和自耕农从市场上排挤了出去……于是，他们就变成了雇农和靠工资生活的织工，这些人中间有大批人流入城市，使城市以这样惊人的速度扩大了起来。

总体而言，城镇化是一个以人为中心、以产业为驱动，通过人口与生产要素的聚集，进而影响地域空间结构演变的过程（肖万春，2005）。在静态层面，城镇化动力包括追逐利润的资本、不断进步的技术和贸易的网络化。资本代表着一种不断增值的欲望，技术进步使得资本的增值欲望通过贸易的网络化而成为现实。在动态演变层面，三位一体的基础性动力将随技术进步和经济发展阶段的差异而呈现出结构性的变化（周毅，2009）。发达国家的工业化是城镇化的基本动力，而发展中国家的产业结构变动、市场的资源配置和政府的宏观调控构成了城镇化动力的主要方面。我国改革开放以前的城镇化由政府推动，而在这之后，包括农业剩余贡献、农村工业化和制度变迁在内的经济因素，才成为城镇化的主要动力（曹培慎，袁海，2007）。在县域经济的范畴内，费孝通将乡镇企业与小城镇作为他构思乡村工业化、城镇化的基本构架，研究了现代小城镇成长和变化的内部动力（肖万春，2005）。在国民经济层面，城镇化动力主要来源于产业结构转换、国家政策调控以及科技进步和外向经济发展。也有学者认为，农业发展是城镇化的基础动力，工业化是城镇化的根本动力和加速器（许抄军等，2007）。市场化是乡村人口和资源向城市聚集的基础性动力（纪晓岚等，2007）。

基于自组织城镇视角的研究。自组织理论以众多子系统构成的复杂系统为对象，探讨其在组织、运行和优化过程中，微观个体如何基于其内部机制进行自我组织，实现从无序向有序或从低级向较高级的有序演化，包括耗散结构理论、协同学、突变论、超循环理论、分形理论以及混沌理论等。波图戈里（2000）认为城市系统的开放性、非平衡性、非线性作用和涨落性使其具有自组织特征，并呈现出耗散、协同、突变、混沌、分形、沙堆临界以及自由智能网络等表征。比较成熟的自组织城市理论有耗散城市理论、协同城市理论、分形城市理论、沙堆城市理论等。波图戈里、艾伦等首先将耗散结构理论用于城市问题研究，建构了耗散城市的自组织模型，还基于自组织理论建立了城市人口迁移动力学（何跃，2012）。哈肯（1988）的协同城市模型主要分析城市系统的快、慢变量，利用役使原理来描述、解释城市的巨观现象。邓德里诺等（1996）认为城市就是混沌吸引子，城市系统序参量的突变将导致长时段的稳定和短时段的混沌交替出现。班迪和隆雷（1994）致力于城市形态和功能的几何分形。弗兰克豪斯（2000）进一步研究了分形体的自相似性，据此探讨城市形态与结构、生长与演化等特征。段进（2000）认为城市演变是一个自组织过程。万勇、王玲慧（2006）进一步指出，城市的形成与发展源于自组织力和他组织力的交互作用，他组织力使城市空间结构演化尽可能符合人类发展的愿望和要求，自组织力使城镇具有自我优化、自我完善的适应能力。陈彦光（2002）探讨了自组织网络与城市等级体系的联系机理。苏小康等（2003）尝试构建了城市区域人口动态演化的自组织模型。鲁欣华（2004）强调自组织城市模型的实际应用价值。刘继生、陈彦光（2004）运用分形理论探讨城市地理系统的复杂性和奇异性。陈彦光（2004）将城市演化的自组织临界性归结为无标度性，呈现出递阶结构而没有特征规模和尺度。

二、城镇化动力机制的实证研究

与城镇化动力机制的理论探究同步展开的，是国内学者对城镇化动力机制的实证研究。曹广忠等（2010）构建了中国城镇化动力机制的模型，验证了内生驱动力是中国城镇化的主要动力源。Zhang 等（2002）使用 1978～2000 年时间序列数据，发现经济增长、城市政策变化、产业结构调整与 FDI 流入是中国城镇化的主要推动力。王小斌、邵燕斐（2015）在实证研究了中国省域城镇化水平后指出，经济发展水平、第二、三产业、教育水平、技术进步、社会保障与医疗保健支出对城镇化进程有显著的促进作用，而城镇固定资产投资与城乡收入差距对城镇化进程有负面影响作用。蒋贵凰等（2015）证实了政府能够产生的作用在城镇化的不同阶段是不同的，政府财政支持除了城镇化的启动阶段对城镇化水平有显著影响外，其他阶段主要通过对经济发展的影响，间接作用于城镇化进程。Ma（2002）等认为户籍与土地等制度是中国城镇化最根本、最核心的驱动力。

高芳（2015）研究了宁夏沿黄经济区的城镇化，认为经济基础系统、社会功能系统、城乡统筹系统对宁夏沿黄经济区新型城镇化的推动作用明显，环境质量系统推动作用较弱甚至对新型城镇化的发展造成阻碍。徐爱燕等（2015）研究了西藏特点新型城镇化的动力机制，以划分政府和市场的边界为前提，在发挥市场决定资源配置的同时，更好地发挥政府的作用。滕玉成等（2015）指出，山东省新型城镇化动力机制应是在充分发挥市场力作用的基础上，市场力与行政力协调配合运作形成一种合力，人口素质和社会保障为其提供维系力和持续力的综合系统。孙沛瑄（2014）分析了江苏新型城镇动力机制后指出，以农业现代化为主要推力，工业现代化为主要拉力，现代服务业为后发动力。欧向军等（2008）通过对江苏省的实证研究提出，城镇化动力可总结为行政力量推动（行政力）、市场经济运作（市场力）、外围经济带动（外部力）与乡镇经济的贡献（内在力）。李海燕、张东强等（2016）对滇西南29个欠发达县域城镇化动力机制进行了分析，认为产业经济是根本动力。黄亚平、林小如（2012）研究了湖北省经济欠发达的山区县域城镇化发展动力，将其区分为宏观政策力、中观经济力与微观要素力三个层次。韦鸿、陈凡（2013）还提出了第一代返乡农民工可以成为湖北新型城镇化的主要动力。汪丽、李九全（2014）指出，资源本底和基础设施水平构成了西北省会城镇化的要素力。徐国喜、陈丽玲（2017）认为，泉州市新型城镇化动力因素可以概括为自然基础、产业发展、内在经济、个体行为以及政府政策方面的动力。胡建国（2014）指出，安庆市的城镇化发展缓慢，主要是因为其动力机制中存在产业结构转换缓慢、多重的二元经济结构并存、人口红利空间转移上的流失、制度变迁严重滞后等问题。

三、研究现状的简要评价

本书从作为行为主体的政府与市场对城镇化作用力的研究视角、产业结构转换及演变对城镇化推动的研究视角、经济发展对城镇化推动的研究视角以及宏观综合层次的研究视角等四个方面对城镇化动力机制理论研究的文献进行了梳理。有关城镇化动力机制的研究是学者长期关注的领域，有关城镇化动力机制的研究成果较为丰富。资本、技术与贸易作为城镇化的初始动力，在不同的经济发展阶段呈现出不同的动力结构。但目前的研究仅局限于宏观层面，主要强调工业化、信息化、城镇化与农业现代化之间同步发展，缺少在微观层面探讨个体、企业与城镇化之间的联系，国内学者甚至从8个层面总结了城镇化动力，但各个侧面之间的逻辑关系尚未体系化，城镇各子系统之间的自组织过程与机理仍有待进一步研究。有学者指出，在城镇化动力机制的理论研究方面，要更多关注城镇化作用的机理研究，包括各种因素起作用的强度、机理及其变化趋势，尤其强调不同动力之间的相互作用机理研究。如新型工业化、信息化、农业现代化之间的相互作用机理及其耦合因子互动机理，在新型工业化、农业现代化与信息化三者良性互动的情况下如何推动城镇化进程。在此基础上，再将各因子的作用机理展开研究。在实证研究方面，在运用计量工具的基础上，研究各地区城镇化的特殊作用因子，然后提炼总结形成我国新型城镇化动力理论。

另外，运用复杂系统理论研究城镇化动力机制的文献不算太多，而且大多局限于单一城镇的发展生长动力机制，至于基于城镇网络的视角研究城镇体系的发展演变动力还比较缺乏。本研究将基于复杂系统理论在探讨单体城镇生长发育演变动力的基础上，探讨城镇体系的演变动力机制，为我国新型城镇化快速健康发展提供支持。

第二节　新型城镇化动力结构的一般性描述

农村城镇化动力来源于农村经济自组织与地方政府他组织的共同作用。农村新型城镇化强调以人为本，重视农村经济中行为自主体对持续性适应能力的追求。这种原生动力将以自组织方式推动农村经济的分工与专业化演进，而地方政府将以他组织方式协调农业现代化、工业化、信息化和城镇化良性互动。

一、农村经济主体对适应的追求是农村城镇化的原生动力

农民和农业企业是农村经济主体，农民为追求适应而进城，农业企业为追其适应而集聚于城镇。两者共同构成农村城镇化的原生动力。

对分工网络中的农民来说，选择生产活动的部分专业化或完全专业化，就能基于“熟能生巧”和“干中学”来累积生产诀窍和技巧，提高单位时间的产品数量，以改善个体适应能力。而经验的积累意味着专业化知识水平的提高，在完成由“隐性知识”向“显性知识”的转换和扩散后，提高个体、群体和经济体的适应能力。从产业链的纵向延伸来看，累积性的专业化知识将诱发更高水平的专业化生产，延伸产业链，创造出新的职业种类和就业岗位。个体将基于资源禀赋和专业化知识水平，跃迁到更高的专业化生产岗位，以获取更好的适应能力，而分工网络中因跃迁而空余的专业化岗位，将被专业化水平较低的个体所占据。基于个体追求适应能力的专业化演进将持续不断，新的职业种类和就业岗位的创造也将继续，这样就会有更多的个体可以通过持续的跃迁，维持较高水平的适应能力。从产业链的横向扩展来看，纵向产业链延伸过程中的知识溢出，将在城镇人口数量增加与需求总量的诱导下，触发产业链的横向生长，创造出新的就业岗位，使更多的个体占据较高水平的专业化生产岗位，改善个体适应能力。因此，个体对适应能力的持续性追求，促进了产业链的纵向与横向延伸，构成了城镇地域和空间规模的扩展。

农业企业专业化生产水平的选择，意味着生产要素的种类、数量与质量的确定，意味着产品市场细分、消费群体特征、销售渠道及网络等营销因素的确定。于是专业化水平的选择与交易行为的类型、交易频率及交易费用相对应。一般来说，较高的专业化水平所导致的交易频率及交易成本也较高。新的专业化技术能否被用来改善适应能力，取决与之相对应的交易效率及交易成本。鉴于在分工网络中，新的专业化技术往往意味着更好的适应水平和更强的适应能力，因此交易效率和交易成本就成为追求适应能力的关键。城镇集聚不仅能获得较低的交易费用、较高的交易效率，还能共享较大的市场规模、市场信息、熟练工人、知识外溢、新技术的扩散及其使用的环境条件，为企业追求更好的适应能力创造了可能。

二、技术进步是农村新型城镇化的次生动力

技术作为改善个体适应能力的基本手段，主要用来提高物质财富的创造能力。技术进步所产生的农业剩余是城镇突现的物质基础，也与城镇人口规模成正比。事实上，技术进步促进了农业生产由部分专业化向完全专业化过渡，促进了农业生产迂回程度的不断增加，中间产品种类和数量的快速增加，将进一步诱发市场规模的扩展，随着交易活动频率的增加，市场制度得以不断完善，相应的服务业也开始出现。另外，自手工业与农业分离以来，专业化技术的快速积累促进了手工业向原始工业和现代工业的演进，工业产业链随之不断延伸，工业产品种类和数量的快速增加，促进了市场的网络化和城镇服务业的诞生。

技术在城镇空间拓展方面也起着重要的作用。自城镇诞生以来，人类正在拥有日益繁复的技术装备，对自然环境施加影响的能力也日益提高。13世纪至18世纪之间的许多技术发明，从复式簿记、商业汇票、股份公司到三桅帆船、码头、灯塔和运河，工业社会废除同业公会、以及蒸汽机的发明等等，都使城镇在空间拓展上迅速发展（赵强，2011）。事实上，随交通技术的快速累积和飞速扩展的商业活动，使城镇空间获得了连续不断的扩展和发展。

三、制度创新是农村新型城镇化的辅助动力

我国城镇化历程表明，城镇化制度的每一次创新，都能极大地促进城镇化进程。随着市场经济体制的不断完善，为诱发性的城镇化制度创新提供了可能。农村经济制度的创新促进了农业生产的专业化，诱发了农村经济中剩余要素的释放，农产品剩余和工业原材料的增加又为农村工业化和农村城镇化提供了物质基础。基于农村工商业迅猛发展而富裕起来的广大农民自主建设、自主管理的小城镇开始出现。正是这种自下而上的诱致性制度变迁，使得刚性的户籍制度开始松动。由严格限制农民进城而逐渐过渡到允许和鼓励农民进城务工经商，促进了农业人口向城镇的流动。随后在居住、择业、保险、子女就学等众多方面的制度创新，都极大地促进了城镇化的快速发展。同时，制度创新也为城镇工业和服务业的发展提供了激励，城镇经济产出不

断增加，通过行政管理制度、投融资体制和财税制度等方面的改革，促进城镇基础设施的建设与完善，不断优化城镇基本功能。

市场化是城镇化发展的制度前提和基础。产业聚集与扩散的统一是城镇化的内在要求，实质是要求各种生产要素自由流动。发达国家城镇化历史表明，没有生产要素的自由流动，就不可能形成产业聚集，形成聚集经济并产生城镇。而没有人口的自由流动，就不可能形成产业关联，城镇化也就不可能实现。因此要促进城镇经济发展和城乡融合，关键是要建立一个生产要素自由流动的机制。如果没有一个完善的市场体系和机制，不能打破条块垄断和市场分割，取消各种限制生产要素流动的制度性约束，建立统一、开放、公平竞争、有序的市场秩序，城镇化就无法推动。

四、农村经济结构变迁是农村新型城镇化的自组织动力

费孝通将乡镇企业与小城镇视为乡村工业化和农村城镇化的基本构架（邓洪洁，2012）。事实上，农村经济结构变迁是城镇化不竭的第二动力（许抄军等，2012），主要来自农村经济主体之间非线性相互作用的自组织行为。

农业现代化意味着农业生产的产业化、知识化、专业化与信息化（肖万春，2005），既表现为农业剩余的增加，也表现为轻工业原材料种类和数量的极大增加。农业剩余的增加使得相对过剩的农业人口不断向城镇集聚，轻工业原材料种类和数量的增加则为城镇工业的发展提供稳定的原材料供应。于是农业现代化不仅为城镇工业的发展提供了丰富的人力资源和稳定的原材料市场，同时转移到城镇的农业人口连同农村人口，共同构成城镇工业的消费需求（吴晓旭，2013）。随着农业现代化和城镇化水平的提高，为农村经济发展提供生产服务的第三产业开始出现，城镇人口规模的增加促进了城镇生活服务业的出现。因此，农业现代化促进了城镇工业的发展，导致了城镇服务业的出现，优化了农村经济结构，是农村城镇化的第一动力。

通过促进产业结构动态调整、技术结构优化升级以及产业分工的不断细化来推动农村城镇化进程（崔慧霞，2012），是加速农村城镇化步伐的有效途径。农村工业还将通过在城镇的集聚而获得外溢的专业化知识、市场信息和更大的市场规模，从而获取更好的发展机会。研究表明，20 世纪 80 年代，乡

镇企业因为“村村冒火，户户冒烟”而使农村工业用地面积增加了1/3，能源利用率降低40%，基础设施投资增加20%～30%，行政管理费用增加80%，人力资源耗费增加1%～2%，资金利用率比集聚降低20%左右（辜胜阻等，2000）。由此可见，农村工业企业在城镇的聚集不仅可以提高资源的利用效率，还能基于城镇在交通区位、资源禀赋及人力资源等方面的比较优势，实现规模化和专业化生产，获取更高的经济产出。同时，农村工业的集聚还将诱发城镇服务业的发展。为农业产业化和农村工业化的发展提供技术研发、金融保险等方面的服务，促进农村工业的专业化演变。

农村工业的信息化可以促进产业结构的优化与升级，促进农村市场的网络化发育，诱发城镇之间的地域分工。城镇信息化将有效地拓展城镇的发展空间，还将通过促进城镇产业结构的高级化来不断地创造更多新的就业岗位，吸纳越来越多的农业人口，促进农业现代化和农村城镇化的快速发展。

五、政府行为是农村新型城镇化的他组织动力

我国农村城镇化既可以是市场推动型，如温州市龙港的“农民城”，也可以是工业推动型，如江苏华西村，也可以是政府推动型，河南的“舞钢经验”等（徐勇，2013）。虽然市场推动和产业推动是较为理想的方式，但地方政府对农村城镇化的推动也是一种不可或缺的第三动力。

地方政府对农村城镇化的认知和因此而制定的各种政策措施，决定了农村城镇化的进程和前途。地方政府常常通过生产力布局、产业结构调整、城镇规划及开发区建设等方面的行政决策，以及户籍制度、就业制度、社会保障等方面来控制和影响农村城镇化进程（许抄军等，2012）。这些计划经济时期的政府行为，极大地束缚了农村城镇化的健康发展。改革以后，地方政府逐渐弱化了这种强制性制度安排，为产业化和市场推动型城镇化的快速发展创造了条件。即使是市场经济体制比较成熟的经济体，也没有放弃政府在推进城镇化中的作用。美国不但制定详细的城镇化发展规划，还颁布城镇建设法规，充分运用财政政策、货币政策来协调城镇非均衡增长所导致的各种利益冲突和矛盾（肖万春，2005）。

农村城镇作为社会经济系统中的节点，在区域经济一体化和分工网络的

全球化过程中，特别需要地方政府基于资源禀赋来确定其在城镇网络中的分工水平，加强城镇之间的经济联系，通过共享资源与市场，实现跨区域的横向联合。但这种跨行政区域的经济联合，必须要求各地方政府建立不同层次的协调机构，以促进城镇的网络化进程和区域经济一体化。

第三节　城镇自组织动力机制分析

一、城镇自组织动力机制分析的基础

（一）城镇自组织主体的讨论

在众多的自组织城市模型中，大多聚焦于城镇自组织行为的宏观层面，而在城镇系统自组织微观机理的理论探讨方面还有所欠缺。特别是个体行为及其动力、个体决策互动的结果在自组织理论中的地位不甚明了。如石菘（2004）在探讨城市空间结构演变的动力机制时，认为城市自组织动力主体是政府、城市经济组织和居民。张庭伟（2001）认为，政府力、市场力和社区力是推动城市空间结构发展变化的动力。以上研究对政府、企业（城市经济组织）和居民的自组织行为及其结果，各自组织主体是独立地、还是以相互联系的方式共同作用于自组织过程等方面并没有进一步展开。

事实上，政府是否是城市空间演化的动力主体尚未有定论。一般学者在探讨政府的经济职能时，大多倾向于将其视为城市系统的外源性因素。从实践层面来看，政府施加于城市系统的影响，既表现为管理制度的制定及实施，也表现为资源的输入。就其影响的机理而言，仅仅作为外因而起作用。因为制度的制定及其实施的根源仍然在于城市自组织主体的需要，政府对这种源自于自组织主体的诱致性制度变迁加以认可后，才得以为更多的个体服务于适应环境之目的，而且也有利于政府的城市管理。至于第二种途径，即资源输入之于城市的影响，最终还有赖于城市系统中个体或组织的应对才能实现。由此可以发现，政府并不能成为城镇自组织的主体，影响的实现是间接的，

还必须借助于城镇经济中的行为个体及组织，因而可以认为城镇系统中的行为主体才是城镇自组织主体。

总体而言，只有个体才是城市自组织的唯一行动主体。考虑到企业与个体追求适应能力的目标、实现目标的手段以及所受到的制约都极为类似，可以从个体集合的层面上理解，或者在分析时将其视之为与个体无异的组织。从自组织主体的层级来看，单个企业是由众多个体组成的，而众多进行类似生产经营活动的企业就构成了行业，由相近行业组成一个产业，然后由各产业构成国民经济总体。这样也可以认为城市自组织的主体为个体、企业以及行业、产业等各种个体集合所组成的组织，但追根溯源后的主体只是个体而不是别的。当然也不能否认根据研究的需要，仅对某种集合的特定层次如企业作为研究对象，分析诸如企业集聚之于城市自组织现象的影响，从而具有很重要的研究价值。至于政府，并没有参与城市的自组织过程中，这点可以从众多研究政府经济职能的文献中反映出来，政府并不是经济活动参与者①，而是管理者，是经济系统演变的外在因素，而非决定因素。

（二）基于复杂适应系统的个体适应

源于主体自主行为的“适应性”是复杂适应系统有别于一般系统和复杂系统的根本原因。事实上，众多生活在特定环境中的行为主体，在与环境及其子集依据一定的规则或模式进行非线性相互作用的过程中，既能产生自组织、自学习、自适应等行为，又能基于其所获经验及结果的反馈来修正其“反应规则”，调整自身的反应模式和行为方式，以寻求与环境相适应的生存、繁衍和发展策略，从而获取较高的“适应度”，于是主体将随着时间的递延而获得持续进化的能力。

在复杂适应系统中，用来描述宏观状态变化的“涌现”这个概念，是将个体适应与系统演变这两个层次联系起来的桥梁。所谓个体演变也就是受限生成过程，解释在一定环境约束条件下，主体发展和进化的一般规律，展示

① 在计划经济体制里，政府是国民经济发展的计划制定者，然后由各级地方政府执行，这样可以认为政府参与了经济活动，自然对城市的形成及其演变产生了影响，如“三线”建设时期所成立的城市如十堰，就是政府参与的结果。但在市场经济制度里，政府不是经济活动的参与者，而通过制定制度来实施管理。

了一幅富有生机的、充满新奇和意外的进化过程（陈禹，2001）。基于个体演化过程，约翰·霍兰德在界定了“资源”和“位置”的内涵后，通过“涌现”将个体适应和系统演变连接起来，提出了 ECHO 模型（约翰·霍兰，2000）。究其本质而言，涌现源于行为主体的适应性演化，在宏观层面表现为系统性能和结构的突变（陈禹，2001），如新层次的产生、分化和多样性的出现等。复杂适应系统理论就通过承认个体的自主性，为系统演化找到了内在的、基本的动因，为理解系统层次提供了新的视角。

混沌边缘是复杂系统演变的起点，此时行为主体运行在有序和无序的相变敏感区，因而将出现多样性的变异和新奇。而行为主体之间的交互作用将表现为自组织的秩序突现—隐秩序，此时系统中的显秩序将驱使行为主体的同一、服从和重复，两者相互协调的结果就表现为复杂系统的自组织创新和重构。正是系统的重构和创新才表现出与环境保持相适应的特征，从而将个体演化与系统演化统一起来。

总体而言，复杂适应系统的特征表现为：① 构成系统的众多子集都具有自主行为能力，表现为有效的环境适应性，于是整个系统呈现出演化的特征；② 子集之间以及子集与其所处环境之间存在着复杂的非线性相互作用，并进而导致了系统的涌现；③ 微观主体的相互作用生成宏观的复杂性现象（朱爱平和吴育华，2003）。

（三）基于多自主体系统的个体适应

二十世纪七八十年代以来，多自主体系统融合了分布式人工智能、智能机器人以及知识系统等领域的研究成果，成为一个新的科学领域（Camarinha-Matos L M 和 Afsarmanesh H，1999）。一般认为，自主体是一种抽象的、能在一定环境下运行的实体，具有知识、目标和能力，能作用于自身和环境并对环境做出反应（谈大龙等，1996）。自主体内涵的界定有弱定义和强定义之分（Wooldridge M 和 Jennings N R.，1995）。前者具有自主性、社交性、反应性和主动性等特征，后者增加了更多的人类属性特征，如思想、精神特征以及知识水平、信念、宗教等（谈大龙等，1996），甚至具有可移动性和灵活性这两个特征。

单个自主体虽然能独立思考、决策和解决问题，但在面对复杂问题时，应对能力仍然有限。于是分工与协作策略得以引进，源于分布式人工智能的多自主体系统开始出现（Giret A 和 Botti V.，2004）。事实上，多自主体的核心就是将整个系统分成若干智能、自治、可执行的子系统，通过自主体之间的通讯、协商与合作，连接成为物理或地理上分散的分布系统。在多自主体系统中，自主体之间具有相互学习、协商、合作的要求和能力，从而可以在进行问题求解或面向目标操作时，能够随着环境的变化而修改自己的行为、规划，或与他人合作的策略等，改善每个自主体的基本能力，完成单个自主体不能完成的任务（谈大龙等，1996）。

一般而言，单个自主体可以模拟个人行为及目标，而多自主体则可以模拟复杂的社会经济现象。城市模拟就是多自主体系统理论研究成果的具体应用。Portugali 和 Benenson 将城市系统视为具有空间特性的复杂系统，尝试以人类个体作为基本单元来研究个人经济能力、文化取向在城市发展中的作用，并于 1997 年提出了他们的城市体系框架（王铮等，2005）。系统模拟显示：从经济的角度看，城镇个体的经济能力与其居住的空间分布趋于一致；从文化的角度看，城镇发展中的文化具有不稳定性，在一个周期内只能存在有限的文化类型，所有文化类型的出现和消亡总在循环进行着。另外，当个体的经济水平或文化属性与周围环境或整体社会环境体现较大差别时，个人自主体会考虑从城市中迁移出去，或者试图改变自己的文化取向以适应环境。

事实上，如果能够为多自主体系统中的个体或类群决策者建立微观行为模型，并设定相互关联的方式和强度，使用某种学习算法来模拟行为主体的有限理性。通过观察这些数量众多的微观主体的相互作用，多自主体城市模型就可以通过模拟个体决策者异质性的社会、经济以及空间行为，可以探究城市和区域结构的总量特征及其宏观演化过程，如人口的密度、规模与企业的空间集聚等。

二、城镇化自组织动力微观机制分析

在城市自组织动力方面，学者大多从城市发展的动力机制方面来探讨。

一般认为集聚效应是城市发展的主要动力。事实上，企业集聚是一种客观的经济现象，是各种生产要素向城市空间的集中，而且因为在一定的空间范围内集聚了高密度的生产要素，自然就会出现规模经济和效率溢出，这种正的外部性①非常有利于改善个体及个体群（相互之间存在物质、信息和能量联系的企业集合体）的适应能力，也能够对城市结构产生影响。本书将以此为基础，进一步从微观层面探讨集聚现象之所以产生的原因。

（一）个体为改善适应水平而选择分工

对个体而言，改善或提高其适应水平和能力是个体行为的原始动力。而进入城镇，意味着在分工与专业化网络中，占据了经济势能较高的节点，能够获取较高的效用水平，从而可以获得满意的适应水平或能力。占据所需要的条件除了个体必须拥有与节点相应的专业化知识水平外，还必须考虑到分工与专业化网络的发育程度。一般而言，城镇与中小城市的分工与专业化网络发育程度较低，所能容纳的个体数量也有限，当然个体占据节点所需要的专业化知识水平也较低。大中城市和特大城市分工与专业化网络具有较高的发育水平，占据节点所要具备的专业化知识水平也较高，而容纳个体数量也很大。而城市群内部的分工与专业化网络，达到社会经济和技术条件许可下的最高水平，虽然节点数量巨大，但需要的专业化知识水平也是最高的。据此可以发现，分工与专业化网络的发育程度越高，网络中各节点的经济势能也就越高，节点数量越大，对个体而言，就越有强烈的动机和愿望去占据这样的节点，以获得满意的适应水平。如果占据网络中节点成为现实，那么在专业化生产过程中，"熟能生巧"和"干中学"机制就开始产生作用，生产技能和技巧等专业化知识积累到一定程度后，有效地提高单位时间产品产量，从而可能获得更高的货币化收入水平，改善个体适应环境的能力。随着生产技能和技巧的积累，也能进一步提高个体的专业化知识水平，在完成由"隐性知识"向"显性知识"的转变后，在更大的生产范围内，进一步提高了生产效率。随着专业化知识的积累，在其他条件具备的情况下，可以产生新的

① 因企业集聚而产生的正外部性学者多有研究，主要表现为产业信息、技术的扩散，熟练工人的增加，原材料、中间产品及最终产品的市场规模得以扩展等方面。

专业化生产领域，延长既有的产业链，实现了更高水平的专业化分工，从而创造了新的就业岗位，通过个体在网络节点之间的跃迁，使部分个体可以占据经济势能更高的节点，而因个体跃迁而空余的节点可以被经济势能较低的个体所占据。总体而言，因分工与专业化演进而产生的跃迁，能够改善网络中个体的适应状况，提高福利水平。一般而言，分工与专业化网络的演进不会停止，新节点（就业岗位）的创造也就不会终止，从而有更多的个体可以通过进入分工网络中的高势能节点，不断地获得适应能力的改善。随着进入城镇就业的个体数量的增加，消费总量的增加将诱致产业链的横向生长，生长所产生的效果与纵向产业链的延伸类似，也能创造出新的就业岗位，使更多的个体占据经济势能更高的节点，从而有效地改善了个体适应环境的能力和水平。

对个体而言，因选择分工而改善了适应环境的能力，对适应能力的持续性追求，使得专业化知识的积累和技术进步成为可能，从而促进了产业链的延伸，专业化分工的细化又诱致了新的专业化分工，因而有可能获得更好的适应能力，于是专业化分工与个体适应能力的追求之间形成了良性的互动。考虑到分工网络的发育程度与城市规模之间的正向关系，个体基于对适应能力的持续性追求而诱致了专业化分工的不断细化，在细化的过程中，本质上也就是城市地域和空间规模的扩展及生长。因此，个体对适应的持续性追求是城镇生长的微观动力基础。

（二）企业为改善其适应状况而选择集聚

个体对适应能力的追求与企业改善自身状况的努力本质上没有差异（杨新华，2008）。企业与个体在分工决策及生产行为等方面遵循共同的原则，获得与外部环境同步变化的适应能力。对企业而言，为获得不断改善的适应能力，必须占据分工网络中的高势能节点，而高势能节点在空间地域上，只是存在于城市聚落里，就是企业向城市集聚的原初动力。农村经济中的个体进入城镇就业，企业向城市集聚，两者在本质上没有显著的差异，仅仅是为获取不断改善的适应能力。但企业在城市地域的集聚，是否就能实现改善适应能力的目标呢？正如大多数经济学家所认同，通过集聚可以节约交易费用，还可以自动获得因集聚而产生的知识、信息的外溢以及不断扩展的市场规模等。

交易费用的节约对企业而言，可能意味着节约下来的交易费用可以计为企业收益，因为集聚之前的交易费用很高，而在企业支付了集聚的成本后，节约下来的交易费用在扣除集聚成本后的余额应该间接地进入企业利润。但事实上，交易费用是一个用来衡量事后结果的术语，是交易行为完成之后的成本计量，而对没有发生的交易行为，要去预测费用大小只能是定性的。交易费用作为企业经营活动中的支出项，因市场交易技术或交易制度的改进而减少了支出，在市场价格不变的前提下，自然可以增加货币化收入，结果是企业获得更好适应环境的能力。但节约交易费用对企业而言可能不只有这些好处。一般而言，企业是个体基于适应环境的目标而集合成的一种经济组织，其使命是个体适应目标的延伸，获取满意的货币化收入水平是实现其目标最主要的手段，以便最终获得满意的适应水平和能力，从而维持生存与发展。交易费用的节约是企业之所以能够有效地改善其适应环境能力的必要手段和追求。从企业生产经营的过程来看，企业活动可根据属性的差异分为三个阶段—生产要素的购买、生产和销售，购买和销售的成本因交易效率的提高而减少，在生产阶段，各种生产设备也将获得交易效率提高的好处，而且最为重要的、也是最为关键的销售环节，也将因交易效率的提高而能够顺利完成。交易效率的提高并不直接意味着交易成本的节约，而只是交易活动的顺利完成，正是马克思将销售环节称之为“惊险的一跳”的原因，这种“惊险的一跳”还发生在生产要素的购买阶段。所以不妨认为，对企业而言，能够顺利地完成交易活动是更为根本的，至于通过交易而获取的利润则是交易活动的结果，而交易效率的提高或者交易费用的节约，虽然对利润的增加也能产生一些积极的影响，但并不是特别值得关注的对象。总体而言，企业集聚可以获得较高的交易效率和可能较低的交易费用，从而有利于企业改善其适应能力和水平的实现。

企业与个体之间的类似，不仅表现在对适应能力追求的一致性方面，还存在于用来改善适应环境状况或能力的手段方面，即企业只有在所处环境中制度的弹性空间内，选择适宜的技术水平即专业化程度来不断地改善适应环境的能力。而技术水平的选择实际上就是生产要素的种类及其数量和质量的选择与配置，也决定了产品销售所需要考虑的各种因素，如产品市场细分、消费群体特征、销售渠道及网络等。不妨认为，与技术水平的选择相对应的是交易行为的类型、交易次数和频率及成本。一般来说，新技术的使用所导致的交易频率及交易成本要大于成熟技术。因而可以认为新技术能否成为企业用于改善适应状况的手段，关键还在于与新技术的使用相对应的交易效率及交易成本。如果交易效率较高，交易活动能顺利完成，同时交易成本能够降低到获利的水平，那么企业对新技术的选择就是理所当然的。从实践层面来看，新技术的使用往往意味着更好的适应水平和更强的适应能力，意味着采用新技术是企业必然的选择，从而要求企业必须考虑高的交易效率和低的交易成本。事实上，在分工经济中，实现目标的唯一途径就是尽可能地接近尽可能多的交易对象。而城市集中了各种可能的交易对象，从生产要素到原材料供应、零部件及中间产品的购买和销售以及终端消费者，所以企业的理性选择，是将生产经营活动尽可能集中在城市空间里进行，这正是企业集聚的本质原因。

企业在城市的聚集可以获得较低的交易费用、较高的交易效率、较大的市场空间，更为重要的是扩散的新技术及其使用的环境条件。一般而言，新技术大多出现在现有分工网络的边缘，自然具有更高的经济势能，从而与更好的适应能力相对应。而城市聚落可以为企业提供这样的可能，企业只要通过占据分工网络中经济势能高的节点，在“干中学”和“熟能生巧”机制的作用下，就可以在企业内部为新技术的使用创造条件，而新技术使用所需要的外部条件完全可以借助于因集聚而产生的溢出效应。事实上，城市为企业提供了新技术的来源及其使用环境，从而为企业追求更好的适应能力创造了可能。

企业集聚是城市生长的原因，结果表现为企业适应能力的改善和提高。与个体对适应目标的追求相类似，企业也必须选择分工网络中经济势能高的节点，使用新的技术，实现改善适应能力的持续性目标。但是，只有城市才具备企业所需要的环境和条件，于是企业向城市集聚。

三、城镇化自组织宏观动力分析

城镇作为涌现于农业经济活动之上的宏观现象，是农业专业化演变、农村市场网络以及农村工业分工演进在特定地域叠加，诱发城镇服务业的结果。正是四个子系统之间的相互作用构成了城镇自组织的宏观动力。

个体“各向异性”的自主行为之间的相互调适，使得个体之间的经济联系既有可能更为紧密，有可能出现分化。前者表现为产业链的涌现及其进一步的专业化演进，后者呈现出手工业与农业的分离、专业商人与市场中介以及城镇服务业的突现。但分化并没有否定各子系统之间的必然联系。事实上，通过不断引进手工业、原始工业及现代工业的专业化分工，基于自身的技术进步和经营制度创新的农业专业化，将先后完成由传统农业向近代农业和农业产业一体化的转变，最终进入农业现代化的发展阶段。而与之同步演变的是农村市场的网络化，产生两个方面的结果。其一是农产品种类和数量的增加，将诱发市场中介的专业化，通过创新交易技术和交易制度以提高交易效率，扩展市场容量和潜力，为农业经营者选择新的专业化提供可能。其二是农产品种类和数量的增加，将诱导农副产品加工业的突现。随着农村工业的专业化演进，农村工业企业将出现分化。一部分加工农副产品，通过农村市场网络向城镇和农村市场销售；一部分企业将不再生产最终产品，而是生产各种中间产品；还有部分企业将为市场提供生产或生活服务。

农业、农村工业与农村市场之间因专业化演进而相互叠加的结果，将在特定地域突现为城镇，也因三者之间的相互作用而获得生长。以技术创新为动力的农业现代化，将基于生产专业化原则而逐步提高生产率，不断增加的农副产品将逐步推动农村劳动力进入城镇工业或服务业，农村市场因为农民收入增加而成为城镇工业产品的出口。农村工业的专业化将基于技术进步和制度创新的协同，导致产业链的纵向延伸，创造出更多的就业岗位，吸引更多的就业人口，进一步促进产业链的横向生长。

以物联网和云计算为标志的信息化，不仅能加速农业现代化和工业化进程，还能显著地改善市场交易效率，也是新型城镇化的动力之一。信息化之于农业现代化的促进不仅体现在农业生产决策的科学化、农产品交易的网络化和农村电子商务的发展以及新型农民的培养等方面，还体现在农业生产过程的智能化。农业现代化对信息技术的需求也将促进信息化进程。源于工业化的信息化不仅能降低单位产品能耗，提高资源利用效率，还能实现生产的自动化和智能化，带动多媒体技术、通信技术、智能计算机技术和交互式网络技术的高速发展，诱导工业机器人和3D打印等新的产业形态，从而促进传统工业向新型工业的转变。信息化使服务业成为城镇经济的支柱产业。目前正在建设的信息化云服务平台，有助于城镇数字化、网络化、智能化，通过优化需求结构和挖掘消费需求，促进城镇服务的快速发展。物联网、电子商务以及在线支付将改变政府、企业和居民传统的交易和消费行为，推动现代服务业发展壮大。

总体而言，基于农村市场网络化的现代农业与农村工业的专业化演进，促进了城镇服务业的快速发展，信息化通过推动三大产业的分工演进而逐步成为城镇经济的主导产业，三者之间的共生演变构成了城镇化的宏观动力。

第四节　城镇他组织动力分析

一、城镇他组织的必然性

一切合理地生成、存在和延续的系统都是自组织与他组织的辩证统一（苗东升，1988）。系统整体行为可以是自组织的，而各子系统之间可能会出现伺服和控制的他组织现象。在多层次结构系统中，高层次对低层次、中心部分对边缘部分、城市对乡村都存在他组织。控制论、运筹学以及管理科学等都是他组织实践的理论化。

政府作为社会经济系统的管理者，可以借助于政策、法律、文化以及舆论等系统序参量，诱导或强制引导个体及组织调整行为，改善社会经济系统的适应能力（王印传等，2013）。城镇作为经济中心和文化中心，是宏观调控的主要对象。一方面，在城镇发展过程中，日益深化的专业化分工致使城镇之间、城镇与腹地之间、城镇内部各子系统之间的联系错综复杂，以及环境污染、交通拥挤等问题，客观上都需要他组织的存在。另一方面，我国东西部城镇化水平的差异、农村城镇化以及农民工的市民化等问题，也需要政府施加他组织的影响。

二、城镇他组织机制分析

（一）城镇空间布局的他组织

从我国城镇化的历史阶段来看，明清时期突现于江浙地区的小城镇是自组织的结果，其他时期，政府作为他组织主体都施加了比较重要的影响。中华人民共和国成立后，政府主要通过国民经济发展战略、城镇发展规划、产业政策以及相关制度，对城镇的空间布局以及城镇化进程产生重大影响。

1978 年以前，政府对城镇化布局有决定性的影响。在建立重工业体系时期，重点建设的工业城市只有北京、太原等 7 个城市，重点扩建城市有鞍山、沈阳等 20 多个城市，局部扩建城市有南京、济南等 15 个城市（刘勇，2011）。“大跃进”、三年自然灾害后，国家执行压缩城镇人口、精简企业职工的逆城镇化政策。1964 年的“三线”建设促进了十堰、成都等城市的发展（李浩等，2012）。

1978 年以后，政府的宏观指导仍然关键，但市场主体的自组织现象逐步显现。1978 年国务院发布《关于加强城市建设工作的意见》，1979 年试办深圳、珠海等 4 个经济特区，同时开放广东、福建 2 省，1984 年确定 14 个沿海开放城市，1985 年开辟珠三角、长三角以及闽南三角洲为经济开放区；1989 年颁布《城市规划法》，1990 年浦东开发，1991 年审定 26 个国家高新技术开发区，开放北部 4 个边境口岸，1992 年进一步开放沿边、沿江城市，开放内陆地区 11 个省会城市（李浩等，2012）。以上这些措施塑造了城镇的空间布局，极大地促进全国的城镇化进程。1994 年的分税制改革、国企改革、商业银行改革、汇率并轨以及现代企业制度的实施，极大地释放了市场活力。《关于深化城镇住房制度改革的决定》以及《汽车工业产业政策》，促进了城镇房地产业的迅猛发展和城镇基础设施建设的投资热情。2001 年加入世界贸易组织后，外资的快速进入以及我国外向型经济发展战略，极大地推动了东部沿海地区的城镇化进程。国家实施的西部大开发战略与中部城市群规划，为我国城镇空间的均衡布局指明了方向。目前，城镇化已成为国家发展战略的重要组成部分。《国家新型城镇化规划（2014—2020）》也将为下一阶段的城镇化打上他组织的烙印。

虽然城镇化来源于他组织与自组织的耦合，但基于市场力量的自组织仍然是城镇化的基础力量。因而需要借鉴欧洲发达国家“政府主导，市场推进”的城镇化模式，界定政府与市场的边界，发挥市场机制的决定性作用，使之成为城镇化不竭的基础性动力。

（二）智慧城镇化的顶层设计

智慧城镇化是信息化、工业化和城镇化的深度融合（辜胜阻等，2013），涉及城镇社会、政治、文化、经济、生态等五个方面的运行与管理，既要“强政”还要“惠民”“兴业”，是一个非常复杂的系统工程（王雅莉等，2000）。智慧城镇化已经成为城镇社会经济转型升级和健康发展的战略选择（徐晓林等，2004）。目前，我国已经启动了智慧城市和智慧项目建设。基于市场机制的自组织动力仅限于智慧城镇化的微观层面，宏观层面的顶层设计只能借助政府的他组织。

(1) 智慧城市顶层设计的核心是人的需要和体验。智慧城镇化是新型城镇化的高级阶段，特别强调要以人的体验和需求为核心，重视公共服务的便利和均等，提升社会保障、医疗卫生和文化教育等方面的质量和水平。通过创建资源节约、环境友好、循环高效的经济模式，改善交通、环境和公共安全等领域的智能化水平，促进城市与生态环境和谐统一，实现绿色低碳、智能和可持续发展。注重区域协同与城乡统筹，分享城镇化的物质文明和精神文明成果。

(2) 智慧城市顶层设计要以复杂系统理论为指导，以综合集成方法为基础①。智慧城市是一个开放的复杂巨系统，融自然系统与社会系统于一体，涵盖经济、政治、人文、环境及生态等方面，因此智慧城市顶层设计需要借鉴

① 这部分内容主要参考了于景元先生在“智慧城市顶层设计深度研讨会”上的发言，该研讨会于2013年8月15日在湖北大厦（北京）举行。

系统工程的总体设计思路和综合集成思想。具体而言，其需要将智慧城市系统分解为经济、人文、环境以及公共服务等子系统，研究各系统物质、信息和能量的变化特征，经过定性综合集成、定性与定量相结合的综合集成、定量综合集成三个阶段，在智慧城镇系统层面进行综合集成。这个过程需要循环往复多次才能理解智慧城镇的本质及运行规律。另外，应用综合集成方法可以构建智慧城镇系统的组织管理技术体系。从方法和技术层次上看，智慧城镇综合信息系统是人机结合获得信息、知识和智慧的方法，既是人机结合的信息处理系统，也是人机结合的知识创新系统，还是人机结合的智慧集成系统。正是这个高度智能化的人网系统使城镇拥有了智慧，也使智慧政府、智慧民生和智慧经济成为可能。

（3）智慧城市顶层设计的总体思路。根据《关于促进智慧城市健康发展的指导意见》，智慧城市建设要在试点先行和因地制宜的基础上有序推进。需要在统筹规划设计的基础上，开展智慧教育、智慧国土、智能环保、智能电网、智能交通、智能水务、智慧医疗、智能养老、智慧社区和智能家居领域的智慧工程建设。在试点示范的基础上，鼓励和支持各中心城市、中小城市及小城镇因地制宜地推进智慧城市建设。

（4）智慧城市顶层设计的总体架构。智慧城市以信息和通讯技术为基础，主要基于空间地理信息系统、物联网、移动互联网、云计算及大数据系统等平台，通过数据融合、资源共享和业务协同，实现智慧政府、智慧民生和智慧经济的目标。从技术层面来看，智慧城市建设应包括基础服务层、行业应用层和综合集成应用层。基础服务层主要通过城市公共部门和公共基础设施的信息资源共享，提供基础性的公共服务和应用支撑。行业应用层的电子政务、电子商务等平台以基础服务层为支撑，是政府部门和组织功能得以实现的平台，也是基础服务层的信息源和综合集成应用的基础，以基础服务层和行业应用层为基础的综合集成应用层，通过数据挖掘、整合与共享，构建智慧城市管理信息系统，服务于智慧政府、智慧民生和智慧经济的建设目标。

（5）智慧城市建设的综合保障体系。组织保障：需要成立跨部门协调小组，组建咨询研究机构和专家委员会，建立智慧城市建设部际联席会议制度，统筹协调各部门资源；政策与相关法律法规保障：严格执行相关政策措施，无论是智慧城市规划，还是施工技术标准都要以此为基础；资金保障：要通过财政预算保障重点项目建设和运维资金，完善智慧城市投融资机制，充分依托地方投融资平台，建立多元化、多渠道的智慧城市建设投融资机制，鼓励条件合适的地方政府适量发行智慧城市建设债券；评估体制和机制保障：评估标准和指标体系的筛选要以智慧城市规划目标为基础，创新评估办法，实时调控智慧城镇化的健康发展；技术保障：政府要加大信息技术研发投入，引导企业进行技术创新，通过信息技术的集成和新一代信息技术的推广应用，为智慧城市建设提供技术支撑。

（6）智慧城市顶层设计要处理好市场与政府的关系。智慧城镇化建设需要发挥市场配置资源的决定性作用，也要通过顶层设计予以引导和调控。政府可以研究制定鼓励市场化投融资、信息系统服务外包、信息资源社会化开发等政策，积极引导智慧城市解决方案承包商、咨询公司及运行与维护承包商等市场主体参与智慧城市建设。

第五章　城镇经济的分工演变与城镇化

城镇经济的分工演变是城镇化生长发育的经济动力，专业化演进将催生城镇经济结构的优化升级、创造出更多新的职业、岗位和集聚更多的人口。

——题记

第一节　城镇经济分工演变的分析框架

分工曾经拥有非常重要的地位（熊彼特，2001），但自马歇尔以后便逐渐淡出了主流学者的视野。此后虽有阿伦·扬格、布赖恩·阿瑟等学者的延承，特别是杨小凯等尝试借助于超边际分析而将分工原理与一般均衡结合起来的工作，重新引起了部分学者的关注。但也仅此而已。演化思想无论是在东方还是西方都源远流长，直到20世纪80年代早期，以博尔丁（1981）、纳尔逊和温特（1982）为代表，才开始构建基于演化思想的经济分析框架。令人欣慰的是，以多样性、适应、认知等概念为基础而建立的演化经济学流派，正在吸引越来越多的学者。就两者的内在逻辑而言，分工与演化存在着天然的、内在的一致性。[①] 本小节将尝试融合分工原理与演化思想，构建一个三层次分析框架，以便为分析城镇经济产业结构变迁、就业岗位创造以及人口集聚做好理论准备。

一、基本概念界定

（一）分工网络、节点和经济势能

现代经济是一个因分工深化而导致生产迂回程度逐渐加深的演变过程。扬格基于庞巴维克的迂回生产方式[②]指出，分工就是以越来越迂回、越来越间接的生产方式，持续地将先进的技术引进到生产中来。于是分工使得原本孤立的经济活动相互连接起来，各自成为社会生产链条中互为条件的一个环节，促进经济系统中相互依赖的生产环节不断增加。正是这些相互联系的生产环节的集合构成了一个网络，随着分工的深化，不仅网络上的节点在发生着变化，各生产环节之间联系的深度和广度也在发生变化（Young，1928），最终形成一个复杂的、不断演变的分工网络。

在分工网络中，节点可以指个体、正式或非正式的群体、组织、阶级或阶层、社区以及民族国家等（刘军，2006），具体指向可以根据研究的需要来界定。节点，一方面是指个体经济活动的空间或场所，从而与分工水平的空间分布有关；一方面则更多地强调个体经济活动之间因分工而产生的内在联系。节点在分工网络中的位置可用中心度这个概念来描述。就单个节点而言，节点中心度用来说明分工联系的集中情况，反映个体在某一分工网络中的重要程度。节点中心度越大，与之相关联的个体数量越多，其重要程度越高。就节点之间的联系而言，总体中心度主要描述某节点在分工网络中与其他节点的关联情况，说明各节点之间联系的强弱程度。

经济势能用来描述节点的适应状况，由节点经济活动本身产生的效用与

---

① 有关分工与演化的学理关联可参阅“现代演化经济分析的未来——分工与演化分析的融合”（吉林大学社会科学学报，2015（4）：144—151）。

② 在庞巴维克看来，生产之目的在于获取最终消费品，既可以赤手空拳来生产，也可以采用迂回生产方式。所谓迂回就是首先将劳动与财货的远因联系起来，以获得这种财货的近因，然后再将这个近因与其他适当的物质和力量结合起来，直到最后得到成品（庞巴维克，1964）。

劳动成果货币化产生的效用两部分构成，其大小首先取决于节点在分工网络中所处的层级。一般而言，处于第一产业中各节点的经济势能较低，第二产业中各节点高于第一产业，而第三产业要高于其他两个产业。其次与节点经济活动本身所产生的效用水平有关。其效用大小一方面取决于节点活动的自我价值判断，另一方面更多的是一定社会历史时期的主流价值观之于节点经济活动的共识性判断。① 最后与节点活动的货币化水平成正比。在分工网络中，专业化水平与网络层级从而与经济势能成正比，于是个体专业化水平与适应能力成正比。

（二）分工网络中的个体特征

经济活动中个体之间的联系表现为“有机团结”，而不是“机械团结”（涂尔干，2008），只有分工才能使人们牢固地结合起来，形成一种联系（林聚任，2009）。对参与分工的个体而言，分工网络的形成及其发育遵循其内在的逻辑，分工演变的路径也不是人类设计的结果，而是以“自发秩序”（Hayek，1937）的形式渐次展开。事实上，分工网络的形成及其发育是个体之间专业化决策互动的结果，独立于单一个体的能动性之外。但个体必须选择参与分工，而不能独立于分工网络之外，否则将导致其更低的适应水平（杨小凯等，2000）。而且随着分工的深化，个体将不得不借助于学习、培训以及“干中学”等方式积累专业化知识，才有可能参与或选择更高水平的专业化生产，以求得其适应状况的持续性改善。

有限理性是个体决策的基本特征。分工演进在促进知识总量快速增加的同时，也导致了知识的分散化，个体只拥有知识体系中的一个片段。而决策所需的信息搜集和处理远远超过了个体的计算和分析能力，于是个体只能基于其认知和学习能力，使用模仿、试错、学习等方式来确定其专业化生产水平。

---

① 在分工网络中，节点活动的内容与专业化水平、职业种类以及工作岗位相一致。例如，传统社会中的士、农、工、商四种职业所带来的自我满足程度就存在着高下之分，士的社会认同程度要远远高于其他职业。所以长期以来都有学而优则仕，劳心者治人、劳力者治于人的社会价值认同。

（三）分工网络中个体适应的内涵

关于“适应”的内涵，学者多认同戴伊（Day，1975）的界定：适应是有生命的物体、有机体或组织（行动主体）应对环境变化而调整其自身行为的一个过程。外部或内部的环境变化可能刺激个体从而产生一种反应，并诱发一次行为。如果行为的结果导致了个体的生存机会，相对于不进行调整而可能出现的状况来说是改善，那么这种反应就是有效的。这种情形就称之为个体适应环境，也认为个体具有适应能力。

在分工网络中，个体为应对环境变化而选择更高水平的专业化生产策略（一次个体行为），从而获得了高于原专业化生产水平的经济势能，于是个体的生存机会较之以前有了改善。这就意味着个体行为的调整（更高的专业化生产决策）较好地适应了环境刺激，获得了满意的适应状况。一般而言，在分工网络中，个体专业化水平越高，获得的经济势能也将越大，其适应状况就越好，适应能力也越强。

二、个体专业化决策微观环境分析

对个体经济活动而言，节点环境包含自然和社会两个层面。虽然自然环境（含自然资源）是经济活动的物质基础和场所，但对个体决策而言，是既定的存在，从而更多地反映人与自然的关系，属于生产技术的范畴。社会环境是指个体之间相互作用的行为规范的集合，强调环境中的行为规范对个体决策的影响。在个体生产决策的微观环境中，技术与制度是专业化生产水平选择的核心要素。

（一）技术的内涵及其结构

技术的定义浩如烟海。麦金（1978）认为，技术是一种以制作或装备物质产品的工艺为目的的活动，根本作用在于拓展人类的实践领域。更多的学者认为，技术既包括具体的生产技术、工程技术、医疗技术等方面，也包括人类改造社会和人自身的过程中所使用的一切手段和方法。从技术的构成来看，罗宾逊（1988）将技术分解为横向和纵向两个层次。具体而言，技术既有实体性要素（如工具、机器和设备等），也有智能性要素（知识、经验、技能等）和协调性要素（如工艺、流程等）。

关于技术的认识，传统意义上视其为工具或手段，也有人认为是应用科学或一种活动，还有学者视其为一种自主的统治力量（李宏伟，2008）而技术的现代意义则逐渐增加了人类价值的导向因素。海德格尔认为，正确的工具性的技术规定还没有向我们表明技术的本质（胡塞尔，1988），现代技术并非“工具中性”，而是随着“文化向技术投降”（波斯曼，2007）而逐渐成为社会构造的“基底”。

本书认为，技术应该只强调人与自然的关系，反映个体从自然环境中获取物质产品或财富的能力，从而与其适应状况直接相关，而不涉及技术的价值要素。所以，技术是指为改善个体适应状况，提高适应能力而在生产中所使用的各种方法、工具、手段的总和。方法既包括个人层面的技巧和经验，也涵盖以此为基础而衍生出来的工艺流程、物化技术等显性知识。而技巧则主要指向只可意会而不能言传的隐性知识。当然随着隐性知识的积累和认识的深入，经归纳和提炼后有可能进入显性知识的范畴，从而个体可以通过学习、培训、模仿而获得。

在分工网络中，一方面，个体适应状况与其专业化生产水平成正比。传统技术意味着较低的适应水平，个体将因使用新的技术而获得更满意的适应状况。另一方面，技术自诞生之日起就将开始其生命之旅，随着新创技术的成熟和完善，将逐步进入扩散阶段，当大多数潜在使用者在选择了这种技术以后，该种技术就已经属于传统技术的范畴。考虑到技术的生命特征，以及不同阶段的技术与个体适应水平的差异，将技术区分为技术创生层、技术扩散层和技术基因库三个层次。

技术创生层是所有新创技术的集合。在分工网络中，技术创新的目的在于改善个体及组织的适应状况①。技术创新可以是原创性的，也可以是现有技术或传统技术的组合。原创性技术多源于基础科学研究，与个体经济活动的联系取决于技术扩散渠道的数量、分布及效率。新创技术在经过制度选择和

---

① 熊彼特的企业创新之目的在于市场优势的获取，以期改善其适应水平，提高其适应能力。关于这方面的说明可参考“创新理论”及其对企业家精神内涵的界定。

市场检验后，改善了个体适应状况，这种情形将成为一种示范。分工网络中的其他个体将启动学习和模仿程序，并尝试基于自身的资源状况而予以改良，以服务于改善其适应水平之目的。所有这些被学习或模仿的技术都位于技术扩散层。一般而言，在一个封闭的经济中，对新技术的模仿和学习并使用的过程，将一直持续到这种新技术所带来的适应改善程度明显地下降，或者是个体中所有潜在使用者都采用了这种新技术，此时技术扩散过程将停滞。在开放的条件下，一个地域内成熟甚至淘汰的技术都有可能在新的经济中开始扩散进程。考察技术变迁的历史可以发现，新技术在不断出现，也有一些将被淘汰[①]，而更多的新技术在经过检验后进人扩散阶段。另外，考虑到技术扩散地与扩散源的制度异质性，扩散阶段的技术仍然需要接受制度和市场的检验。那些经过制度与市场检验的扩散技术，如果被多次验证，能够有利于个体适应状况的改善，那么这些扩散技术将进入技术基因库。

技术基因库是指那些经过制度与市场的过滤，改善个体适应状况的单项新技术、组合技术以及原创技术的集合，也是适者生存的技术集合体。这些技术仍然具有潜在的经济价值，能够在特定制度的弹性空间内，成为个体改善适应状况的手段。进入技术基因库的技术属于公共知识的范畴，因而有可能进入更多和更有效的扩散渠道。但基因库中的技术仍将处于不断变化的过程中，其中一些将趋于消失。

技术从诞生之日起，便开始了从创生层到扩散层再到基因库的生命之旅，不断接受制度的选择和市场的检验。那些不能被现存制度的弹性空间所容纳，或者不能改善个体适应状况的技术将被淘汰；而经过验证的技术将进入扩散渠道，但仍将受到扩散地的制度和市场的检验；被多次验证的技术将进入基因库。基因库中的单项或组合技术，除了要满足个体改善其适应状况之目的外，仍将接受制度和市场的选择，从而淘汰部分基因库中的技术。

（二）制度的内涵及其结构

将分工与制度变迁联系起来的是米塞斯对制度的理解（贾根良，1999）。

---

① 新技术被淘汰的原因，首先是个体活动环境中的制度约束，意味着现存制度的弹性空间无法容纳这种新技术在生产实践中的应用（如污染严重的新工艺、毒品生产新技术等）；其次是这种新技术的使用并不能有效地改善个体适应水平或提高其适应能力。

现代社会因分工而形成，制度就是关于如何协调分工网络中个体行为的知识载体①。制度知识的共享，减少了行为的不确定性，通过降低交易费用以缓和分工演进与交易风险之间的冲突（杨小凯等，2000）。非正式规则中的习惯②也有类似的功能。在希柯斯（2002）“周而复始的经济”中，习惯性行为也导致了很低的交易成本。正是基于这样的考虑，纳尔逊和温特（1982）将制度界定为“日常惯例”，控制、复制和模仿着经济演化的路径和范围，是经济变迁中的基因。凡勃伦（2005）强调了习惯的动态演变：制度实质上是个人与社会对某些关系或某些作用的一般思想习惯，制度也就是公认的某种生活方式。但制度随着环境的变化而变化，是生存竞争的结果。多西等（1992）进一步指出，制度演化源于社会成员的交往博弈，社会成员的认知能力、博弈的规则、信息传递的方式等决定了制度演变的路径及其均衡结果。纳尔逊和桑帕特（1999）在分析研究机构的组织制度问题时，提出了与“物理技术”对应的“社会技术”的概念，引导劳动分工和合作模式的生产路径，即制度是标准化的“社会技术”。于是，制度的产生只不过是各种生产分工和合作的路径，每个人都有自己的“路径空间”，通过学习、博弈和模仿，某些路径被多数人接受，最后沉淀并“标准化”为一种制度。

分工与制度之间有着无法割裂的、天然的关联。虽然有学者考虑了两者之间的内在关联，但并没有作更为深入的探讨。20 世纪 80 年代的演化经济学也特别关注制度的演变，但也没有考虑与分工的联系。事实上，分工是国民财富增加的原因，分工网络的生长及发育是经济增长的源泉。一方面，分工演进不仅受制于技术的创新，又与制度的弹性空间密切相关；另一方面，分工与交易是一枚硬币的两面。从静态的角度看，制度是交易得以顺利进行的前提，从而为现有分工提供了保障；从动态的角度来看，制度变迁是交易成本和交易效率得以改善的原因，从而促进了分工网络的发育。制度变迁与分

① 在分工网络中，每一个个体都选择了专业化生产而不是自给自足，而专业化生产意味着每一个个体都只从事一种职业或生产一种产品，为了协调多样化消费偏好与专业化生产之间的矛盾，各专业生产商之间的交易便不可避免（杨小凯，黄有光，2000）。

② 习惯可以被定义为，在正式规则没有定义的地方（也可称之为“正式规则的边际”）起着规范人们行为的作用，或作为“标准”的行为（也称之为“习惯性行为）。

工网络生长之间的协调性、同步性正是其重要性之所在。

考虑制度及其变迁与分工演变的内在关联，并与个体适应能力的改善和国民财富的增加密切相关，本书将在分工网络的背景下界定制度的内涵。所谓制度，是指个体微观环境中作用于个体专业化生产决策的行为规范，既包括正式的法律法规体系，也涵盖各种非正式的风俗习惯、伦理道德等传统文化及其价值观念和意识形态等方面。在分工网络中，制度或者通过对专业化生产水平的选择，或者借助于制度变迁来影响利润或福利的重新分配等方式来对个体的适应状况施加影响。

本书认为，在分工网络中，制度并不是作为一个整体作用于个体专业化水平的选择，而是以某种具体的方式和途径施加影响。事实上，制度体系中的某一个层次可能只作用于某一种技术或技术变迁的某一个阶段，从而影响个体的适应行为。本书拟在强调制度变迁的阶段性特征的基础上，尝试将其区分为制度的创生层、扩散层和固化层三个层次。

制度创生层是指个体为了应对环境变化，改善适应状况或提高适应能力，而创造出来的、新的正式或非正式制度安排的集合。事实上，拉坦将制度创新视为组织与环境之间的相互关系的变化，也指相互关系的规则的变化（陈劲等，2008）。无论是哪一种变化，都在强调组织之于环境刺激的行为调整，以获取满意的适应状况。在分工网络中，制度创新的动力源于个体改善其适应状况的持续性追求。

一般而言，“新奇”必定产生于秩序的边缘—混沌之上。“新奇”意味着新的制度安排，秩序则与环境中的现存制度相对应。秩序边缘的存在，意味着现有制度安排之于个体行为规范的有限性。当面对一个全新的环境刺激时，个体将基于其认知能力的试错、学习而展开其适应性调整。在多样化的决策方案中，总有部分策略将使个体重新获得满意的适应水平，从而有效地应对环境刺激，于是新的制度安排开始出现。在个体群的范畴内，个体通过对行为规范的创新而改善适应状况的结果将成为一种示范，于是这种新的制度安排将成为个体群的共识，扩展了行为规范的调整空间。在分工网络中，制度一方面对个体技术决策产生或促进或制约的影响，另一方面也要受到技术的反作用。如果新技术的使用能改善个体的适应状况，继而成为个体群的共识时，现存制度的弹性空间却并不能容纳新技术的使用，那么新的制度安排将成为必然，以替代旧有的行为规范。需要强调的是：① 制度的创新终究要以现存制度为基础，即使是那种革命性的社会制度变迁，仍然是以其核心的文化传统及其价值观为基础而构建的；② 制度创新始终而且天然地与分工网络的发育休戚与共，而技术创新是分工网络发育的源泉，有助于个体适应状况的改善。

制度固化层是指制度的核心层或硬核，主要指法典以及各种文化典籍所内含的传统和价值观等正式制度，包括经济行为主体所广泛承认、接受并在特定的交易环境下能够付诸实施的风俗习惯、社会传统、传说及宗教信仰等所蕴涵的价值观等非正式行为规范。固化层中的制度仍处于不断变化之中，有些制度将最终被淘汰。

制度扩散层位于创生层与固化层之间。环境刺激的多样性将诱发各种新的制度安排，经过个体或组织的选择，有利于个体适应状况改善的制度，将进入被接受、学习、模仿的阶段，并有可能被多次验证之后成为局部或个体群、组织行动习惯的一部分，有利于个体适应状况改善的制度安排将成为“公共知识”而扩散，反之则被淘汰。考虑扩散地与扩散源的制度异质性，扩散层中的制度是否有利于个体适应状况的改善仍需要检验。在经过进一步的验证之后，扩散层中的制度将进入制度固化层，成为制度硬核的一部分。①

三、个体专业化决策分析

（一）个体专业化决策目标及方法

在分工网络中，个体决策目标在于获取满意的适应状况或提高适应能力。适应状况与经济势能的大小成正比，通过网络节点与一定的专业化生产水平相对应。事实上，个体对改善适应状况的追求，通过专业化生产水平的选择并实施而得以实现的。所以，个体决策就是依据个体资源状况（专业化知识、

① 扩散层中制度的变迁类似一个化学过程，将二氧化碳注入氢氧化钙溶液中，碳酸钙分子开始出现，随着碳酸钙分子的积聚，沉淀开始出现并降至容器底部。碳酸钙分子的出现及其量的扩张视为新制度的凸现及随后的扩散，而降落到瓶底的碳酸钙则是新制度在经过选择后浸人固化层。

模仿、学习和认知能力等）选择满意的专业化生产水平，以获得满意的适应状态和能力。

分工网络中个体的有限理性，决定了决策方法常常以基于“通类知识”（多普菲，2004）所进行的“惯例”决策为主。所谓惯例，就是个体通过成功地应对多次重复出现的环境刺激，而提炼总结出来的决策程序、决策方法及工具。

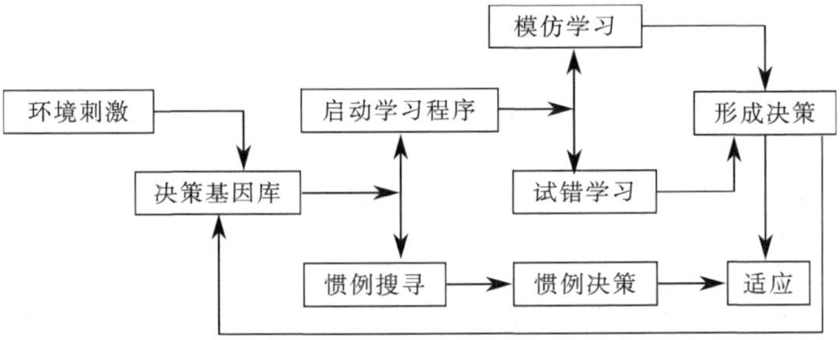

图 5-1　个体或组织决策过程示意图

一般而言，新创技术意味着更好地适应状况，往往成为个体生产决策的首要考虑。因而需要启动试错—学习机制，才能够选择满意的专业化生产水平。这种多次有效地应对环境刺激之后所总结和提炼而形成的决策程序、工具及方法便成为一种习惯。随着习惯种类的增加，决策基因库开始形成，从而有利于个体决策能力和效率的提高。在面对类似的环境刺激时，个体只需要在决策基因库中搜寻类似的决策惯例，就可以获得满意的适应水平。当个体在应对“新奇”的现象或境况时，将基于决策基因库而提炼出来的总的原则和方法启动“试错—学习或模仿—学习程序”。[①] 通过不断试错积累对“新奇”的认识，随着认识深人，通过惯例决策程序的改良或者决策工具的更新处理“新奇”。这种情形类似于新的惯例搜寻过程，当决策基因库中的惯例无法处理“新奇”时，个体将在两个层面启动“试错—学习程序”：① 进行决策程序的重构，为决策的有效性提供保障；② 决策技术和决策工具的改良，从

① 个体在面对绝对的“新奇”时，由于在个体群的范畴内并无成功应对的先例，只能启动“试错—学习程序”，而当“新奇”只是相对而言时，便只需启动“模仿—学习程序”。虽然也有可能启动试错—学习程序，但也只是在涉及基于其自身的资源状况而改良模仿对象的经验时才启动。

而形成新的决策惯例。事实上，随着“新奇”的不断出现，启动“试错—学习或模仿—学习”的情形将一再发生，决策基因库也将不断得到更新，个体应对环境变化的有效性和能力将得以保障。

（二）技术与制度之间的互动

关于技术与制度之间的关系，斯蒂格勒（2010）指出，技术进步原本是一种破坏，而社会生成（新的制度安排）又必须适应这种技术生成。但不可否认，在调和两者之间的张力时存在着困难，因为技术变革总会或多或少地动摇文化的基准（固化层制度），破坏构成社会凝聚力的其他体系（现存制度体系）。所以，波斯曼（2007）指出，失控的技术增长将毁灭人类至关重要的源头，造就的文化将失去道德根基，瓦解人的精神活动和社会关系。制度也反作用于技术变革。凡勃伦在考察了技术与社会习惯两个层次的冲突与互动之后指出，技术因素虽然对制度创新有积极的促进作用，但社会管理和既得利益也会阻碍社会制度的变迁，塑造一个社会所适用的技术和技术变迁本身（陈劲等，2008）。

新制度经济学认为，制度的重要性在于它可以产生激励，鼓励创新行为，有利于技术创新的发生。诺思（2008）据此认为，制度重于技术，制度因素决定着技术因素。马克思则认为，科学技术推动了一个国家的经济发展，生产力决定着生产关系的变化与发展，生产关系在人类社会的发展中处于从属地位，随着生产力的发展而发展（陈劲等，2008）。纳尔逊和桑帕特（1999）也认为，经济增长源于技术主导下的技术与制度的协同演化，技术创新需要一种或一套支持性制度，同时技术创新也会引发制度创新。

本书认为，技术创新是经济增长的动态因素，而制度是基于以往行为规范的总结，属于静态因素，动态技术与静态制度之间的矛盾冲突导致了组织体系的变迁和调整。在微观层面，技术创新是个体改善其适应状况的首要考虑，制度一方面对技术创新进行选择，另一方面，也可能基于个体适应能力的追求而导致新的制度安排。

（三）个体专业化生产水平的决策

技术与制度之间在微观层面的相互作用机理，是个体专业化水平决策分析的主要内容。在分工网络中，个体改善适应状况的期望是通过专业化水平的选择来实现的。技术越先进，专业化程度就越高，所获经济势能值越大，越有可能获取满意的适应水平。一般而言，新创技术意味着较高水平的适应状态，扩散层技术次之，而基因库中的技术与较低的适应水平一致。个体在选择技术水平高低的同时，还需要特别关注现存制度的不同层次与各专业化技术之间的相互作用。① 分工网络中的个体基于自身的资源状况，进行技术层次的选择，有三种可能的情形。

第一种情形是个体选择基因库中的技术。技术基因库中的技术属于显性知识的范畴，个体可以基于其自身的学习和认知能力通过教育或培训等方式而获得。由于基因库中的技术无论是在生产环节还是在市场交易方面都得到了验证，也能改善个体的适应水平，因而不存在技术因素的不确定性。此时不同层次的制度对技术的选择作用是分析的主要内容。一般而言，制度之于技术的影响可能是包容性的，但仍然需要考虑新创制度的强制性约束。② 具体而言，固化层制度与基因库中的技术是相容的，而生长层与形成层中的制度仍然可能对基因库中的技术产生强制性约束，从而淘汰该层次中的部分技术。可以认为，制度之于基因库技术的作用结果虽然存在一定程度的不确定性，但总体而言，基因库技术大多处于制度的弹性空间之内。而教育系统传播的专业知识，使个体占据经济势能值较高的节点成为可能。

第二种情形是个体选择扩散层中的技术。根据扩散层技术的特点可以知道，虽然在新技术的原创地，制度之于技术的选择已经完成，但考虑到制度环境的变化，仍需要接受扩散地专业化生产实践和市场的检验，同时技术扩散地区的经济制度能否容纳也有待验证。具体而言，既要考虑技术扩散地的新创制度对扩散技术的选择，又要分析扩散层和固化层制度的作用。需要强

① 本书在分析技术与制度之间的相互作用时，将技术的三个层次与制度的三个层次两两组合，诸如（新创技术，新创制度）、（扩散技术，新创制度）、（传统技术，新创制度）等情形，以便更为有效地分析技术与制度之间的相互作用及其结果。

② 技术基因库中的技术经过了生产实践的检验，也能改善个体的适应水平。但需要指出的是，这种验证只是在特定的历史时期完成的，并不意味着现在或将来的新制度安排对这类技术不产生影响。事实上，无论哪一个层次的技术都必须接受不同层次制度的选择，直至某一技术被制度所淘汰。如基于氟利昂的传统压缩机生产技术以及高效杀虫农药 DDT 和六六粉的使用，都是这方面的典型案例。

调的是，制度与技术之间的相互作用本质上只是服务于个体改善适应水平或能力的目标。如果扩散技术的使用能改善个体的适应状况，那么技术被其他个体模仿和学习的可能性就较大。而此时如果扩散制度的弹性空间不能容纳该技术的使用，那么扩散地原有的制度将被新的行为规范所取代。[①] 虽然扩散技术的使用也能改善个体的适应水平，但如果受到固化层制度的约束，扩散技术将可能被禁止。至于扩散地的扩散层制度与扩散技术之间的相互作用，同样需要以能否改善个体适应水平为判断标准。要么技术的使用诱发了制度变迁，要么制度之于技术将产生强制性约束。总体而言，个体在选择扩散层技术时，决策风险主要来自：① 扩散地专业化生产环节的不确定；② 专业化生产成果交易的不确定；③ 扩散地不同层次的制度之于扩散技术选择的不确定性。无论是技术的使用促进了制度变迁，还是现有制度安排对扩散技术产生了强制性约束，目的都只是服务于个体改善适应水平或能力的需要。

第三种情形是个体所选择的技术属于创生层技术。由于此类技术既没有经过生产实践的检验，发展趋势并不明朗，而且制度约束的不确定性也显而易见，因而新创技术被用来改善个体适应水平具有较大的风险。一般而言，新创技术在用于生产实践之前，生产行为及其成果[②]之于个体和环境的影响也未可知，此时制度并不起作用。随着技术的改良，有了投入生产实践的可能性，制度才开始表现出或促进或制约的影响。如果现存制度的弹性空间能够容纳新创技术的生产行为及其结果，技术将进入扩散阶段，其他个体则可通过技术扩散渠道而获取这种技术，从而通过技术的使用来改善其适应水平。如果现存制度无法容纳这种新创技术，那么技术与制度之间的相互作用则需进一步分析。首先需要判断技术与现存制度之间的相互作用，谁是矛盾的主要方面。如果技术处于矛盾的主要方面，意味着新创技术对个体适应状况的

---

① 这种情形在发展中国家特别常见。在引进国外先进技术之前，往往首先需要对原有的制度安排进行必要的调整，以便通过技术进步来促进国民经济的快速发展。事实上，发展中国家的经济体制改革是经济起飞的前提条件，这也就是发展经济学家所强调的“制度重于技术”的意蕴。

② 制度本质上是一种行为规范，主要用来调整行为主体之间的利益冲突。所谓生产行为是指新创技术被用于生产实践时，对其他行为主体所产生的各种影响，强调生产过程中的外部性（正是制度之于生产行为的作用点）。生产成果主要是指应用新创技术为市场所提供的产品或服务（制度之于生产成果的检验表现为市场对新产品或服务的容纳程度）。

改善（即技术的收益）大于制度变迁的成本，此时新的制度安排得以出现，有利于个体对新创技术的模仿和学习。反之，如果是现存制度处于矛盾的主要方面，意味着制度的强制性约束，新创技术就将被淘汰。一般而言，新创技术用于改善个体适应水平具有较大的不确定性。如果个体或组织属于风险厌恶性，扩散层和基因库中的技术是其理性选择。对风险爱好者而言，新创技术是其必然的策略。

技术与制度之间的相互作用是个体专业化生产决策分析的主要内容，而个体对改善适应状况的追求，将决定是技术还是制度处于矛盾的主要方面，从而导致技术或制度的变迁。但无论是哪一种情形，都将有利于个体适应水平的提高和适应能力的改善。

四、个体决策互动的结果

个体专业化决策相互作用的结果表现为三个层次。首先是个体适应状况的改善和适应能力的提高；其次是三次产业的依次演进和各产业内部及产业之间的分工的形成及其发育；最后是国民财富的增加。另外，个体决策互动的结果还表现为市场网络的形成和发育，交易功能与生产功能的叠加诱发服务业的凸现及其发育，触发城镇的突现及其生长。

（一）个体适应状况的改善

在传统经济时代，个体为改善适应状况，既可以自给自足，也可以选择分工。但分工比自给自足更容易产生更多的产品剩余，通过交换就可以满足多样化消费需求，以改善其适应水平。这种分工策略所得到的好处，将在个体群中形成一种示范。随着分工好处的不断显现，个体中的其他成员将尝试通过模仿、学习、试错等方式，选择合乎其资源禀赋特征的分工水平。当分工策略成为个体的共同选择时，适应状况也将逐步得以改善。随着示范效应的扩散，邻近的其他个体也将启动模仿和学习程序，选择分工策略，适应状况和能力也将得到改善。于是，个体分工策略促进了分工网络的生成，网络中个体的适应水平或能力也得到改善。

对企业而言，追求利润与个体对适应状况改善的期望并没有本质上的异同。在分工网络中，行业内中小型企业的专业化策略主要是通过模仿和学习大型企业成功的技术创新及其制度安排，改善适应状况。专业化生产水平的高低与企业的适应状况相对应，表现为技术水平在同行业中的相对位置。如果企业的生产技术水平高于行业平均水平，意味着拥有超过平均水平的适应能力。反之，越是远离平均技术水平的企业，适应能力就越差。在分工网络中，企业只能通过持续不断地提高其专业化水平，增加产品的技术附加值，才能维持满意的适应状况。[①]

（二）分工演进与市场发育

在原始农业阶段，源于生产技术的缓慢积累而出现的产品剩余，与个体自然资源环境的差异所导致的剩余产品的多样性，共同构成了交换的前提条件。最初的交换行为发生在邻近的个体群之间，有很大的偶然性。交换主体及交换对象不确定，交换行为不稳定，交换地点也不固定。随着交换次数的增加，交易双方在交易行为规范、交易方式、交易地点以及交易的方便程度等方面的经验将有所积累，一些与交换有关的原始交易制度开始约定俗成。于是交易风险和交易成本得以降低，交易效率得以提高。

基于地域资源的禀赋差异而出现的“互通有无”，将有效地改善个体的适应状况，意味着追求产品剩余有可能成为改善适应状况的手段。从而预示着个体会将更多的时间分配给尽可能少的几种生产活动，以获得更多的产品剩余。在此过程中，“干中学”和“熟能生巧”机制还将加速生产技巧、技能的快速积累，促进产品剩余的增加和适应状况的改善。这种生产少数几种产品以增加产品剩余，通过交换改善适应状况的现象，在个体内成为一种示范。其他个体则启动学习、模仿机制，选择用更多的时间生产少数的几种产品的分工策略。产品剩余的总量及其种类随着个体分工策略的互动而得以增加，分工策略与产品剩余之间就形成了良性互动。剩余产品数量及其种类的增加诱导现有市场规模的扩大和新市场的凸现，随着交易制度的创新和完善，远程贸易将开始出现，市场网络将开始形成，随着交易量的增加而发育。正如

① 微观经济组织是分工与专业化演变的结果。

怀特在《来自网络的市场：生产的社会经济模型》中指出的那样，经济行动正日益被整合至这样一种生产市场网络体制中（林聚任，2009）。事实上，分工导致了市场扩展，成为市场网络形成和发育的动力之源。

市场的突现并不源于个体之间的交易活动，而是个体之间决策互动的结果，具有不依赖个体或组织而存在的客观属性，表现为市场网络的自组织特征以及与分工演进之间的非同步性。亚当·斯密和扬格等认为，分工水平受市场规模（有效购买力）的限制，而分工与交易是一枚硬币的两面，既相互依赖又相互制约。现有的市场规模将限制社会分工水平，不可否认在既定的社会分工水平之下，无论是技术的扩散还是制度的变迁，都将导致市场规模的扩大，促进现有市场网络的生长。① 考虑市场网络生长的相对独立性，因而发育可以在一定程度上不依赖于分工水平的提高。② 正是这种扩张为分工演进创造了必要的生长空间。

（三）工业与农业的分离

原始手工业从农业中分离出来，与农业生产中的“干中学”和“熟能生巧”机制密切相关，而分工策略强化了机制作用的效果，促进了产品剩余增加的速度，从而为产业分离提供了物质基础。③ 与此同时，因分工而导致的产品剩余，刺激了市场的发育。事实上，原始手工业生产者从农业生产中分离出来，如果没有与分工水平同步演进的市场发育，将无法获得必要的生存条件、通过分工策略来改善适应状况的预期也不会出现。

农业生产中的简单工具是生产经验和技巧积累的结果，手工业与农业的分离加快了积累的进程。随着认知和学习能力的提高，金属冶炼开始出现，

① 现有的市场规模与一套成熟的交易制度相对应，并与个体适应水平密切相关。现有的制度安排有可能无法容纳分工发育的结果——新的交易对象，从而限制了现有分工水平的进一步发育。而如果现有分工水平发育的结果导致了个体适应水平（能力）的提高，那么分工发育将导致市场网络的生长。

② 在既定的分工水平下，虽然纵向的专业化分工已经完成，但市场需求的扩张将导致企业的规模化生产，而且新的进入者也将增加产品数量。所有这些在特定专业化技术水平下所生产出来的产品，都将进入市场网络。这种交易量的扩张也就是市场规模的扩大，也有可能诱致交易制度的创新。

③ 农业生产中“干中学”和“熟能生巧”机制作用的结果表现在两个方面，其一是产品剩余量的快速增加，其二是生产技巧和经验的积累为原始手工业与农业的分离提供了技术保障。

为金属工具的制造和使用创造了条件。我国的冶金史以及考古发掘研究表明，早在公元前手工业者就能提供大量生铁和优质的铸铁工具（陈振中，1986）。农业生产中所使用的青铜工具在先秦绝不是个别的、偶然的、局部的，而是大量的、长期的、广泛的（王贵民，2005），正如铁质农具、水力碾以及江东犁等在农业生产及加工中的广泛应用。其分工提高了农业生产技术，产品剩余及其增长的稳定性也得到了改善，同时也为原始手工业向金属冶炼阶段的演变提供了技术积累。

在原始手工业与农业分离的早期阶段，手工业是为农业提供生产工具的行业，属于农业生产的辅助性行业。但手工业与农业分离之日起，开始了独特的演变路径。在循环累积的“正反馈”机制作用下，逐渐淡化了辅助性行业的属性，而演变为具有相对独立的经济部门。事实上，就手工业演变的历史进程而言，金属冶炼技术的出现预示着第二产业演变的起点，意味着金属冶炼与制造业的独立，技术与制度之间的张力开始作用于产业内的分工与专业化演变路径，如金属冶炼原以木材为燃料，但因热值有限而制约了产品质量的改良。分析技术变迁路径发现，改良产品质量使用了两条技术路径：其一是改善木材的燃烧效率，提高热能的利用效率，如鼓风炉的设计和制造；其二是寻找热值更高的替代能源，如煤炭以及天然气等。在制度的影响方面，我国历史上盐铁专卖制度的废弛极大地促进了冶铁业的发展。随着金属冶炼和制造专业化知识的积累，产业内分工也不断深化。金属制造业规模的扩大将诱发冶炼业的同步变化，通过产业链传递矿藏的勘探和开采，催生了矿藏勘探等技术服务部门的诞生。于是因专业化分工而衍生出的、为产业内其他部门提供直接或间接服务的经济组织不断分化出来，最终表现为产业内错综复杂的、精细的分工以及因此而产生的纷繁复杂的有机联系——产业内的分工网络。

（四）分工演进与城镇的突现

分工演进在导致产品剩余的数量及其种类得以增加的同时，也将促使一些交换场所被淘汰，而另外一些则由临时性向定期集市过渡，其中的一部分进一步演变为常态市场。从农业中分离出来的手工业者最初可能主要分散在市场以外的地域空间内，这可能与其产品数量较少有关，从而少量的交换就可以改善手工业者的适应水平。而熟能生巧所积累的专业化生产知识将有效地改善手工业者的生产效率，产品数量开始增加。考虑产品需求之所在，手工业者开始出现在常态市场并定居。一方面手工业者实现了产品交换，另一方面通过方便的购买改善适应水平。手工业者在市场的出现，在增加手工业产品交易量的同时，诱导了各种日常消费品甚至生产资料的交换，导致市场规模的扩大。于是交换场所在具备交易功能的同时，还拥有了生产功能。此时城镇的胚胎开始形成，通过地域空间的扩大、手工业内部的专业化演进以及市场规模的扩张等方面，呈现出持续的生长。正是因为城镇的发育，诱导了为城镇居民提供各种生产和生活服务的第三产业的凸现，如专职商人、从事货币经营的钱庄开始出现。

城镇的凸现是分工演进的结果。在分工网络中，城镇是产业链（农业产业链和工业产业链）与市场网络在特定地理空间内相互叠加的结果。而城镇服务业则是产业链与市场网络相互作用而衍生出来的新产业。城镇的经济属性既包含生产功能也包括交易功能，还包括两者的辅助性部门—城镇服务业。

第二节　城镇经济分工演变与产业结构变迁

一、分工视角的产业演变

第二产业是从农业中分离出来，但分离的条件仍然需要经济活动的分工。也可以说第二产业的出现有赖于农业内部“干中学”和“熟能生巧”机制作用所产生的产品剩余。而且手工业生产者选择从农业生产中分离出来，有市场的发育作为保障，否则为农业生产服务的各种手工产品销售不出去，那么手工业生产就无法开展。产品剩余和市场发育是手工业从农业中分离出来的主要条件。

生产知识的积累导致简单生产工具的出现，如各种粗糙的木质手工工具等。随着人类社会对自然界认识的深入，各种金属冶炼技术开始出现。我国的冶金史以及考古发掘研究表明，中国最早发明了生铁冶铸术和铸铁柔化术，早在纪元前已能提供大量生铁和优质的铸铁工具。陈振中（1986）认为：空头条形端刃器是在原始农业工具木锄、尖头木棒等向金属工具演进过程中出现的，随后进一步发展成为各种不同的刀刃套。青铜刀和空头条形端刃器在出土的先秦青铜生产工具中，是使用地区最广、时间最长、数量最多的两类，使用于农业生产，或有相当数量本属农具。这种现象可以说明，使用于农业生产的青铜工具在先秦不是个别的、偶然的、局部的，而是大量的、长期的、广泛的（王贵民，2005）。诸如铁器广泛用于农业生产，水力碾硙（水力粮食加工业）的出现，江东犁的发明和推广等。

金属冶炼技术的出现，可能与农业生产工具的改良需求没有直接的相关性，但对农业生产技术的进步产生了巨大的影响。我国历史上每一次比较大的农业生产技术的进步，一方面极大地促进了农业生产力的改善，农业产品剩余量及增长的稳定性方面都得到了显著提高；另一方面来自农业生产的物质性产品剩余也为手工业向金属冶炼的专业化生产演变提供了保障。从人类社会生产的最终目的来看，手工业是为农业生产提供生产工具的生产行业，包括以手工业为基础演变到金属冶炼及加工制造业。从两者内在的联系分析，后者属于农业生产的辅助性行业。从经济系统内各子系统之间的相互关系来看，呈现累积循环的良性互动机制，在系统论中称之为“正反馈”机制。从经济系统演变的角度来看，金属冶炼技术的出现预示着第二产业发展演变的起点，意味着农业在经过与手工业的分离后，金属冶炼与制造业正式从农业中分离出来，而且开始有别于农业的演变路径。如金属冶炼所需要的能源起初主要以木材为主，但所能产生的热能是有限的，如果要实现来自生产实践的、对金属生产工具的坚韧及锋利程度的要求，冶炼技术必须从两个方面进行改进。一方面是提高木材燃烧时所产生热能的有效利用程度，如鼓风炉的设计和制造，另一方面是寻找热值更高的替代能源如煤炭以及天然气等。随着专业化金属冶炼及制造技术的积累，金属制造业规模的扩大，从而需要对各种矿藏（含各种金属及非金属矿藏）资源的总量及其贫富程度等特征有必要的了解，需要从金属冶炼及加工制造业内部分离出一部分人员从事矿藏资源的勘探服务，同时也需要来自科学研究方面的支持。

这只是制造业产生并演变的一幅粗略的轮廓图。虽然从经济活动的最终目的来看，机械制造是为农业生产部门提供更有效率的生产工具，但以制造业为主的第二产业自其诞生之日起，就在制造业的内部不断进行快速的专业化分工，这点可以从第二产业内部所包含的行业部门数量和期间紧密联系而得到反映。冶炼技术的不断积累为产业内的专业化分工提供了技术方面的准备，专业化分工主要的不是直接服务于生产工具的制造，而是为机械制造提供各种辅助性的材料甚至制造产业内其他部门的机器设备。而能源部门的发展演变是从属于第二产业内技术专业化分工的需要的，从最初的木材到煤炭、再到天然气的转移无一不是以服务于冶炼技术为主要目的。

起源于金属冶炼的第二产业发展及其演变，虽然遵循内在的演变机理，表现出有别其他产业部门的规律性。但本质上，在第二产业从农业中分离出来的早期，毫无疑问应该为第一产业的生产提供生产工具的辅助性部门。在第二产业中，因专业化分工而衍生出的众多行业只是为产业内其他部门提供直接或间接的服务，而与第一产业甚至看不出有什么联系。随着第二产业内部专业化分工的深入，当第二产业的生产活动成果能够直接进入到消费渠道之后，第二产业为第一产业生产各种辅助性生产工具的使命就在慢慢地退化，这点可以从提出“工业反哺农业”这样的政策建议中可以得到很好的说明。而在第二产业从农业中分离出来的后期，主要的输出流向是消费品市场，此时产业内各部门之间所提供的服务占有相当的份额。

以制造业为核心的第二产业诞生及其演变的第一推动力，是农业生产技术改良的需要，演变的起点是原始手工业。而农业生产的分工为手工业从农业中分离出来提供了技术和产品剩余两方面的准备。随后的金属冶炼及制造技术从农业生产中脱离出来，仅仅依赖于冶炼及制造技术内在的演变规律，在其行业内部开始专业化制造的分工，是第二产业演变的第二推力——专业化分工的自组织。

二、农村工业的结构变迁

农村工业源于传统家庭副业和家庭手工业，新中国成立后以社队工业的形式再次出现，在人民公社时期获得了一定程度的发展。农村经济体制改革后，以乡镇企业为主体的农村工业化获得了快速发展，在国民经济中占有重要地位。乡村工业化和副业发展使堆积在农业生产上的剩余劳动力找到一条生机勃勃的道路，扭转了长达数百年的过密化，中国农村社会由此开启了现代化进程。

农村工业从社队企业的自产自用为主，主要从事农机具修理、农家肥料加工制造和小量农产品加工等经营，发展到与城市工业结构等量齐观的水平。农村经济社会发展过程中的环境压力、农村工业技术的可获得性以及政府政策的许可和引导三者缺一不可。

中华人民共和国成立初期，农村经济社会因优先发展重工业体系的国家战略以及城市偏向的政策引导，使农村经济的发展受到抑制。在以城市和重工业为重心的经济发展战略的影响下，我国农业生产的发展一直承受着日益沉重的压力。由于我国人口的快速增长和农业自然资源开发总量的限制，我国农业资源（尤其是耕地）的人均占有量锐减，不仅低于经济发达国家，还低于世界平均水平，占全国工农业总产值三分之一的农业却不得不容纳占全国人口五分之四的农村人口。农业自然资源的超重负荷和大量活劳动的强制性追加投入，导致种植业的边际效益递减。农业虽然一直是农村中最大最重要的产业，但开发弹性越来越小，无法容纳数以亿计的农村剩余劳动力，也不可能给农民带来更多的收入。随着矛盾的逐步尖锐，农业内部已经产生了一种强大的推力，要求迅速将大批滞留在农业中的剩余劳动力从土地上转移出去。优先发展重工业而忽视轻工业的国家战略使得城乡居民日常消费品严重缺乏，在农村经济体制改革后，粮食产量和经济作物产出得到了十分显著的增长，为农村工业发展准备了充足的劳动力。轻工业产品巨大的市场需求缺口和急需从农业生产中脱离出来的巨量农业剩余人口找到新的就业渠道，共同促生了农村工业的启动。

政府在推动农村工业发展方面始终有非常清晰的鼓励政策，除了极少数特殊情况外很少有限制政策。在计划经济时期为了防止农村工业与城市工业争夺财政资金、发展项目和人力资源的竞争，在经济过热时期采取了调整、提高等应对政策。中央政府鼓励大合作社可开办一些加工厂，最好由乡办，或几个乡镇合办，县办社助，手工业社可以开办厂矿。县以下办的工业主要应该面向农村，为本县的农业生产服务。农业社办的小型工业，以自产自用为主，如农具的修理，农家肥料的加工制造，小量的农产品加工等。这就是社队五小企业的最初来源。在1962年执行的《农村人民公社工作条例（修正草案)》中，对发展社队企业作出了具体的规定，人民公社要根据当地资源条件和社会需要，在保证搞好农业生产的前提下，有计划地积极兴办公社和大队企业。发展社队企业，必须坚持社会主义方向，主要为农业生产服务，为人民生活服务，也要为大工业、为出口服务。坚持自力更生，充分利用本地资源，因地制宜地举办种植业、养殖业、农副产品加工业、采矿业、建筑业、农机工业、运输业和其他工业。……牧区和林区社队，有条件的要积极发展畜产品和林产品加工。1992年中共十四大提出建立社会主义市场经济体制，为农村工业的健康发展奠定了坚实的制度基础。

农村工业发展所需要的技术条件与其所选的产业结构有关。我国农村工业以初级加工为主，还包括矿产资源采掘以及其他一些劳动密集型行业。主要产品绝大部分为资源开采及初级加工产品和劳动密集型产品，劳动密集型工业一般主要包括食品、饮料、烟草、纺织和服装、木材和家具、森林、建材、皮革及制品等工业。沿海地区“三来一补”工业业主要选择玩具、电子，纺织、服装、塑胶、钟表、电器和鞋帽等。乡村工业中重要且基本稳定的行业是建材及其他非金属制品业、纺织工业、机械工业、金属制品业和食品制造业等五大行业。对于一些技术简单或适用于劳动密集型产品的行业，如日用小商品、传统手工艺以及产品原材料和消费市场主要在农村的饲料工业、水泥、砖瓦、石料等建材工业，在农村工业中比较普遍。在乡村工业的轻工业内部，以农畜产品为原料部分所占比重基本稳定，高于以非农产品为原料部分的比重。在乡村工业重工业内部，加工业占绝对优势，乡村工业原料工业比重低于全国工业平均水平，而采掘工业和加工业比重高于全国工业平均水平。考虑缩短生产企业和原料产地的距离，纺织、丝绸工业，特别是缫丝、针织、服装等工业逐步在农村地区扩散。机械制造行业的零部件、配件以及罐头、食品、造纸、医药等工业，在农村建立原材料基地和中间件采购市场。食品行业的瓜果基地、造纸行业的草木浆原料基地以及医药行业的中草药基地等，有条件的地方依托基地发展粗加工，甚至建立分厂生产最终产品，以农业生产为主的农村地区选择食品工业、饲料工业及其他农产品加工、促进粮食转化的工业等。

在农村工业产业结构确定后，技术资源及相应的工程师、管理人员及生产工人也是推动农村工业从传统向现代演变的主导力量。总体而言，农村工业作为城市工业技术的承接者和扩散地，通过“借脑生财”和“星期天工程师”等办法，绕过了计划经济时期对人员流动的各种限制。农村工业是城市现代工业技术转让的接收者，也是城市现代工业社会化大生产的协作者。农村工业通过接收技术的扩散和从事社会化生产的分工协作提高了自身的技术水平，带动了以农村工业产品为投入要素的农业生产部门的技术进步。农村工业为城市现代工业与传统农业部门之间的各种技术联系提供了各种优化配置的条件，充当了城乡技术一体化的连接者和促成者。农村工业不仅是城市现代工业技术扩散和转让的接受者，作为经济活动主体的农村工业经过长期发展，技术总体水平大大提高，技术实力大为增强，逐步成为农村经济发展的技术创新者。不仅具有强烈的技术创新驱动力，而且技术创新的示范作用将向广大农村扩散。总体而言，城市工业的技术扩散和自身的消化创新，为农村工业发展提供了有利的技术保障。

农村工业的技术引进、使用和创新离不开具有一定现代科学素质的劳动力资源。1988 年全国乡村两级农村工业职工中大专以上文凭的仅占 0.22%，有高中文凭的仅占 16.29%，初中毕业的占 5.24%，其余的 38.25%连初中文化水平未达到。工程技术人员占全部职工人数的 0.87%，其中中级职称以上人员仅占 0.28%。基于这样的现实困境，乡镇政府采取积极措施，促进城乡技术交流和人才流动，主要采取：① 城市企业的工程技术人员、管理人员和技术工人，在取得本单位的同意后，可留职停薪应聘到乡镇企业工作；② 城市企业科技人员和职工，在不影响本职工作时可以利用业余时间为乡镇企业提供服务，所得收入合法合规；③ 有协作关系的城市企业可以委派科技人员和技术工人进行技术指导和咨询服务，收入由单位和个人共享；④ 国家分配给城乡联营企业的大、中专毕业生，编制放在城市企业，人可以到乡镇企业工作，工资、奖金等由乡镇企业承担；⑤ 城市职工去乡镇企业工作或短期服务的人员，工资、奖金和津贴，由乡镇企业自行确定，其费用允许列入成本。

这些政策措施在解决农村工业人力资源困难方面起到了很有效的作用。1988年全国乡村工业聘用城市工业职工5.6万人，其中有技术职称人员1.0万人，技术工人3.9万人，对带动和培训农村工业职工起了一定作用。实践表明，积极利用城市大专院校、科研院所的科研成果吸引城市工业技术人员，是解决农村工业技术进步、提供农村工人生产经验的效途径。

总体而言，在分工演变框架中，农村经济社会发展所面临的环境压力，在政府出台政策鼓励农村工业发展的同时，城市现代工业技术向农村地区的扩散以及各大专院校科研成果的推广使用及毕业学生参与农村工业发展，极大地改善了农村工业现代化进程。技术进步和人力资源质量的提高推动了农村工业对企业的“五小工业”逐步发展为工业门类较为科学合理的现代化农村工业。

第三节　城镇经济分工演变与就业创造

一、劳动分工的专业化演进与就业岗位创造原理

（一）分工演变与就业创造

从经济系统分工演变的过程可以看出，在手工业从农业中分离出来之前，所有个体均只从事农业生产活动，产品剩余量很小。人口增长所产生的就业压力，主要通过农业生产的外延式增长实现，如我国清朝乾隆时期大量开垦荒地。当手工业从农业成功地分离之后，意味着从生产到消费之间的时间和空间开始分离。从另外的角度来看，意味着中间产品的出现，这点可以从生产技术的物化——生产工具的出现解释。生产工具如镰刀、锄头、翻地用的犁等的使用导致了迂回生产方式的出现。在没有生产工具的时期，仅有劳动的参与就可以进行生产，而在使用劳动工具的情况下，就需要先进行生产工具的生产，然后再用生产工具去生产粮食，这样就产生了生产与消费之间的时空分离。当然这种迂回生产方式是有利于提高生产效率的，能生产出更多

的剩余产品（不然手工业就没有分离出去的物质基础）。从职业种类及其数量来看，手工业与农业的分离意味着新的职业种类开始出现，就业岗位的总量也在增加。经济系统的分工演进与就业岗位的创造之间的关系可见图 5-2。

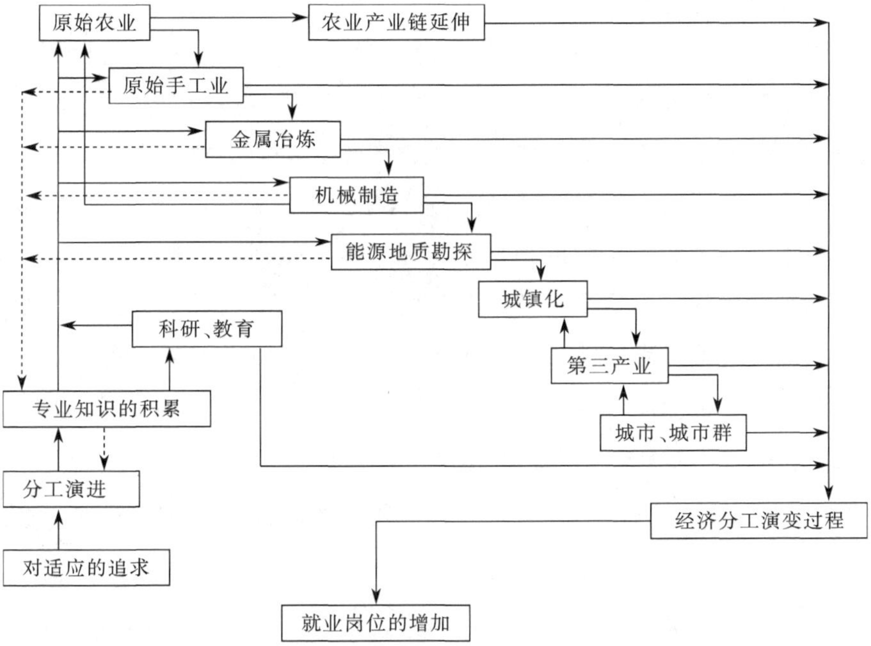

图 5-2　分工演变与就业岗位的创造

手工业内部的专业化分工，从其与农业生产分离的那一刻起就在不断地进行。随着专业化知识的积累，金属冶炼及制造技术开始出现。从就业岗位方面来看，正是分工导致了新岗位的创造。而随着冶炼技术的积累和创新，机械制造成为可能。当大规模的机械制造成为农业及其自身生产的需要时，便推动了能源产业、地质勘探等行业的出现，金属及非金属矿藏的生产就成为必不可少的生产部门。在专业化生产所依赖的技术依靠自身的资源不能得到保障时，以生产技术的积累为基础形成的科学研究部门成为生产技术的可靠来源。每一个新行业部门的出现意味着新的职业种类在不断地增加，经济系统因分工与专业化的演进所创造的就业岗位数量也在不断地增加。经济系统的分工与专业化演进，意味着新的就业岗位不断被创造出来。农业产业链的生长、工业产业链的延伸、企业的出现及其规模的扩大、企业的聚集效应与市场的生长及扩展共同促进了城镇的出现，而城镇的生长无疑形成了一个较为复杂的子系统，在这个子系统内部也在进行着分工与专业化演进，第三产业的出现便是这种演进的结果。

随着分工与专业化网络的生长，分工网络中的个体为着适应状况的改善而在不断地移向经济势能值高的节点，如劳动力从第一产业向第二、三产业的流动。如果网络中节点数量增长的速度大于人口的增加，则劳动力能够实现这种移动。

在技术和制度都能保障的前提下，分工演进能创造新的就业岗位。如果出现技术、制度的锁定现象，那么分工与专业化的演进无疑会受到制约，就业增长也就有可能出现停滞。所以技术与制度的创新必须成为企业的行为惯例，而政府的经济职能也可以而且必须为技术与制度的创新提供必要的保障。

（二）市场发育与就业岗位创造

经济系统中就业岗位的种类及数量之所以能够增加的原因是经济系统分工与专业化演进的结果，分工网络的生长使得原本由一个人完成的工作，现在则被分解为几种不同的工作，从而由更多的个体完成，于是就业岗位的数量便增加，这一点可以从经济生活中轻易地观察。但这种工作内容的分解所产生的好处，则是报酬递增，表现为生产成果的净增加部分，因分工而产生的好处最终体现为个体或组织适应环境能力的提高。但正如被扬格称之为“斯密定理”所阐明的那样，因分工而获得的报酬递增并不能无限制地进行，而是受到市场容量的限制，因而斯密认为“分工受市场范围的限制”。从分工与就业岗位创造的角度来看，意味着经济系统创造就业岗位的种类及其数量受限于市场范围的大小。

关于市场与分工演进之间的关系，本书已经进行了讨论。从经济系统中就业岗位的创造来看，如果在某一时间点上，因分工而产生的新增产品数量能够通过市场交换而成功改善了个体或组织的适应环境能力或水平，那么此时的市场是能够促进经济系统中的分工与专业化演进的。因为对个体或组织而言，如果已经选择更高水平的分工，结果是改善了适应环境的能力，而市场仅仅被视为“产品转换器”，输入各自分工的结果——产品，就可以得到各自所需要的各种消费品，那么这种对已经选择的较高分工水平便能成为现实，而较高分工水平意味着工作的进一步分解，也就是个体的工作活动限定在范围更小的专业化领域，随着市场对这种更高分工水平的“接受”，新的就业岗位也就衍生出来。这种情形是在某一时点上发生的，而无论是市场还是经济系统的分工与专业化水平都处于持续性的发育、生长过程中，因而对两者之间的关系进行动态分析的尝试是有必要的。

在市场的网络化进程以及经济系统分工与专业化不断演进的背景下，考察两者之间的关系，首先需要考虑经济系统中现存的技术与制度的弹性空间属性。所谓弹性空间，是指在技术与相对应的制度保持不变的前提下，因技术或制度的创新而衍生出的个体或组织新的行为，能够被制度或技术所容纳(关于技术与制度以及两者之间的关系在前文中有相应的说明)。从个体或组织适应环境能力或水平方面来看，现存制度或技术是能够为个体或组织的适应环境目标提供一定的空间。正是在这种技术或制度的弹性空间内，技术或制度的创新得以有其必要的土壤，而创新的实现也就意味着因创新而新增加的产品或劳务都能够顺利地完成交换，从而实现个体或组织开展其活动的目标——适应环境。因此不妨认为，在现存制度或技术的弹性空间内，市场促进个体或组织对较高专业化水平的选择，从而经济系统内也就衍生出新的就业岗位。

但不能否认的是，制度或技术的弹性空间是有限的，如果随着个体对技术或制度的创新追求，而这种创新行为所产生的累积性结果超出了市场网络中现存的制度或技术，那么分工与就业岗位的创造之间就出现了矛盾。此时市场限制了经济系统中就业岗位的创造，因为较高水平的专业化生产结果——新增产品并不能通过市场来完成交换，从而现有的工作岗位不能被进一步分解，工作岗位的数量也不会增加。

经济系统分工与专业化演进所产生的结果——产品新增加量不能完成交换，原因在于市场网络中所运行的交易技术或交易制度的阻碍，因而需要对此进行必要的创新。为保障市场对创新的促进，有必要在两个层次上进行。首先是对市场网络中现存技术或制度进行创新，以实现处于分工网络中的个体或组织因创新而产生的产品净增量，顺利地通过市场交换，实现适应环境的目的。而第二个层次的创新更为重要，那就是需要对创新机制的创新，如果创新机制（作为一种对外部环境刺激的反应过程及方法）的创新能够完成，无论是在市场网络系统中，还是在经济系统的分工与专业化演进过程中，个体或组织能够对外部环境的刺激产生足够的灵敏，及时做出必要的反应，从动态演变的角度来看，个体或组织都能够有效地进行技术或制度的创新，改善适应状况。具体到市场生长与就业岗位的创造之间的关系来看，如果市场网络系统中的个体或组织能够不断有效地进行交易技术或制度的创新，不断地增加现存交易技术与制度的弹性空间，以最终实现市场网络的生长与经济系统中个体或组织对更高专业化水平保持同步的协调，那么市场与就业岗位的创造两者之间的矛盾就可以解决，实现市场无论在什么情形下都能够促进经济系统中就业岗位的不断创造。

二、城镇经济的专业化演进与就业创造

从城镇聚落的演变路径来看，乡村是城镇发育的起点，随着分工与专业化的演进而导致剩余产品的增加，致使交易场所的凸现，然后是以商品交易为主的市镇的出现。随着从农业中分离出来的手工业在市镇的出现并逐步集中，市镇的生产功能得到增强，从而市镇演变成为城镇，城镇服务业开始出现。随着分工机制在经济系统中的网络化及其发育，城镇原始工业过渡到现代工业，城镇的生产功能进一步得到加强，与此同步的是城镇服务业的发育，城镇演变成为城市。随后第三产业的发育导致城市经济结构中其所占比重日益增加，而第二产业呈现下降趋势，此时城市分别演变成为大城市、特大城市以及城市群。从聚落的演变路径来看，市镇及城镇与乡村之间的经济联系是较为紧密的。从农村劳动力就业的角度来看，所拥有的专业化知识水平与占据市镇和城镇分工网络中的节点所要求的专业化知识水平存在着较好的一致性。农村劳动力比较容易在市镇和城镇找到能改善适应状况和水平的就业岗位（分工网络中的节点），不能否认在各级城市经济部门也能占据与其拥有的专业化知识水平相对应的节点，如各种城市居民服务部门、需要专业化知识较少的建筑行业等。

（一）产业链在城镇空间内的生长与就业岗位的创造

农业产业链的延伸表现为从生产到最终消费之间生产环节的增加，也就是阿伦·扬格所谓的“生产迂回程度的增加”，而从就业岗位的创造来看，生产迂回程度的增加实际上意味着新就业岗位的创造。在企业层面上，表现为新企业或经济组织不断加入从生产到消费之间的环节，而经营活动则遵循专业化分工的原则，即每一个企业只是参与从生产到最终消费之间的某一个环节。为了实现农村劳动力在城镇的就业，农业产业链能否正常生长，农业企业在城镇空间里能否占据分工网络中较为满意的节点就非常关键。

一般而言，城镇农产品加工企业所需要的各种物质性条件是能够得到满足的，如农产品加工需要的机器设备、土地以及资金等。但有两方面的条件可能制约着企业的经营活动，其一是涉及企业开展正常的经营活动所发生的各种交易活动能否顺利完成，交易效率和交易成本的改善是否在农业企业所能承受的范围之内；其二是城镇农产品加工企业开展经营活动所需要的人力资源是否能满足其生产需要，包括人力资源的数量和质量都必须满足企业正常经营活动之所需。一般来说，交易效率和成本的改善可以比较容易实现。

根据分工网络发育的阶段性，可以依据经济势能值的高低分为三个层次。第一个层次是指农业产业内的分工网络，经济势能值较低；其次是工业产业内的分工与专业化网络，势能值高于第一层次；最后一个层次是第三产业内的分工与专业化网络，也是势能值最高的一个层次。势能值的高低与个体或组织的适应环境的能力或状况呈正相关，高的势能值对应着高的适应环境能力或水平，反之则适应环境能力较低，所以对已经在城市分工网络中占据节点的个体而言，是不会回到势能值较低的城镇经济部门就业。即使是在城市经济部门就业的个体完全拥有农业企业生产所必需的各种专业化知识，也不可能成为城镇农产品加工企业的员工。这种现象类似于“水不能向山上流”一样，是一种规律性的表现。这样城镇农产品加工企业所需要的人力资源只能在经济势能值相等，或者是低于城镇的乡村地区去寻找。城镇农产品加工企业被迫面向农村地区寻找企业员工。但农村劳动力能否具备相应的知识水平（专业化知识的拥有程度）？

从劳动力需求的角度来看，农产品加工企业所需要的各种专业化知识相对于城市部门企业而言是较低的。首先，加工所用的机器设备一般而言操作比较简单，在经过短期的培训之后，基本上可以进行正常的操作；其次在农产品收购方面，所需要具备的交易方面的知识也有限，原材料运输方面也可以经过适当的培训就能够掌握相应的专业化知识；最后在产品销售方面，农产品在经过精细或粗糙加工之后，进入市场网络流向城市生产者或消费者，在这方面可能需要一定量的专业化知识才能胜任。城镇农产品加工企业生产经营活动中，除了销售环节需要较多的专业化知识外，其他环节都可以不必具备较高的专业化知识开展正常的经营活动，而且企业在聘用专业化知识水平较低的农村劳动力时，可以只支付与其所需要的专业化知识水平相对应的工资，而在销售环节则可以聘用具备较高专业化知识水平的个体。从需求方面来看，城镇农产品加工企业所需要的专业化知识水平是较低的。

从劳动力供给的角度来看，农村劳动力所拥有的专业化知识主要表现在农业生产方面，对农业生产的每一个环节都有一定量的技能和技巧的积累，这种积累一方面来源于周围老农的经验传授，更多地来自生产实践的总结，各种农民组织的协会、技术推广组织也是获取生产知识的渠道。农村劳动力的专业化知识拥有量是比较大的，关于农业生产的知识表现为量多而面广。一般来说，学习和使用各种专业化知识具备的基础科学知识是不够的。有必要说明的是，“干中学”和“熟能生巧”的机制对进入分工网络中的任何个体而言都是有效的，因而农村劳动力在经过适宜的技能培训之后，能够拥有一定量的专业化生产知识。农村劳动力对农业生产的各环节拥有一定量的专业化知识，而缺乏一定的基础科学知识，通过培训也可以获取相应的专业化知识。通过使用所获得的专业化知识，如在城镇企业部门就业，可以实现适应环境能力或状况的改善。

从劳动力的供给和需求两方面的特征来看，农村劳动力具备一定的学习能力，而城镇农产品加工企业以各种较为简单的专业化知识需要为主，农村劳动力进入农产品加工企业是双方都能接受的选择。

（二）城镇服务业的发育与就业岗位的创造

城镇第三产业主要包括流通部门，如交通运输及仓储业、商业（批发零售业）等；城镇生产生活服务部门，如金融服务业、房地产业、居民服务以及各类技术咨询服务等；科教文化卫生部门，如教育、科学研究、文化、卫生、广播电视以及社会福利事业等；社会公众服务部门，如国家及政党机关、军队和警察、宗教组织、社会团体及国际组织等。农村劳动力的专业化知识特点以及“干中学”和“熟能生巧”机制的作用，将城镇第三产业各部门按照所需要的专业化知识水平的高低进行排序，农村劳动力专业化知识水平的特点后，从理论上认为，城镇流通部门和生产生活服务部门最有可能成为农村劳动力就业的部门。

在流通部门中，交通运输和批发零售业是农村劳动力最有可能首先进入的就业领域。对于进入交通运输业就业的个体而言，所需要的专业化知识仅在于车辆驾驶的知识和各种交通方面的法律法规，而车辆驾驶的经验以及交通法律法规的熟悉都可以通过“干中学”和“熟能生巧”而获得，所以进入交通运输部门就业所需要的专业化知识是可以在经过适当的培训之后获取的。至于商业批发零售业，实现就业所需要掌握的专业化知识在于对交易知识的了解程度。对只拥有农业生产方面的知识，且缺乏一定的基础科学知识的个体而言，开展批发零售方面的经营活动虽然有一定的进入门槛，但同样也可以在经过各种职业学校的培训后，拥有批发零售方面的基本技能，从而实现就业。在城镇生产和生活服务部门中，除了金融服务以及各类技术咨询部门需要经过长期系统的学习和培训外，其他部门农村劳动力都可以进入，原因还是在于这些就业岗位所需要具备的专业化知识水平，相对于农村劳动者的知识水平及学习能力而言，并不是特别难以获取。如房地产业和家政服务业等，家政服务的内容实际上就是日常生活中的一些活动，如保姆、各种家务钟点工等，所需要的各种专业化知识一方面可以通过家政学校的培训而获取，而事实上更多的是通过这些日常活动来积累有效的经验和技巧。至于房地产业中建筑业而言，更多的是需要较为强壮的身体，而生产方面的各种知识并不是特别难以获取，所以农民建筑工在全国建筑行业中所占的比重是很大的。

总体而言，城镇第三产业中那些不需要具备较多专业化知识的行业，可以成为农村劳动力就业的主要渠道。从动态的观点来看，一旦农村地区的个体成功占据分工网络中的节点，随着专业知识的积累，又可以进入到需要较多的专业化知识的行业中实现就业。这种个体就业岗位的变化，从宏观上看，原来的岗位就可以被经济势能值较低的个体来占据，从而实现社会总体的适应状况的改善。这种现象类似于物理学中电子在获得能量后在各能级轨道上的跃迁。

（三）城镇市场发育与就业岗位创造

城镇的市场网络功能之于农村劳动力就业的意义，主要表现在两个方面。其一是通过城镇市场网络的“产品转化器”功能，使分工网络中的个体可以顺利完成各种交易活动，从而改善适应环境的能力或状况，本质上是市场交易效率和交易成本的改善，这是市场网络的静态功能。随着城镇市场网络的发育，交易效率和成本将得到进一步的改善，而且不断有使用新技术生产出来的新产品在进入市场网络，不断有新的交易中介组织的出现，意味着市场网络的发育可以促进专业化分工的演进，从而延伸了产业链。总体而言，城镇市场网络的发育有效地促进了产业链的延伸，创造新的就业岗位，而且城镇经济系统内所创造出来的就业岗位，并不需要很高的专业化知识就可以实现就业。另外，农村地区的个体可以通过各种职业学校的短期培训，获取相应的知识，在实现就业之后，专业化知识的积累机制就开始产生作用，这样就可以通过生产经营实践活动积累到更多的专业化知识。

城镇市场网络的发育之于农村劳动力就业的积极意义还在于，市场网络内部的分工与专业化演进也可以创造出新的就业岗位。对农村中的个体而言，通过参与城镇市场交易活动而可以获取一定量的关于市场交易方面的知识，对于交易内容（各种农产品）和交易对象有一定的认识，具备了为其他市场交易双方提供各种中介服务的条件，从而实现就业。在经过一定时期的交易实践的经验积累之后，还可以从事更高层级的各种中介服务活动，如我国农村地区的各种专业销售组织等。

总之，城镇市场网络的功能对农村劳动力实现就业方面的积极意义，一方面体现为通过促进城镇经济系统产业链的延伸而创造出新的就业岗位，另一方面，市场网络的发育本身也在创造出新的就业岗位，从而农村劳动力可以实现在城镇经济部门的就业。

三、农村工业化与就业创造

经济系统中就业岗位的创造同分工与专业化网络的发育状况密切相关，本质上分工网络的生长过程就是就业岗位不断被创造出来的过程。在经济系统的分工与专业化网络生长过程中，对“原生资本主义国家”而言，存在着分工与专业化发育的原生环境。从“自发秩序”的演进过程来看，农村工业化源于农村地区原始手工业内部的专业化发育，是分工网络中个体在经过“干中学”和“熟能生巧”的基础上，不断获取新的专业化知识，不断占据分工网络中经济势能值较高的节点，从而不断改善个体的适应状况及其适应能力。经济系统的分工与专业化演进的最原始动力在于个体对适应状况和适应能力的追求，有必要说明的是在分工发育到系统网络之后，存在着系统的自组织现象，这种自组织也是分工网络发育的动力源泉，虽然这种动力依赖于个体经济活动的集合，但与个体经济活动还是存在一定的差距，此时进入或将要进入分工网络中的个体存在一定意义上的被动选择决策，只有个体选择网络中经济势能值较高的节点，才能较好地适应所处的经济环境。所以对个体而言，只是存在选择经济势能值高的还是低的节点，而不存在选择还是不选择的问题。正是在这样的情形之下，经济系统的分工与专业化网络才能不断延伸。对我国农村地区经济系统的分工与专业化发育而言也是同样的逻辑在起作用，也正是分工演进才能不断创造出新的就业岗位。

我国农村工业化进程虽然经过了长期的间断，也仍然是在其间断点继续分工与专业化的演进，所处的环境却并不是“原生环境”而是“次生环境”，即在专业化演进过程中所需要的技术和制度，在一定程度上存在其所处的环境中，而不需要启动“试错—学习”程序，通过学习和模仿就可以获取农村工业化所需要的不同层次的技术和各种有效的制度安排模式，这也就是“后发优势”的内涵。

农村工业化不妨认为只是农村地区经济系统中分工与专业化演进过程的外在表现形式，是分工网络不断生长、农村地区经济结构不断复杂化的过程。从就业角度来看，新的职业种类和就业岗位数量方面的不断增加，分工网络中的节点在不断地出现，分工网络中个体的适应状况不断得到改善。总体而言，农村工业化是一个过程，在产业结构演进的视野里，是新的产业和行业不断出现，网络中个体的货币化收入水平不断增加。

我国农村地区工业化进程中各行业的凸现及其演变可以在分工网络演进的范畴内进行说明。首先在产业这个层面来看，农村工业的起点从农业中分离出来的农村手工业，此时的手工业被称之为“原始手工业”，基本含义是指生产中所使用的动力仍然以人力、畜力、风力以及水力等自然力为主，而不是采用现代工业的机械动力。虽然在二元经济结构的环境里，现代工业的气息还是能够被农村工业所捕捉，现代工业成熟的技术以及与之相适应的制度安排都在不断地敲打着农村工业的大门，物化技术特别是机械动力的引入首先改造了农产品加工业。随着农村家庭联产承包责任制的实施，各种农副产品的产量在快速地增加，从现代工业中引入新的分工技术后的农产品加工企业从而得到了迅速发展，从业人员数量也在不断增加。与此相伴随而出现的产业可能是农村交通运输业，无论是农产品加工企业所需要的原料还是加工完成之后的成品，都需要交通运输业的参与，或者说农村交通运输业是因农产品加工企业的发展而应运而生的。但这仅是农村交通运输业发育的起点，进一步发展还需要农村地区经济系统中其他行业的发育。

农村工业企业是农村工业化的核心。从经济系统分工演进的角度来看，在“原生环境”中发育的工业源自农产品加工的需要，而在“次生环境”中发育的农村工业，可以通过学习和模仿而获取发育所需要的、较为成熟的技术和制度，在此基础上获得了较快速度的发展。机械制造及其加工业出现的最初动力在于为农产品加工企业提供生产设备，但在随后的演变过程中，渐渐地具有了其自身的发展路径，而且是相对独立的演变路径，这就是工业的重化特征。但在我国目前的农村工业化进程中，农村工业的重化特征并不是很明显，可能是农村工业所积累的技术和制度方面的量还尚未达到相应的水平，农村工业与城市工业融合成为一个完整的现代工业体系尚未完成。所以从我国农村工业发展演变的路径来看，外部环境中所存在的技术是发育的营养要素，而且在经过社队企业阶段对现代工业的接触，有效地吸收了现代工业的生产技术，当然这种技术水平是与农村工业起步阶段所需要的技术水平是一致的，正是这种专业化知识水平并不高的要求才能主要地吸收农村地区劳动力中的相对高学历者。

与农村工业企业以及农产品加工企业同步发展的产业是建筑业和交通运输业，对建筑业而言，为农村工业企业和农产品加工企业提供其开展生产活动所必须的场所而得到发展，交通运输企业则引起产业属性而参与到农村工业的每一个行业之中，因而其发展速度也呈现出与工业企业同步的特征，批发零售业的出现最初是因农产品加工企业的发展而获得了快速发展的契机，随着农业企业和工业企业为农村市场提供的消费品数量的增加而增长，所创造的产值以及吸纳的就业人员数量呈现出增长的趋势。

我国农村地区的工业化进程是在特定的环境中发育并不断快速演进。虽然从所处的环境中不断吸收现代工业的技术以及各种有效的制度安排，但发展呈现自身内在的规律性，产业结构演变速度明显要快于“原生环境”中的发育速度，所以技术更新换代的频率也相对较快。从就业角度来看，劳动力密集型在相对较短的时间内过渡到技术密集型是不利于农村地区的劳动力就业。但农村工业的“早熟”在另外一个方面也可能暗示农村地区劳动力就业的渠道之所在，这就是农村地区第三产业发育的滞后性。有效的制度安排可以促进农村地区第三产业的良性发育，而且从专业化知识水平的要求来看，第三产业相对于第二产业而言要低一些，通过短期的学习或培训可以具备相关技能。从解决农村地区劳动力就业的角度来看，通过制定有效的社会经济政策促进农村地区第三产业的发育，成为农村劳动力就业的主要渠道之一。

第四节　城镇经济分工演变与人口集聚

一、经济系统中的分工演变与人口集聚

分工网络的形成及其演变是个体专业化决策相互作用的动态过程，演变的动力在于个体对适应状况改善的追求，个体活动环境的变化使得改善适应状况和提高适应能力成为一种持续性的行为。从就业岗位的创造来看，经济

系统的分工与专业化演进也就是职业种类及其数量不断增加的过程。一般而言，纵向产业链的延伸意味着新的职业种类不断地出现，而横向产业链的生长则预示着就业岗位数量方面的增加。至于影响就业岗位种类和数量创造的因素，则与经济系统的分工与专业化发育水平密切相关。本书认为，个体经济活动环境中的技术和制度是影响就业岗位创造的主要因素。事实上，在行为主体参与经济活动环境中技术与制度的共生选择后，新的专业化职业岗位被创造出来。而每一次新职业岗位的出现总是意味着参与经济活动的行为主体获得更高的工资收入，从而为个体适应水平和适应能力的改善提供物质保障。一般而言，技术进步与制度创新的共生演变孕育了新的职业岗位，而新的职业岗位总是基于原来较低水平的专业化职业岗位。这也就意味着新职业岗位的出现只能是既有产业链条的专业化演进结果，而经济活动的空间集聚即是劳动要素的集聚，呈现出人口集聚的特征。所以，分工与专业化演进将诱发新的、更多劳动人口的集聚。而集聚的动力来自于个体对适应水平和适应能力的持续追求，也是实现适应目标的基本途径。

作为参与分工的行为主体而言，不同的资源禀赋拥有者随着经济系统的分工与专业化演进而拥有的就业机会并不相同。哪些劳动力能够通过集聚实现适应目标则因个体特征。个体参与劳动分工必须拥有与所选择的就业岗位相匹配的专业知识储备（包括显性的专业知识和隐性的专业技能、技巧及经验）。对拥有较高水平专业知识储备的劳动者而言，可以获得更高水平的专业化岗位，而相对较低的专业知识储备则只能获取低水平的专业化岗位，或者可能无法获得专业化岗位而只能从事专业性经济活动，从而与较低的适应水平相一致。如果将职业岗位视为分工网络中的节点，而专业化演进将创造出新的节点，与这些新创造出来的节点最接近的劳动者在“干中学”和“熟能生巧”机理的作用下，积累了新节点所需要的专业知识，于是劳动者将从原来的节点跃迁到新的节点，跃迁后空出来的节点将被最接近这些空白节点、且拥有与节点所需要的专业知识储备相匹配的劳动所占据。跃迁的过程也将体现在所有分工网络中的节点与劳动者的重新匹配，最终将会出现新增的劳动人口集聚。分工与专业化演进是人口集聚的根本原因，也是个体获得满意适应水平和适应能力的主要方式。

二、城镇经济的专业化演进与人口集聚

城镇经济拥有比农村经济更高的分工与专业化水平，因而参与城镇经济活动的劳动者会因此获得更高的工资收入和生存条件，更多机会获取与自身专业知识储备相匹配的就业岗位。事实上，城镇经济的专业化演进所不断创造出来的新的就业岗位和职业种类，是人口集聚的经济原因，也就是农民进城找工作获取更满意收入的主要原因。城镇是农业产业链、工业产业链和市场网络在特定地理空间内相互叠加的结果，三者的发育与农村地区劳动力就业的关系，源于分工与专业化演进所催生出的农业产业链、工业产业链和市场网络的发育创造了新的职业种类和就业岗位。农村地区的城镇化进程仍然能够吸纳一定量的农村劳动力，城镇化进程中所创造出的就业岗位，不仅表现为农业产业链和工业产业链的延伸以及市场网络的发育，三者在特定空间内的集聚所衍生出来的第三产业的凸现及其发育。

城镇经济中源于分工与专业化演进的农业产业化过程表现为农业产业链纵向和横向的延伸，延伸过程就是农业产业就业岗位创造过程，是农户家庭专业化生产决策互动的结果，是技术与制度相互作用的结果，因而技术与制度是影响农业产业中就业岗位创造的主要因素。由于农业属于弱质产业，不仅表现在产品产量和质量更多受到自然因素的影响，而且表现为农业产业分工与专业化演进的先天性发育不良。农业产业链的延伸需要从工业中引入各种机械设备，随着机械设备在农业生产的产前、产中以及产后的使用，必然导致原有产业链（价值链）的重构，从而需要对原有的利益分配制度进行必要的创新，制度创新是农业产业链延伸的必要条件之一。

以分工与专业化演进为动力的城镇工业化表现为产业前后向关联的形成及其一体化的发育，表现为产业链纵向和横向的生长，在工业产业内形成纵横交错且不断生长的网络结构。本书认为，农村工业的发展无论是在技术方面，还是在相应的制度方面，都可以通过启动“模仿—学习”程序来获取，因而可以不断地创造出新的职业种类和就业岗位。虽然农村工业的发展所能吸纳的劳动力数量，在达到一定的峰值后将会出现下降，但不能因此而否定农村工业对农村剩余劳动力的吸纳。随着农村工业的发育，与之同步发育的

农村第三产业开始呈现出加速发展的趋势，从而可以创造出新的就业岗位，成为农村劳动力就业的主要渠道之一。

源于分工与专业化演进的农村地区城镇市场网络的发育与就业岗位创造之间的内在联系，主要表现在两个方面。第一，市场网络的发育（市场中介组织的分工与专业化）可以直接创造出新的就业岗位；第二，市场网络的发育可以促进农村地区分工与专业化的演进，表现为农业产业链和农村工业产业链的延伸，延伸过程也就是就业岗位的创造过程。

三、城镇人口数量的变化

在传统城镇化时期，农业与手工业的分离使城镇经济结构增加了新的专业化，出现了手工业作坊生产和商业活动，从而吸引了一定数量的人口集聚。据赵冈（2006）的研究，周代之城有相当数量的农民居住，还有许多氏族是从事手工业生产的专业氏族，或者是较小的家族单位是工商业者。周代的工商业生产已被正式纳入行政系统，算是政府的一部分。南宋时城市人口不但绝对人口数量上升，占人口比重也缓缓上升，城市人口比全国人口增加快；从人口流向上看，人口有向大都市集中的趋势，大都市的规模迅速膨胀。但南宋后城市化进程陷入停滞，城市总人口绝对量几乎没有增加，而全国总人口则在不断增加而城市人口比例却日趋下降，直到19世纪中叶到达谷底，城市人口比重由南宋时期的22％下降到6％左右。在此期间，城市人口不再向大城市集中，几个大都市的规模都比两宋时期小许多。城市人口反而向农村转移，形成江南地区的众多市镇。赵冈（2006）还认为，估计战国时期城市人口比例约有20％甚至三分之一，人口密度约为12 000人每平方公里。战国中后期，城市人口509万人，城市化率为15.9％。汉唐时期城市人口比重为17.5％，唐天宝十四年总人口5 290万，城市人口比重20.8％。到两宋时，城市居民管理较唐代松弛，坊的围墙在宋初即拆除，人民可自由出入，临街开门，取消了城中住宅区与商业区的严格划分，商人可自由选择地点开设商店，店主及家人晚上可住在店中。县治以下允许设市（唐时禁止，有所谓草市、墟市、步、店等非正式市场），商业市镇开始出现。许多唐及五代军队驻防地点“镇”此时也演变为商业市镇，宋朝官府还在某些大镇派驻常设的商业税征收机关“务”，北宋神宗熙宁十年（1077 年）全国 2 100 多个商税务，866 个商税务设在大型镇。此时的手工业和商业是历史上最发达的时期，人口集聚达到历史最高点。南宋时期（公元 1220 年）临安人口 250 万，全部城市人口比例 22.05%。其中临安内场人口 100 万，城外郊区人口 150 万。南宋以后中国历史上再也没有出现 200 万人口以上的大都市，直到 20 世纪 70 年代中国城市人口比重也没超过 22%。西汉长安城内及郊区人口 25 万左右，唐时也仅增至 60 万左右，清末时西安人口降至 11 万；北宋开封全盛时期城内外人口 140 万之多，到明代最多也只有 37 万左右，1910 年降为 16 万。苏州在金人屠城之前 150 万，明万历时只有 50 万。有关清末城市人口，罗兹曼根据 19 世纪大量地方志，采集 1820 年前后各省城郡市镇的资料，总人口 35 300 万，城市人口比重 6.9%。学者施坚雅估计 1893 年城市人口为 25 538 000 人，1901 年总人口 42 600 万，城市化率 6%。五口通商后，沿海商埠开始近代工业化，一个全新的城市化过程开始了。上海刚开埠时只有 54 万人，1925 年有 250 万，天津 1860 年时 6 万，1900 年为 32 万。

新中国成立初期，我国城市人口规模普遍较小。1949 年末，城市人口共 3 949 万人，其中非农业人口只有 2 741 万人。全国全部城市中非农业人口超过 100 万的城市仅有 5 个，50 至 100 万人口的城市有 7 个，20 至 50 万人口的城市有 18 个，人口少于 20 万的城市多达 102 个。新中国成立特别是改革开放后，城市人口规模持续快速扩大。2017 年末，我国地级以上城市户籍人口达到 48 356 万人，户籍人口超过 500 万的城市有 14 个，300 至 500 万人口的城市有 16 个，50 至 300 万人口的城市达到 219 个，50 万人口以下的城市有 49 个。随着中国经济发展和城镇化进程加快，集聚在城镇的人口数量还将快速增加。

第六章　城镇治理与城镇化

城镇是一个非常复杂的有机系统，多元利益主体的协调与合作有助于城镇生长发育的合目的性。

——题记

第一节　城镇治理的理论基础

一、治理与城市治理的内涵

（一）治理的内涵

“治理”概念发轫于城市环境、交通等相关问题的研究，逐步涵盖企业、国家层面，核心意涵是对单向度“管理”的超越。从管理跃升到治理，体现出治国理政内涵的巨大差异，治理比管理具有多种利益均衡、多元主体共同参与的时代内涵（韩柯子，2022）。所谓治理，是指多元主体相互合作共同解决公共问题和实现公共利益最大化的过程与机制。20 世纪 90 年代初期，治理的内涵增加了权力行使的多元、分散和互动。

20 世纪 70 年代的经济危机，暴露了政府在公共事务协调和公共物品供给方面的问题。私人部门通过市场机制提供部门公共产品而被引入公共部门，公共领域的权力开始为政府与私人部门共享。赫尔特和拉梅什认为，治理是建立、促进和支持政府与非政府行为主体之间的某种特定关系。但 20 世纪 80 年代以后，市场失灵意味着私人部门与公共产品部门之间的鸿沟无法填平。世界银行在 1992 年《治理与发展》和 1997 年《变革世界中的政府》报告中，将“治理”重心再次转移到“国家/政府”上，以恢复国家权威和增强国家能力。但是此时的回归还包含了对政府的问责、监督和公民参与以及要求政府与非政府主体间的协商、互动、合作，在公私之间建立一种伙伴关系。公共权力不再集中于科层组织，而是分散到政府、企业、社会组织和公民个人等参与主体。治理活动可以发生在一国之内，也可以是跨国的（如人类命运共同体的倡议和建设）；或是基于政府的管理活动，也可以是没有政府的治理。治理成为包括各种公共的和私人的机构共同进行集体决策的过程。治理从“主体间转换”到“主体间合作”表明权力是多元的、分散的、互动的，治理是一个以协调为基础、涉及公共部门和私人部门的持续过程。

“治理”概念引入到中国之后形成了与中国政治发展实践相适应的治理含义。在中国，治理明确聚焦于国家或政府这一行为主体以及公权力的积极作用。事实上，中国的改革是一种以政府治理或政府管理体制为重点内容的改革，国家是最重要的政治权力主体。如果没有这个基础，多元主体平等协商就不可能也不现实。中国的治理概念要求政府有治理自身的勇气，有治理市场和社会的能力。中国治理实践中的多元治理主体也是统一的，在党的领导和政府主导下，与广大人民群众协商合作，共同治理国家和社会实现人民幸福、社会和谐、国家富强。可见，任何层级的治理，任何方面的治理都不能脱离国家治理和国家发展的逻辑。

（二）城市治理的内涵

城市治理是指城市政府、社会组织、企业及公民个人等多元主体相互协商合作，共同解决城市公共问题和实现城市公共利益最大化的过程和机制。城市治理是治理理论在城市空间内的运用，关注城市政府、市场和社会主体等如何介入城市治理和影响城市发展。

20世纪50年代以亨特为代表的精英论和20世纪60年代以达尔为代表的多元论分别就“谁统治城市”这一问题提出了自己的观点，形成了城市治理内涵的基本认识。但此时城市治理等同于城市管理。20世纪70年代，城市增长机器理论围绕“治理目的”界定城市治理内涵。基于“增长”目的，市场在城市治理中的积极作用愈发明显，政府权力在某种程度上不过是实现增长的工具。但增长机器所带来的经济增长并非均衡分配给市民，“反增长力量”对城市决策提出挑战。20世纪80年代，城市政体理论将更广泛的群体纳入治理主体，强调公私部门之间的合作关系。任何有利于实现城市治理目标的各方都是治理主体，城市需要地方政府和私人参与者共同管理。进入21世纪，合作治理成为共识，城市治理主体之间伙伴关系的建立涉及中央与地方政府之间、地方政府之间、地方政府与私部门（市场）之间以及地方政府与非营利组织（社会）之间的多方面互动。城市治理是公民个人、组织机构、公共部门和私营部门共同谋划并管理城市公共事务的体制机制的总和，协调多方利益冲突，通过合作行动实现共同目标。

在引进吸收西方城市治理概念的基础上，中国学者形成了自己的共识。广义的城市治理是指一种地域空间治理概念，狭义的城市治理是一种多元主体的治理网络，由城市范围内的政府、私营部门、非营利组织三种组织形态构成。城市治理内涵的界定既要遵循普遍性的治理原则，也要考虑地方政府的文化传统。总体而言，城市治理是指实现城市公共利益最大化的过程，需要各利益相关方通过开放参与、平等协商、分工协作的方式形成城市公共事务决策，被认为是一种空间资源的生产与分配，政府正是通过对各种形式空间的“生产”与“再生产”来重构国家与社会的关系。

二、城市治理理论

城市治理理论关注多元利益主体之间的协商合作，有助于参与主体合理权益的实现和社会公共利益的最大化。探讨在多元利益追求和权益分配日益复杂的经济社会运行过程中，如何通过中央政府、地方政府与市场、社会组织和公民个人等非政府组织的互动，研究公共权力在多元主体间的分配状况和运行机制，实现城市社会的有序运转和公共事务的有效应对。有学者认为，城市治理理论是政府失灵和市场失灵的理论探索，以便找到应对城市危机的解决办法，而多元主体共治正是这一探究的成果。城市治理理论从形式上看，源于“谁来治理”的探索，继而探寻“如何治理”，从内容上看则是研究城市权力在政府、市场与社会之间的配置和运行机制。目前主要有多中心治理理论、元治理理论和参与治理理论。

多中心治理理论强调市场自发秩序的运行对城市权力结构的影响，特别重视多元主体的公私合作伙伴关系，从单一垂直控制转换为多个利益主体间的讨价还价，每个权力中心基于自身的利益和关切作出自己的决策，但又没有任何一个权力中性能够对最终决策施加强制性影响，最终实现城市治理相关的个人利益和权益以及公共服务的最大化。政府、企业、社会组织、公民个人等作为城市治理中的平等主体，基于相互信任而相互协作共同治理城市公共事务。元治理理论特别强调城市治理中各参与主体的权力划分的不平等，据此判断政府应该居于主导地位并促进主体间协同合作。事实上，城市政府在治理实践中拥有随时收回权威的权力，其他治理主体实际是在科层制官僚制系统的阴影参与公共事务治理，而且缺乏强有力政府的治理可能会导致公共事务危机。参与式治理理论强调以公民为主体的城市社区自治，重视以直接参与方式实现对城市公共事务的自我管理。该理论要求参与者具有自主性和实质性，是本质意志而不是假性参与和无效参与。参与式治理可强化城市居民的认同感和归属感，体现公民权利和赋权的过程。

总体而言，城市治理理论主要关注政府部门、私营部门和非营利组织三个主体之间的公共权利分配和运行机制，涉及政府、市场与社会三个维度，形成了中央与地方政府、政府与市场、政府与社会三对关系的互动。中国城市治理有别于西方国家，中央政府拥有城市治理的强影响和市场宏观调控能力等，但源于西方城市治理理论的基本内核不失为我国城市治理理论的建构和发展的理论资源。王佃利等（2009）指出，中国城市治理模式经历了从城市管制模式到城市经营模式，再到城市治理模式三个阶段。事实上，中国当前城市政治经济的研究还是基于国家、市场、社会三元结构关系及其发展演化的理论视角所主导，涵盖市民参与、完善市场运行机制、政府改革和政企合作等方面。

表 6-1　城市治理模式中的政府、市场与社会

政府	市场	社会
政府机构	私营部门	非营利组织
公共权力	资本权力	社会权力
公义与秩序原则	利润与效率原则	自主参与原则
元治理	多中心治理	参与式治理
城市权力结构理论/传统区域主义（政府主导）	城市增长理论/城市政体理论/公共选择理论（市场逻辑）	城市治理理论/新区域主义（社会力量被纳入）
管理模式（政府）	经营模式（政府与市场）	治理模式（政府、市场与社会）

三、习近平关于城市工作的论述①

习近平总书记有关城市工作的论述，主要包括城市治理新理念、城市治理内涵、城市治理体系建设以及城市治理方式创新四个方面。

首先是必须具备城市治理的新理念。新理念主要包括以人民为中心、问题导向、持续创新以及治理重心在基层等方面。以人民为中心是有中国特色城市治理的根本价值取向。习近平总书记在中央城市工作会议上指出，城市工作做得好不好，老百姓满意不满意，生活方便不方便，城市管理和服务状况是重要评判标准。习近平城市治理的核心理念深深植根于马克思主义的基本立场，即人民立场。因此，中国特色的城市治理必须针对影响城市安全、制约发展、群众反映强烈的突出问题，有效治理城市病，跨越中等收入陷阱，真正实现城市让生活更美好。

其次是要明确城市治理的内涵。习近平总书记指出，市民是城市建设、城市发展的主体。只有让全体市民共同参与，把市民和政府的关系从管理者和被管理者转变为协商合作关系，才能真正实现城市共治共管、共建共享。据此要尊重市民对城市发展决策的知情权、参与权、监督权，鼓励企业和市民通过各种方式参与城市建设、管理。因而需要转变传统的城市管理思想，

① 此处有关内容来源于中共中央党史和文献研究院编辑的《习近平关于城市工作论述摘编》。

从单一的行政管理和行政执法过渡到综合运用系统治理、依法治理、源头治理多种方式，综合施策。广泛发动市民、社会组织、基层社区和企业等多种主体积极参与，共同实现城市共治共管、共建共享。

再次是构建完整的城市治理体系。习近平总书记认为，城市管理工作和城市社会治理工作相互交叉、相互融通。这个特点越到基层就体现得越明显。完善城市治理体制就是要在党组织领导下，在政府相关制度和项目经费激励下，培育基层社会组织，调动市民积极参与，以治理项目为载体，通过决策共谋、发展共建、建设共管、效果共评、成果共享，共同改善城市秩序和环境。

最后是要持续创新城市治理方式。依法治理是创新城市治理的基础和前提。习近平总书记指出，创新社会治理关键要提高城市治理整体能力，要强化依法治理，善于运用法治思维和法治方式解决城市治理顽症难题，努力形成城市综合管理法治化新格局。智能化管理是推进模式创新的重要技术手段。习近平总书记指出，要强化智能化管理，提高城市管理标准，更多运用互联网、大数据等信息技术手段，推进城市治理制度创新、模式创新，提高城市科学化、精细化、智能化管理水平。精细化管理是提升城市管理效能和城市品质的必然要求，体现城市治理专业化。习近平总书记指出，坚持以人民为中心的发展思想，着力推进社会治理创新，使超大城市精细化管理水平得到提升。共建共治共享是实现城市治理社会化的基本途径。习近平总书记在中央城市工作会议上指出，要坚持协调协同，尽最大可能推动政府、社会、市民同心同向行动，使政府有形之手、市场无形之手、市民勤劳之手同向发力。鼓励企业和市民通过各种方式参与城市建设、管理，真正实现城市共治共管、共建共享。

第二节　新中国城镇治理实践及经验

中国共产党在七届二中全会上提出，党的工作重心要由农村转移到城市，必须要用极大的努力学会管理城市和建设城市。为加强城市管理和解决城市发展中的问题，党和政府先后于1962年、1963年和1978年召开城市工作会议。改革开放后，城镇化进程经历了世界上速度最快、规模最大的发展时期，多数城市发展显著，还出现了一批特大型、超大型城市和城市群。2015年的中央城市工作会议指出，城市是我国经济、政治、文化和社会中心，要深刻认识城市在我国经济社会发展、民生改善中的重要作用，会议推进了新时期城市治理工作（徐顽强等，2019）。

一、新中国城市治理实践

1949年以来，党和政府选用的城市管理和治理方式方法和政策工具，在不同的经济社会发展时期有非常大的差异，为更好梳理城市治理的中国经验，下面将按照经济社会发展情况从四个阶段树立中国城市治理实践。

（一）城市功能恢复与发展时期（1949～1978年）

建国初期，城市主要服务优先发展工业、特别是重工业，尽快实现国家的工业化。毛泽东在中共七届二中全会上指出，从接管城市的第一天起，就要努力实现城市的生产恢复和发展。政府对城市及城镇居民全部实施计划经济的“统管统包”政策，以“户籍”为载体，对城市中的各类生产生活要素如住房、粮食、燃料等进行集中管理，对城市学校、医院、就业分配、居民养老等公共服务实施统一计划管理，严格约束城市资源的获取及使用方式（韩柯子，2022）。

这一阶段城市治理的主要模式是“街居制”和“单位制”。1954年全国人大一届四次会议通过市街道办事处组织条例和市居民委员会组织条例，从法规层面对街道办和居委会的概念职能予以明确，两者共同奠定了中国城市治理的底层框架。在城市政权组织延伸到街道的同时，党组织领导的包括工会、妇联等群众组织逐渐发展起来，自发形成基层群众自治组织——居民委员会（牟春雪，2019）。在街居制发展的同时，伴随“军管会”模式演变而来的“单位制”进入基层政权领域，随着公私合营及社会主义改造，城市生产的市场主体均以转换为国有企业，将城市中绝大多数人口的生老病死几乎全部囊括，成为20世纪中期至结束的主要城市治理模式。经过三年社会主义改造和

“大跃进”运动，我国确立了社会主义计划经济体制，同时也确立了基本的单位制度。城市居民完全被纳入单位体制中，街道办事处和居民委员会的作用逐渐弱化（韩柯子，2022）。1966 至 1976 年的“文化大革命”进一步强化了单位在城市社区中的地位和作用，城市社区组织更趋削弱。街区权力都转移给了城市单位，城市基层社会治理的权力在单位之外呈现出真空的状态。

（二）“单位制”解体和“街居制”完善时期的城市治理（1978～2002 年）

改革开放后，在户籍制度改革的推动下，城市活力得以激发，城市规模迅速扩大，知青和干部返城和农民工进城使城市人口迅速增加，城市基础设施建设迅速开展。同时，国家开始推行地区改市、县改县级市、地级市直管县等重大制度改革，城市数量迅速增加，仅 1983～1998 年全国新增 100 多个地级、县级城市（韩柯子，2022）。

改革开放使市场资源配置从“基础性”演进到“决定性”，单位不再是资源配置的主要方式，单位所承载的经济社会功能逐步弱化，个体对单位的依赖逐渐减弱，消弭了体制内与体制外的差距，实现了基本平等。社会主义市场经济体制下私营企业迅速壮大，培育出诸多新的以公司为核心的单位组织。彼时的单位逐渐变换为公司企业一类经济组织，将基于市场机制而成为城市治理的重要主体。

十一届三中全会之后，对街道办事处的职能与机构设置进行多次调整，街居体系得到恢复和发展（牟春雪，2019）。1980 年，全国人大重新颁布实施《城镇街道办事处条例》《居民委员会组织条例》，街居制度有了新的功能。为缓解返城知青的就业压力，街道开始创办生产和生活服务实体，城市街道办不仅形成了党群、行政两大序列机构，还承担经济管理职能。随着城市经济体制改革的展开，街道办承担的职能远远超出规定的范围。1989 年颁布的《城市居民委员会组织法》规定，居民委员会是居民自我管理、自我教育、自我服务的基层群众性自治组织。基于属地管理的要求，街道办和居委会成为单位转移职能的承接主体，作为自治组织的居民委员会承担了大量行政事务。1986 年，民政部为推进城市社会福利工作改革，提出“社会福利社会办”，争取社会力量参与兴办社会福利事业。1987 年，民政部首次提出在城市开展社区服务，社区概念第一次在政府管理中被提出。1991 年，民政部要求，社区建设要依托社区力量、利用社区资源、解决社区问题，在各省市引起强烈的反响，社区制进入人们的视野。1998 年国务院将民政部基层政权建设司改建为基层政权和社区建设司，社区建设在全国铺开。民政部选择在北京、上海等城市设立 26 个“全国社区建设实验区”，总结了上海模式、沈阳模式等地方特色的基层社会治理模式。2000 年，国务院办公厅转发民政部《关于在全国推进城市社区建设的意见》。2001 年，社区建设进入国家“十五”发展纲要。之后，为理顺政府、市场与社会的关系，陆续出台了一系列政策，并在十六届四中全会上提出了社会管理创新的要求，对健全社会组织、推进社区建设等工作进行全面部署。

（三）城镇公共事务治理摸索时期（2002～2012 年）

随着中国特色社会主义市场经济体制的逐步建设，城市经济得到了持续的高速发展，但以经济发展为中心的城市发展思路也产生了很多包括环境污染、交通拥堵以及城市水患等城市社会问题。在此期间城市政府部门进行了一系列的治理探索。

十六届三中全会提出“以人为本”和统筹城乡发展治理策略。十七大提出“党委领导、政府负责、社会协同、公众参与”的社会治理方针。中央政府的顶层设计为城市治理提供了新的方向和要求。在此期间，城市治理放弃“行政命令”的管理方式，开始主动与城市社会组织、市民、企业等各类城市主体的沟通、协商与对话，管理精细化、服务人性化逐步成为城市政府公共服务的基本要求。在此基础上逐步开展服务型政府建设，2005 年正式提出努力建设服务型政府，强调“以人为本”“执政为民”是服务型政府的核心理念，为解决街道办和居委会职能错位、越位及政府公共管理服务缺位指出了方向。通过服务型政府建设，城市基层治理呈现出“职能聚合、服务精细、联动统管”的特点。2007 年，党的第十七次全国代表大会将我国社会管理体制改革上升到制度化建设的高度。十八届三中全会提出了推进国家治理体系和治理能力的现代化的总目标。

（四）新型城镇化战略提出以来的城市治理（2012 年至今）

党和政府为了从战略层面理顺城市社会经济发展过程中出现的根本性问

题，十八届三中全会对推进国家治理体系和治理能力现代化的部署和《国家新型城镇化规划（2014—2020年）》的实施，特别是2015年，习近平总书记在中央城市工作会议上提出要坚持以人民为中心的发展思想，坚持人民城市为人民的重要论断，意味着我国已经进入“以人民为中心”的新阶段。2017年，中共中央、国务院发布了《关于加强和完善城乡社区治理的意见》，要求提升城乡社区治理法治化、科学化、精细化水平和组织化程度，促进城乡社区治理体系和治理能力现代化（牟春雪，2019）。

十八大以来，在城市治理中不断增强党的影响力、基层党组织的凝聚力。以城市“大党建”引领城市“大治理”，将党的建设覆盖到流动人口、非公经济组织和社会组织中，与城市“网格化”治理共同实现横向到边、纵向到底的城市治理全覆盖。综合采用协商、合作、沟通等方式，实现党的意志、主张、政策、理念、机制与各类城市主体的利益形成最大共识，推动形成“共建、共商、共治与共享”的“多元治理”结构。随着我国社会主义基层民主的发育及多元文化、多元自治形态的拓展，街道办剥离了招商引资和经济发展功能，全面转向社会管理。在新冠疫情防控中社区发挥不可或缺的基础保障和服务功能，社区的作用及价值也在逐步重构，正朝着满足全体城市市民社会心理认同、增强市民认同感安全感、激活社区“自组织”功能的方向演进。

这一阶段城市发展与治理主要包括以新型城镇化为引领，加速推动人口向城镇集聚；强化党建引领，推动社会组织、市民、公益企业以自治、法治、德治方式参与城市共建共治共享；运用现代新兴技术，推动智慧城市、宜居城市、绿色城市、创新城市、韧性城市协同发展，进而逐步实现“人民城市为人民”的目标（韩柯子，2022）。城市治理的最高目标是实现以人民为中心的共建共治共享。

二、城市治理的中国智慧

中国经济社会进入高质量发展阶段后，城市从一个“三维空间”变成“多维空间”，从一个传统的“内部参与”到“内外共同参与”的复合主体。面对错综复杂的百年未有之大变局，需要在不断总结中国城市治理实践经验的基础上，提炼具有中国特色的城市治理理论，实现社会主义现代化强国的建设目标。

（一）坚持以人民为中心的城市治理价值观

以人民为中心是城市发展和治理的价值原点（韩柯子，2022）。以人民为中心始终是中国共产党指引城市发展和治理的根本立足点，从“全心全意为人民服务”到“三个有利于”，从“三个代表”到“以人为本”，再到“以人民为中心”，充分体现了人民的中心性地位。党和政府始终坚持以人民为中心，坚持问需于民、问计于民，把工作重心落到人民群众关心的问题上。历史已经证明，也必将继续证明只有在中国共产党的领导下充分调动城市各方利益主体的参与积极性、主动性，才能凝聚城市发展和治理的最大共识，才能激发最大的创造力，才能切实推进城市高效能治理，实现整个社会利益的最大化。

城市的人民性是城市治理人民性的基础，也是城市美好生活的基础，这也是新时代城市治理的新要义（董慧，2021）。上海的城市治理是超大型城市治理实践的成功典型，而坚持城市治理为人民的原则是其成功的关键原因。无论是人口管理、公共服务还是顶层设计、政府能力建设、市民参与、安全保障、风险化解，抑或是基层社区治理、垃圾分类、居住空间规划建设、城市交通布局、公共空间资源配置、生态环境整治等方面，都充分体现了将人民作为城市治理的价值原点、目标和归宿，关注人民的需求和利益、权利和福祉。北京市政府坚决贯彻以人民为中心的治理原则，致力提升人民的蓝天幸福感，采取综合施策治理城市空气污染。北京市蓝天工程因为有全民参与、清晰目标、全面系统计划、科学有效方法，最终在大气污染全面综合治理上打赢了攻坚战，形成了大气污染治理的北京模式。

（二）城市经济社会高质量发展是最高目标

城市发展与建设是一个长期的过程，涉及生产、生活、生命和生态等多领域，从中国共产党领导人民开展城市发展与治理的历程来看，推进城市治理现代化、建设人民满意的城市，必须坚持系统思维，处理好短期与长期的关系、局部与整体的关系、历史与现代的关系、建设与管理的关系、城市生命生产生活与生态的关系，实现高起点规划、高品质建设和高效能治理，最终实现高质量发展（韩柯子，2022）。

事实上，完善与提高城市治理现代化能力和水平，创造市民满意的高品质城市生活，离不开经济的高质量发展（董慧，2021）。高质量发展既是增量的发展，更是经济结构优化升级和质量提升的发展。我国城市治理高质量发展主要体现在城市群治理上。城市群是城市化发展到较高阶段才出现的城市空间组织形式，是多个城市的高度一体化。城市群规划与建设需要有区域性的治理模式，这种治理要求以高质量发展为最高目标。粤港澳大湾区城市治理实践中，经济增长、国土空间规划、产业结构布局调整与优化、民生服务改善与提高、政府管理创新等方面表现出新活力。粤港澳大湾区是世界级的湾区，代表着中国特色社会主义城市群发展道路。湾区孕育于珠三角城市群，但又超越珠三角的空间格局与发展阶段，联通两种制度，以开放、多元和创新的新时代治理理念，成为带动我国东南沿海、辐射东南亚各国发展的高速引擎，用独特的发展模式和治理方式诠释世界级城市群治理的中国特色和实践经验。高质量是以高新技术产业为支撑的高质量。城市群的治理，发挥着科技创新的引领作用，提升了粤港澳大湾区科技创新能力，全力打造国际性科创高地。并且注重大力发展互联网产业、智能制造业、文化创意产业、新型金融产业、现代物流产业、新材料产业等支柱产业和战略新兴产业，超前部署大健康产业、航空航天产业、人工智能产业等未来产业，建设全球领先的世界级高新技术产业集群，发挥大湾区科技创新成果快速转化的优势。高质量，也是保障人的生存、提升人的发展。大湾区区域治理的本质是以一种共同体的形式为湾区内的居民提供更好的生存环境、发展条件，从而带动湾区周边人民发展。城市群的治理最根本的是要坚持以人为本的治理理念，构建命运与共、共建共享的命运共同体。

（三）兼收并蓄、与时俱进是中国特色城市治理模式的重要途径

中国共产党带领全国人民积极探索，与时俱进，兼容并蓄初步形成具有中国特色的城市治理模式（韩柯子，2022）。治理理念方面，逐步从城市管理控制向社会管理继而向社会治理转变。治理主体方面，实现了从政府一元化

管理向政府、社会、市民等多元主体共建共治共享转变。治理方法方面，逐步从“头痛医头、脚痛医脚”的分散型治理向系统性治理转变。治理手段方面，逐步从单纯行政手段向综合运用多种手段转变。运行状态方面，逐步从高度追求社会稳定向活力与秩序协调并存转变。中国特色城市治理实践都是在中国共产党在坚持以人民为中心的同时，根据不同历史时期城市经济社会发展的特征及其矛盾变化，创新治理理念、与时俱进、兼容并蓄，优化和调整城市发展和治理策略而逐步形成的。

（四）充分运用现代技术手段助力城市治理

大数据、人工智能时代，智能化成为促进和实现城市治理体系和治理能力现代化的重要助推力量（董慧，2021）。伴随着信息技术革命的推动和全球化进程的不断加深，物联网、云计算、大数据、区块链、5G等新技术正在深刻改变着经济社会生活的每一个方面，城市治理进入了数字化、网络化、信息化和智能化时代。智能化应涵盖城市治理的智能感知、智能计算、智能预测、智能决策与智能服务，技术智能化是城市现代化治理的重要工具与条件，也代表着城市发展的文明程度。要求在技术上最大限度地打造城市信息化及其应用，运用数字信息技术及智能化技术汇集、理解人民生活的日常需要和面临的问题，着力为老百姓提供便捷美好的智能生活。智能化既表现在城市的数字化建设上，海量数据为城市管理者制定针对性的政策提供了资源，政府信息公开为公众的信任、对政府数据的利用进而激发其参与治理的热情奠定了基础，还体现在城市交通、公共安全、医疗卫生等众多应用场景中大数据不断地被拓展，形成整合性的、自动性的、主动性的智能化数据，开发出智能化的解决方案。科学运筹城市三元空间，巧妙汇聚城市市民、企业和政府智慧，优化发展城市经济、建设和管理，持续提高城市发展与市民生活水平，更好地服务市民当前与未来。信息技术的发展是智能的重要支撑，智能城市的重要基础在今天主要表现为人工智能，智能城市突破了传统产业和生活的二元空间，主要面向城市建设、城市公共服务和城市基础设施建设的智能化。这样的治理模式需要政府、市场和公民社会等多元主体携手合作、共同参与，从而构建多层次、多样性的AI治理模式。如果将AI时代的治理模式看作是治理理念的最新实践指向，那么AI治理模式在城市治理中的实践，就是将城市发展的每一个侧面以数字化的形式进行收集、处理和分析。分析数据覆盖的全面性和多样性及其呈现出来的特征，精准推进城市规划、建设、管理、运营等生命周期的智能化和智慧化。数字化为智能化提供基础资料的支撑，智能化则为智慧城市提供功能性方面的支持，只有以人为中心的智慧化才能真正彰显现代城市治理的本质性目的。

第三节　城镇治理现代化

一、城镇治理现代化面临的挑战

（一）治理体系和治理能力建设是一项长期而艰巨的任务

党的十八届三中全会将国家治理体系与国家治理能力相提并论，把推进二者的现代化作为全面深化改革的总目标。习近平总书记指出，推进国家治理体系和治理能力现代化，就是要适应时代变化，既改革不适应实践发展要求的体制机制、法律法规，又不断构建新的体制机制、法律法规，使各方面制度更加科学、更加完善，实现党、国家、社会各项事务治理制度化、规范化、程序化。要更加注重治理能力建设，增强按制度办事、依法办事意识，善于运用制度和法律治理国家，把各方面制度优势转化为管理国家的效能，提高党科学执政、民主执政、依法执政水平。国家治理体系和治理能力现代化包含制度、民主、法治等核心要素。推进国家治理体系和治理能力现代化，应推动国家制度体系建设，大力发展社会主义民主，积极实行依法治国（邹谨，2017）。

要实现城市治理体系和治理能力现代化面临着理论和实践两方面的困难。在理论研究方面，城市治理体系是维系城市有机体正常运转的制度体系，涵盖经济、政治、文化、社会、生态等体制机制等方面，是研究城市治理体系和治理能力现代化的最新最前沿，这一课题十分宏大，有待国内专家、学者深入严谨的研究。只有在理论上理清楚城市治理体系和治理能力的科学内涵，才有可能为后期的建设提供坚实的基础。在治理体系和治理能力建设方面，涉及城市社会的每一个方面，既包括城市政府的机构职能改革创新，也包括企业组织、社会团体和公民个人的多元化权益诉求。特别是治理能力建设方面，不仅需要政府首先提高自身的治理能力，还需要主导城市社会治理参与主体治理意识和治理能力的现代化建设。城市公共事务治理还将面临复杂多变的各种新情况、新问题，也需要在不断地试错、学习中总结提炼实践经验。

（二）对城市社会演变的机理还有待进一步探究

城市是一个复杂自适应的有机系统，按照传统系统论的观点无法解决城市社会发展中的各种事务。那种“头疼医头、脚疼医脚”的工程技术方案，在城市治理实践早已得到验证，无法从根本上解决城市发展所面临的问题。要充分理解掌握城市社会运行机理，需要在方法论方面进行彻底的创新。运用那些可以解释城市社会运行中各种现象和问题的方法，最有可能的研究方法是复杂系统理论和进化论。事实上，城市社会是由众多的子系统构成的，且各子系统之间是存在客观的、必然的正负反馈作用，我们所观察到的各种问题和现象都是这些子系统政府范阔的结果。而要理解这些政府反馈作用机理，必须要运用协同论、耗散结构理论以及混沌理论、分形理论等才能有比较客观全面地理解。

目前有关将城市社会视为有机系统，运用复杂系统理论开展的研究并不充分，至于如何执行城市经济社会高质量发展战略就无从落地。一般而言，城市系统可以视为由城市自然生态系统、城市经济系统、城市公共管理系统和城市文化系统构成。四个子系统既相互独立运行，有其自身的运行规律，同时子系统之间也存在客观必然的各种正负反馈。事实上，只有深刻理解城市社会运行机理的基础上，才有可能实现城市经济社会高质量发展。总体而言，城市社会运行机理的研究还需要进一步展开，需要有更多学者在复杂系统理论和进化论的指导下解读城市社会演变机理。

（三）多元利益主体利益和权益的识别与协调

城市经济社会的发展将进一步产生更多元化的利益主体，对这些主体的利益和权益识别与协调如何开展，仍然是一个比较复杂的问题，也是有待深入研究的一个问题。在宏观层面，城市治理的内容比较清晰，主要涉及城市自然生态系统、城市文化系统以及城市公共事务管理系统等方面，但在微观层面，如何识别多元化的利益主体，如何清晰界定其利益诉求和权益主张并不清楚，在城市人口流动加剧和技术不断进步的情况下，这种识别和界定尤其困难。

城市流动人口不仅规模大，各类别属性也很复杂。进城务工的农民群体、城市之间流动的商务人士以及国外商务、旅游、求学人员等，都有各自的利益诉求和权益保障，而且每一个流动主体其收入水平、学历层次、年龄、宗教信仰、文化传统及生活习惯千差万别，如何在分门别类的基础上精准识别各自的利益诉求和权益主张并不清楚。另外，互联网技术的发展也对个体利益诉求和合法权益保障提出新的要求，使得原本隐藏的利益冲突表面化。在网络虚拟空间，个人和企业组织的隐私权、名誉权、肖像权、各种版权以及专利等都有了新的形式和内涵，这也需要城市公共事务管理部门不断提高自身能力，基于法律原则和技术手段提高这类事务的管理能力。

（四）其他方面棘手难题

各类突发性公共事务危机也是城市治理中比较棘手的难题。首先是自然灾害可能造成的治理困难。地球大气系统中拉尼娜和厄尔尼诺以及全球气温的不可逆升高，可能产生各种极端天气现象，对城市经济社会运行可能会产生消极扰动。而建立相对成熟完善的预警系统，开展必要的灾害天气应对演练，需要城市政府机构构建基于分工协作原则的稳定高效的运作机制，要实现这样的目标在实践层面也存在一定困难。其次是城市人口尤其是超大型城市人口在中心城区的集中，对交通运行产生的压力。城市化快速发展以及城市规划的不同步，使得城市中心区人口的交通出行比较困难。考虑城市规划的滞后性，快捷便利的交通系统该如何运行还是一个比较困难的问题。再次是城市居民快速老龄化而带来的难题，城市政府部门如何协调传统养老方式与现代养老方式的矛盾，发展城市养老产业，提供优质高效的养老服务，仍有待处理。最后是进城农民工的市民化问题。学界有关这个问题的研究已经取得了一些共识，但在操作层面仍有困难。农民市民化问题不仅涉及农民工本身，比如如何更好享受城市公共服务、如何逐步消解农民工所持的传统文化观念与城市现代观念的冲突，更为主要的是对城市公共事务管理也会产生不必要的消极影响。这个复杂的系统工程也需要城市政府来应对。

二、城镇治理现代化的基本原则

（一）坚持新时代治理理念

城市治理要坚持党的领导，践行以人民为中心、共建共治共享、公平正义以及德法共治的理念，不断提升城市治理能力和治理水平。

习近平总书记提出创新社会治理，要以广大人民根本利益为目标。以人民为中心是城市治理的本质要求，确保从民众最关心最直接最现实的利益出发，让更多民众共享改革发展成果，确保城镇居民合法权益和利益的实现。要积极发挥城市各级党组织和政府的引领和指导，确保城市社会治理的中国特色社会主义方向。积极支持、引领、吸引城市多元主体参与城市治理，创造高质量的城市幸福生活。重视人民群众参与社会治理，积极回应人民群众的诉求，尊重和保障人民群众合法的利益诉求和权益。城市社会合作治理不仅要确保城市经济高质量发展和公平合理的成果共享，也要关注人民群众的精神文化需求，更加重视提供切实有效的公共服务，提高公共服务供给的个性化、差异化、精细化程度，满足人民群众日益复杂、多样的需求。同时，也要重视培育人民群众的公共精神，人民群众作为治理的重要参与者，通过积极反馈其诉求，提升其参与公共生活、维护公共利益的能力与动力，推动自治的实现，真正实现人民当家作主。

共建共治共享理念是对西方公共治理理论的扬弃所形成的理论创新成果。共建、共治、共享理念解决了由谁治理、如何治理、由谁享有的问题。伴随着工业化、市场化和城市化的持续推进，公共事务呈现出高度的复杂性和不确定性，多元主体合作治理可以提供更加优质的公共服务，推进城市社会治理现代化。政府不再是城市社会治理唯一的主体，多元主体是平等、合作、互利的关系，并以维护公共利益为共同目标。

公平正义是中国特色社会主义制度的内在要求，城市社会多元主体合作治理必须遵循公平正义的理念与价值取向。城市政府作为治理的主导者，必须充分保障多元主体间资源分配和利益协调的公平正义原则。公平正义原则的实现有赖于制度、规则的公平正义，要在法律框架内明确界定多元主体的权力义务、角色定位以及参与方式，构建完善的平等参与机制、资源分配机制以及利益共享机制。同时要通过整合人民群众利益诉求与公共利益目标，确保城市治理的效果惠及更多人民群众，促进基层社会的和谐发展。

完善城市社会治理的法治化水平，不仅要完善城市社会多元主体合作治理的相关法律法规，解决相关法律法规缺位、滞后的情况，还要加强执法力度，对多元参与主体的违法违规行为保证执法公正严明，确保法律的权威，保障依法行政。同时要特别重视德治在城市社会治理中的作用。在城市社会治理中树立鲜明的道德导向，加强社会主义核心价值观引导，弘扬中华民族传统美德等，使多元参与主体形成良好的道德风尚，提高全社会的文明程度，形成良好的社会文化环境。

（二）构建良性有序的城市治理机制

多元利益主体之间平等协商是实现有效治理的前提，建立多元主体规范化、制度化的平等协商机制，制定和形成多元主体沟通协商议事规则，设计合理便利的沟通协商流程，清晰界定沟通协商事项的范围。创建多元主体沟通协商平台，通过平台实现合作信息的及时推送、共享和应用，解决多元主体间信息不对称的问题，实现便利沟通和透明协商；建立平台线上沟通协商对话系统，形成各个治理主体之间开放有序、透明高效的信息沟通、矛盾解决的协商对话方式。此外，政府要对多元主体间的协商进行组织、指导，应避免过多的行政干预，保持多元主体间的平等协商。

利益整合机制是确保城市治理得以进行的保障。城市治理必须要建立起有效的利益整合机制。在尊重和认可多元主体不同利益诉求的基础上，通过整合形成共同的目标诉求，协商解决公共问题，在维护公共利益最大化的同时追求自身利益。要化解多元主体自身利益与公共利益的冲突，要通过明晰的制度规定明确多元主体的利益边界，对其在合作中有损公共利益的行为加以监督，建立起惩戒机制。政府要充分发挥主导和协调作用，确保多元主体在参与合作治理中的利益均衡，维护公平正义。同时还要化解多元利益主体之间利益的冲突，建立多元主体间相互牵制、相互制衡机制，培育多元主体间的合作精神，弱化多元主体间冲突。

多元主体间优势互补、资源共享使城市治理有效的坚实基础。政府要在资源共享中发挥引导和协调作用，在充分发挥自身资源优势的同时，积极培育参与主体资源基础。治理资源在多元主体间的有效调度必须建立在资源掌握情况的透明化、公开化的基础上，从宏观上掌握城市治理参与主体所掌握的资源的种类、数量等情况，通过对资源的统一调度、统一配置，实现各类资源的优化配置。通过规章制度明晰多元主体之间人力、物力、资金等资源地交换和整合，保障资源交换和整合的公平性，降低交易成本，实现资源的最优利用。

城市治理的有效实现必须要有完善的监督约束机制。加强内部监督是政府对合作行为的监督，多元主体之间的互相监督以及多元主体对自身行为的监督。城市政府在约束监督中居于主导和引领地位，参与主体之间的监督也有赖于政府职能部门制定规章制度，规范每一个参与主体行为。城市政府要依靠法律法规、规章制度对其他参与主体的参与合作情况进行监督，严防合作治理中的机会主义和道德风险。参与治理的多元主体自身也要建立起监督机制，在组织内部设置专门的监督机构，对自身参与合作治理的行为进行监督，提升自身诚信意识。在外部监督方面，充分发挥新闻媒体、第三方机构的监督作用。按规定定期公开财务状况，畅通居民反馈渠道，接受新闻媒体的宣传报道，充分发挥社会舆论的监督作用。

构建参与治理的激励机制有助于解决参与主体动力不足和意愿不强的问题。要建立公平的竞争机制，建立健全的招投标机制，通过公开招投标向社会购买公共服务，市场组织、社会组织等可以公平的参与其中，提供服务更加优质的、方案更加合理的获得项目。针对不同的参与主体，采用不同的激励措施。对积极参与城市基层社会治理的居民个人、社会组织给予物质奖励、精神表彰等形式来发挥榜样示范作用，鼓励其积极参与到合作治理中。对需要政府扶持、培育的社会组织给予相应的资助和帮助，提升其参与合作治理的能力，激发其参与的愿望。

（三）营造良好的社会治理环境

城市治理工作的有效开展需要有稳定、有序的政治法律环境。加快政府职能转变，构建符合市场经济发展的现代政府职能体系，厘清政府与市场、政府与社会的关系，承担营造多元主体协商互动的开放的政治环境的责任。建立完善的扶持和培育多元主体参与体系，提升其参与合作治理能力。制度化明确参与主体的参与方式、权利、义务，逐步培育多元主体筹集其他社会资源的能力。有效、畅通的监管措施是多元主体合作治理的重要保障，应建立起对多元主体参与的资格审查、流程、治理效果的有效监管机制。要形成多元主体协商互动的政治法律环境必须坚持依法治国方略，健全相关法律法规，形成良好的法治环境。

城市文化环境是城市治理有效的决定性因素。培育良好的治理文化，形成互利共赢的社会文化环境非常重要。政府要重塑行政文化，建设服务型政府，加强对政府公职人员的行政伦理道德教育，领导干部树立正确的权力观、地位观、利益观，形成清正廉洁的组织文化，强化全心全意为人民服务的意识，从管制型向服务型行政文化转变。强化市场组织的社会责任感，加强诚信建设，通过对诚信行为进行激励和对失信行为进行惩戒保障市场组织参与的合规合理。培育城市居民和社会组织的参与意识和公共精神。通过拓展城市居民利益表达途径、开展居民议事会等活动畅通居民参与方式，让居民更加了解参与治理的规范和原则，自身的责任与义务，提升城市居民的公共精神。营造居民参与的文化氛围，引导居民理性地进行民意表达、提高对话能力。

三、智慧城市治理现代化

（一）智慧城市治理的系统思维

智慧城市的本质是充分运用信息技术实现城市的智慧化，但技术的使用结果可能会触及城市社会的每一个方面，所以智慧城市治理需要在扬弃传统治理理论内核的基础上，引入新的系统性思维模式，才有可能真正实现智慧城市有效治理。Peng Lu（2021）在智慧城市治理的系统思维方面进行了比较全面的思考。

城市是一个非常复杂的有机系统，而城市的智慧属性更增加理解城市运行机理的难度。系统性思维与智慧城市治理高度契合，能够有效解决数字鸿沟、信息孤岛以及公共服务碎片化问题。借助物联网、大数据、区块链和人工智能等信息技术，智慧城市构建与城市治理有关的各类专业数据库和监控网络，构建行业云平台，整合信息资源，创建数据中心，建立集中化、统一化、标准化信息系统，实现各系统的互联互通和信息的无缝对接，推动部门之间的数据共享和政府数据开放，为公众融入数字化生活提供统一快捷的入口。最终，智慧城市以一种全领域、全方位重塑城市治理思维。

城市是一个复杂自适应系统，而城市各子系统演变及其之间的相互反馈都是以自组织方式展开的，因而自组织思维是智慧城市治理重要的思维方式。智慧城市系统中信息、物质、能量的流动是以自组织方式进行的，系统行为主体可以通过算法调整进行自学习，根据环境的变化采取行动，实现城市的自感知、自适应和自应对。智慧城市自组织能力催生开放式创新，推动智慧城市自发演进和持久优化。在水平网络中，人们根据自己的意愿建立连接，以自组织方式形成了新型的社会结构和权力关系。这种灵活、高效、便捷的组织形式为创新涌现提供了良好的契机。

城市系统是由众多子系统构成的复杂系统，各子系统之间基于信息互联和自我检测开展协同调整，以实现城市治理的有效实现。智慧城市为公众参与治理创建信息平台，拓宽个人信息渠道，促进信息在不同治理主体间包容、平等的互动交融，激发其参与城市治理的积极性，构建各主体间相互联系、反馈互动、协同治理的合作机制，让多元主体就公共事务协商对话，共同优化社会治理方案，从而提升公共政策效能。

（二）智慧城市治理实践

有关智慧城市治理的研究既有理论方面的探讨，也有实践方面的探索，但都没有形成共识。关于如何开展智慧城市治理，从哪些方面启动治理工作，张亨明、章皓月（2021）做了比较有价值的探究。在他们看来，智慧城市治理必须要完成治理模式、协调体制机制、信息服务及治理人才的智慧化工作。

在治理模式的智慧化方面，整体性治理模式以人民为中心，以问题为导向，将公众需求贯穿治理的全过程，通过政府主导、社会和个人积极参与，解决城市居民所关心的问题，是将居民需求与公共服务融为一体的一种治理模式。首先通过网络平台对居民诉求和权益主张进行整合与分析，确定具体的城市治理问题；其次明确解决问题需要城市政府哪些部门、机构或社会组织参与，制定可操作性治理方案；最后依托城市智慧系统和服务等进行整合治理，并根据信息反馈对治理过程不断调整，直至问题解决。

在协调体制智慧化方面，城市治理协调体制智慧化从主体范围上可分为政府部门之间及政府与社会之间的协调整合，从内容上可分为通过信息技术强化协调效果及通过体制变革实现整合治理。要求相关部门及社会参与主体全程参与，制定协调计划、协调决策和共享信息方案，通过线上或线下方式实时沟通交流。整合则需要根据协调好的计划决策，主动对参与治理的部门机构进行功能或结构上的整合，实现治理主体间的整体性运作。

在信息服务智慧化方面，首先对突发性城市公共事务问题，如未曾预料的公共危机、食品安全问题、自然灾害、交通运输事故等，做到及时迅捷发现处理；其次对长期且复杂的城市问题，如医疗和教育资源不均衡、环境污染及交通拥堵等问题，利用数据进行分析、监控和预测，降低其不利影响，寻找有效的解决方案；最后对于重复性高且涉及部门较多的政务服务实现“一站式”办理，提高治理效率。

四、数字孪生城市治理

数字孪生城市治理不只关注城市治理的技术，更重要的是基于数字孪生技术进行治理模式的变革。有关数字孪生城市治理问题的研究，向玉琼、谢新水（2021）进行了有价值的探索。在他们看来，数字孪生城市治理做好以下四个方面的工作。

首先，加强顶层设计与统筹机制，实现虚实空间的实时互构。加强标准化顶层设计，通过基础统领和应用牵引，建构适用的数字孪生标准体系。要通过产学研合作的方式，开展技术术语、参考框架、算法模型、技术平台的标准研制，鼓励不同主体参与到标准宣传、试验验证与应用中。顶层设计与统筹机制能推动数字标准化的系统性与有效性，进而提升物理空间向虚拟空间映射的精准度，提高虚拟与现实的互构效率。也要注意技术知识必须与其他知识相包容、相融合，才能形成城市治理所需要的知识体系。数字孪生要对社会问题全面镜像化，需要多元知识的融合与互补，需要在虚拟与现实之间实时互构，通过增强现实技术来实时摄像，增强事物的可见力、可闻性、可接触和可倾听，从而打破时空距离，打破物理世界与虚拟世界的边界。

其次，打造开放式数字孪生公共服务平台，推动城市治理体系与结构的优化。加快数字孪生公共服务平台建设，探索数字孪生技术生产、服务供给、产品供应，以及政府与公众之间的协同交流机制，从多维度提升服务能力，加深纵向交流合作与需求对接，实现数字模型的共享与共建。数字孪生公共服务平台需要融合多业务、多主题的数据，需要打通公安、企业、人口、法人之间的信息壁垒，打造统一的数据资源库。需要通过跨时空全区域多源异构数据共享以及关键领域的资源预测等技术，实现一体化融合网络体系，建立城市多维时空推演平台，在安全防卫、智慧工地、生态保护、能源开发等领域开展应用建设示范，形成技术、产业与应用集成的创新。

再次，确立“以人民为中心”的价值导向，实现人民主体性的城市治理。数字孪生城市治理需要确立“以人民为中心”的价值导向，通过打造虚拟平台推动服务型政府建设，生成更具包容性的治理体系。数字孪生不能只是工具，应融入社会性因素而保持开放的数字系统。数字孪生是服务于人民需求的，是社会合作治理的构成要素。数字孪生在逐步打造一个透明社会，个人信息越来越多地被数字化，这也带来了如何控制个人信息的隐私问题。解决这一问题需要从技术与制度两方面入手，一方面通过防火墙技术、加密技术等为个人隐私构筑坚不可摧的屏障，另一方面，随着数字孪生的发展而进行制度创新，规范个人信息的使用权限、使用流程等。

最后，处理好人与技术的关系，实现机器与人的分工合作。在数字孪生治理中，人与机器所扮演的角色可看成一个连续谱，一端是人类的专门工作，主要是一些涉及强情境性、创新性工作，需要人类自己来完成，包括领导、共情、创新、自主判断等，另一端则是可以全部交给机器做的工作。中间地带在人类与机器之间的分工相对模糊，因此需要人类在社会治理中加强训练和解释，赋予数字系统以责任意识，并且进行判断整合。人与技术不仅分工合作，而且互促成长。人会发明出更为完善的技术，而数字技术也赋予人类更强的能力，辅助人类在公共服务供给中开展数字赋能和整体融合。

第七章　城镇文化与城镇生长

具象的行为规范和抽象的价值标准共同构成城镇文化的内核，城镇生长发育的可能路径和方向由这个基因密码决定。

——题记

中国经济社会已进入高质量发展阶段。城市在自身的形成、发展过程中，形成了一种有别于其他文化的独特城市文化，它是城市生活的灵魂和核心，也是城市赖以存在的基础。特别需要指出的是，城市文化所隐藏的价值标准对城市运行与发展有着决定性的重要地位，是开展城市经济社会建设的价值指引。

第一节　文化与城镇文化

一、文化内涵的梳理

直到20世纪末，“文化”一词开始普遍使用。要梳理“文化”一词的内涵非常困难，学者的界定浩如烟海，但又因其重要而不得不去思考其隐晦而混乱的众说纷纭。1952年美国人类学家克罗伯和克拉克洪在《文化：关于概念和定义的探讨》中，搜列出来的文化概念有161个，时至今日又新增多少无法统计。

哲学家汉娜·阿伦特（2011）认为，文化最原始的含义是培养、居住、照料、照管和保存，涉及人与自然打交道的方式——培养和照料自然，直到让它变成适合于人类居住的地方，同时意味着关爱照顾的态度。比较公认的文化概念是爱德华·泰勒（1992）提出的，文化是复杂的整体，包括知识、信仰、艺术、道德、法律、风俗以及其他作为社会一分子所习得的任何才能与习惯，是人类为使自己适应环境和改善生活方式的努力的成果，是一个地方人们共享的价值观的综合体。这个概念没有将物质文化纳入其中，也没有强调文化的有机演变的动态属性。按照文化人类学的理解，人类所创造的文化大致可分为三个层次：物质文化、社群文化（或制度文化、伦理文化）和精神文化（或表达文化）。物质文化因人类克服自然并借以获得生存而产生，故也称为技术文化，是人与自然关系的反映。物质文化是文化的沉淀，人类在不同的历史阶段创造了多样的文化形态，后人首先应当予以尊重，在尊重与保护的基础上才有可能继承、发扬和创造（张松，2018）。文化的发展演变本质上是指文化有机体的价值系统与内在结构的整体性蜕变而非外在形态的改变与成果的积累。露丝·本尼迪克特（2009）认为，作为文化“生命有机体”中的“灵魂”的价值系统，决定文化结构以及外在的表象。文化变迁的历史过程，是文化意识形态的蜕变过程，这种变迁引发文化体系框架的变化，进一步引发文化的技术物质、社会关系的变化，最终实现质的飞跃。罗伯·希尔兹（2017）将文化研究与拓扑学概念联系起来，探讨有形空间、无形空间以及社会场域间的文化划分，提出文化拓扑学。

将文化视为符号系统的观点，也得到大部分学者的认同。Sharon Zukin（2006）就认为文化是一种特殊生活方式的符号，处于发展演变中，无所不包，无处不在。正式提出文化是一个符号系统的学者是哲学家 Ernst Cassirer（1944），他认为文化是一种符号系统，是人的符号活动的结果。人类学家莱斯利·怀特（1959）认为，文化是依赖于符号的使用而产生的，包括物体、行为、思想及态度。怀特的“文化科学”理论致力于理清文化、社会与个人三者之间的关系（杨小柳，2002）。人通过物体、行为、思想及态度等方面产生符号系统，体现人的空间、时间特征。人类文化系统具有系统整体性，包括技术系统、社会系统、意识形态系统。三个系统互相影响和促进，以技术为基础，社会通过技术改变着结构，社会结构需要一定的意识观念支撑。

马克思在相关论述中蕴含关于文化内涵的思想。他认为，文化是人的创造性行为及其成果，包括物质文化、精神文化、制度文化等因素。文化一词的中西两个来源，殊途同归，今人都用来指称人类社会的精神现象，泛指人类所创造的一切物质产品和非物质产品。文化既是一种社会现象，是人们长期创造形成的产物，又是一种历史现象，是社会历史的沉淀。文化是指一个国家或民族的历史、地理、风土人情、传统习俗、生活方式、文学艺术、行为规范、思维方式。广义的文化着眼于人类与一般动物，人类社会与自然界的本质区别，着眼于人类独立于自然的独特生存方式，也称为大文化。狭义的文化主要指语言、文学、艺术、科学以及技能、知识、信仰、思想和感情等一切意识形态在内的精神产品，它是人类所创造的与政治、社会、经济既相互区别、又相互联系的意识形态方面的结果。狭义的文化，排除了人类社会历史生活中关于物质创造活动及其结果的部分，专注于精神创造活动及其结果，主要是心态文化，又称小文化。文化是由各种元素组成的有机整体，这个整体中的各种元素在结构上互相联结，在功能上互相依存，共同发挥社会导向和整合的功能。林志宏（2012）强调文化是每个民族的生活样式，是其民族历史的沉淀。文化作为一个民族的心理结构、思维方式和价值系列，在整个意识形态中处于最高层次的范畴。

在接受程度方面比较高的还是《辞海》（1989 年缩印本）的界定，文化的内涵在广义上指人类社会历史实践过程中所创造的物质财富和精神财富的总和，狭义的文化是指社会的意识形态以及与此相适应的制度和组织机构。广义的文化分为三个层次，即器物层（物质文化）、制度层（制度文化）、观念层（精神文化）。狭义的文化是由知识活动，尤其是艺术活动的作品与实践构成的，是一个描述“音乐、文学、绘画和雕塑、戏剧、电影”的词语，是社会生活中与经济、政治并列相互区分又相互联系的人类所创造的一切精神性的成果。

文化的范畴几乎等同于人类社会生活的全部，既有具象的描绘，也有抽象的精炼。就其本质而言，文化存在的价值只在于隐藏的价值标准，作为一种行为规范用来应对人与自然系统的矛盾，也用来处理人与人之间的利益冲突。既是历史的也是今天的，所以文化的形式和内容都是不断变化的。

二、城市文化的内涵

基于文化内涵界定的纷争而延续到城市文化内涵的讨论。学者基于不同的学科视角、研究背景和研究兴趣的差异而界定了数量太多的城市文化内涵。斯宾格勒（2006）在《西方的没落》中指出，所有伟大的文化都是城镇文化。阿尔多·罗西认为，城市是人类集体记忆的一个容纳时空、物质、事件的场所载体，城市空间机理和纪念物等则集中体现了每一座城市独有的精神与文化身份（张心，2016）。任致远（2012）将城市文化概括为对城市发展的传承记忆、城市发展的思想智慧、城市发展的精神支柱和城市发展的个性展示，从微观层面指出城市文化组成要素主要有思想意识文化、自然文化、布局文化、建筑文化、历史文化、园林以及景观文化、社区文化、地名文化、特色文化和其他（如标志性文化、象征文化、非物质文化遗产、科学技术与艺术等）。

田涛（2015）认为，城市文化是城市固有的形胜特征与人类在社会实践过程中所获得的物质的、精神的生产能力和创造的物质财富与精神财富，随着人类历史的不断演进而更加丰富。城市文化应涵盖城市自然环境文化，城市历史积淀的所有物质遗产，城市市民生活所形成的非物质的民俗文化。芒福德（2011）从城市环境、技术经济、人口流动、社会组织四方面对城市进行研究分析，提出城市是人类解决共同生活问题的物质手段，又是记述生活方式的一种象征符号。郑时龄（2012）指出城市文化在社会制度、空间、科学与技术、生产的方式、城市建筑、人们的社会生活、物质文明、人的行为模式、宗教信仰、文化的习俗、艺术创造、城市交通等方面都有表现，其中建筑是城市文化中最集中、最全面的表现。城市是人类文明的生产物与标识，城市文明是其内在的文化特质的综合反映。作为物质与精神相互依赖的有机体，正是人与人、人与环境相互作用下产生的文化塑造城市的个性。朱媛媛

(2014)认为，城市文化是在城市的文化发展过程中人们形成的生活方式与环境、培养的日常生活习惯、价值观念等融合成的复杂的整体，在城市物质空间与社会活动中产生的反映。罗纪宁等（2015）提出了城市文化系统结构的五维模型，由艺术、时代、民俗、宗教以及历史五个文化维度组成。城市文化是由城市和文化共同形成的统一体，表现在物质层面和精神层面。宗海勇（2016）区分了前现代城市文化、现代城市文化和后现代城市文化。城市文化是一种具有指向性的、辐射性的和多元性的空间文化形态，标志着一个国家或地区的文明程度。芒福德（2009）的城市人性化尺度以及城市与自然环境的融合的观点对城市文化建设与完善具有借鉴价值。城市文化外在地表达为城市形象，是城市内部与外部公众对城市内在实力、外显活力和发展前景的具体感知、总体看法和综合评价。它涵盖物质文明、精神文明、政治文明三个领域，包括政治、经济、文化、生态以及市容市貌、市民素质、社会秩序、历史文化等诸多方面。城市文化建设是城市现代化过程中继生产建设、公共设施建设之后迎来的城市发展的更高阶段，是城市品牌化的过程。

梳理城市文化的内涵界定发现，一类学者基于文化的定义而拓展到城市这个对象，一类学者从城市本身的特征出发进行定义。《中外城市知识辞典》认为，城市文化是城市居民在长期生活过程中，共同创造的、具有城市特点的文化模式，是城市生活环境、生活方式和生活习俗的总和，包括物质文化和非物质文化两个方面。前者如城市建筑、园林、教堂、公共文化娱乐设施、交通工具等，后者则为社会心理、价值观念、道德、艺术、宗教、法律、习俗以及城市居民的生活方式等（张松，2018）。还有一类学者基于城市文化结构的视角来界定。关于城市文化结构的研究有三种代表性的观点。第一是以任平（2008）为代表的城市文化四层次结构，即生活秩序文化层和人文价值文化层、制度文化层和物质文化层。陈少峰和王帅（2014）将城市文化划分为，满足型城市文化、提升型城市文化、解决支撑型城市文化和竞争型的城市文化。第二是以陈立旭（2003）和殷京生（2002）为代表的三层次结构，陈立旭（2002）的城市物质文化、城市制度文化和城市精神文化。殷京生（2003）将城市文化分为社会意识、社会生活和前两者的物化。第三是城市文化两层次结构。贾承澄（2017）将城市文化划分为鲜明的、外在的、可以被人们直接感知的城市物质文化和直接反映城市及其主体精神价值追求的城市精神文化。

相对而言比较普遍受到认可的内涵界定还是广义和狭义之分的理解。广义的城市文化，是指城市人在城市发展过程中所创造的物质财富和精神财富。城市与文化是一体两面的关系。城市是城市文化的容器，是文化实体，城市文化附着在城市的载体中，渗透于城市生产、生活的方方面面，记录着城市的兴衰历程，指引着城市的发展方向（许诺，2013)。城市是人类文化的荟萃之地，是人类文化和科学技术的历史积淀的物化地，天然就是文化的汇聚中心或传播中心，体现着人类文化与科学技术进步的历史，是人类文化成果的最大博物馆。城市和文明是同一事物的两个不同侧面。狭义的城市文化是城市文化的精神层面。吴良镛（2009）的广义城市文化是指文化的指导系统、社会知识体系，狭义层面是指城市的文化环境。李云霄（2017）的广义城市文化有三个层次，城市物质文化、制度文化、精神文化。城市的物质文化是由可感知的，包括城市布局、城市建筑、城市道路、城市通讯设施、公共住宅，以及行道树、草地、花卉等。城市制度文化是城市文化的中间结构，城市制度是城市文化的一种实体化的表现形式。城市的精神文化是城市文化的内核或深层结构，包括城市的知识、信仰、艺术、道德、法律、习俗以及城市成员所习得的一切能力和习惯。狭义上的城市文化仅仅是城市里的文化生活。

城市文化内涵的讨论还没有结束，但最终可以找到其本质属性。从城市文化的具象来看，是城镇居民日常生活的所有方面，包括城市建筑、生产生活、风俗习惯及法律、道德伦理等方面，抽象而言，城市文化不变的内核是其在长期处理人与自然之间的关系、人与人之间关系所提炼出来的各种价值标准和行为规范，这个内核也决定巨像的每一个方面。因此，城市文化存在的价值不是其他的，而是以此规范人与自然、人与人的关系，以促进彼此和谐共生的状态。

第二节　城镇文化的功能及变迁[①]

一、城市文化的结构

如何将城市文化的结构完整、清晰地勾描出来，每一个进行这种尝试的人都会注入自己的个性化色彩。虽然是出于学者的研究目的、学术背景、研究经历或者某一特定的兴趣偏好等方面的原因，但也不能否定学者思考的价值，正是这些构成了城市文化这个山脉的每一个山峰。此部分内容主要是为解释城市文化的演变及其如何开展城市文化的继承与扬弃而做好准备，刘瑛楠（2020）在这一系列问题有着客观而全面独特的思考。城市文化系统是一个统一有机体，由强调通过文化符号撷取承载文化的技术物质子系统、强调纵向时间轴线和横向空间轴线交叉体现社会属性象征的社会关系子系统和强调价值取向和观念塑造的意识形态子系统构成。

（一）技术物质子系统

当代城市文化的物质载体主要涉及文化景观、文化设施及建筑遗产等方面。作为文化景观的城市景观、园林、雕塑及广场等是城市公共文化空间的呈现，作为公共文化设施的图书馆、博物馆、美术馆等是城市社区生活与公共文化品质的体现，作为文化遗产载体的历史街区、历史文化名城及建筑遗产等是城市年轮，更是城市生长的价值依凭。

文化景观的权威定义是在1992年联合国教科文组织世界遗产委员会第16届会议上提出的。文化景观主要包括由人类有意设计和建筑的景观、有机进化的景观、关联性文化景观等类型。《中国文物古迹保护准则》从文化遗产视角将文化景观定义为“人类活动（包括行为和思想）与自然环境相互作用，形成的具有文物古迹价值的景观遗存”。人类基于自身的文化传统将其主观意

① 此处的城镇限指县级市和县城内的城镇，偶有涉及大城市，但不是分析重点。

志投射到外在的自然环境而形成的文化景观，反映区域文化体系与自然地理特征，表达与宗教、社会观念和政治制度等因素有关的理性思考。如果在同一个地理空间范围内，不同的历史时期先后历经多个民族的生活，文化景观也就拥有了多民族文化特色。D. S. 惠特尔主张用一个地区文化景观的历史演变需要这一地区历史上所遗留下来的不同文化特征来说明（刘瑛楠，2020）。

文化设施是举行文化活动具备的空间场所和设施设备。《公共文化体育设施条例》（国务院令第 382 号）第二条指出，公共文化体育设施，是指由各级人民政府举办或者社会力量举办的，向公众开放用于开展文化体育活动的公益性的图书馆、博物馆、纪念馆、美术馆、文化馆（站）、体育场（馆）、青少年宫、工人文化宫等建筑物、场地和设备。《城市规划大百科全书》中的“城市基础设施”是一个广泛用于规划的概念，是指与城市社区生活联系在一起的设施和服务。在一个健康的城市社区中，这样的一些基础设施有助于经济发展和社会进步。

文化遗产有两个层次，其一是具象的各种物质性载体，如历史时期留存的建筑物，其二是抽象层面的文化传统，是城市生长发育的精神食粮。文化遗产可以表现为共同经验、习俗、规范等方面。对文化遗产的关注从学术研究过度到社会组织参与，进而上升到政府行为的保护传承。在此过程中，人们对文化遗产的核心属性、价值内涵、时代功能等科学认知不断丰富。文化遗产保护由最初的古建筑拓展到包括工业地段、20 世纪建筑及街区、宗教崇拜路线、历史街道与乡土建筑等。随着文化遗产观念的动态发展，文化遗产的内涵、外延以及类型逐步丰富、多元化。从国际文化遗产保护趋势上看，其保护范围从文化遗产本体到周围环境、从古代文物到当代建筑、从单体建筑到建筑群组、从有形遗产到无形遗产。可见，文化遗产范围在逐渐扩大，从点到线（文化线路、文化路线），到片区（保护利用示范区），再到城市建成遗产。2016 年 10 月，第三届联合国住房和城市可持续发展大会明确提出“城市遗产”的概念，代表着社会、文化和经济方面的资产及资源，反映了世世代代所形成的、阐释的、传播的价值观的动态历史沉淀。

（二）社会关系子系统

社会由社会存在和社会意识构成。生产、生活关系总和构成社会关系，以此形成社会。城市蕴含了人类众多行为意向的空间表征，对培育人的道德体验、伦理观念等具有重要作用，城市社会的动态发展体现人们的具体秩序形态和伦理关系的规律性（刘瑛楠，2020）。社会关系子系统主要包括伦理秩序、交往关系、生活方式等要素。

在空间秩序—伦理秩序方面，人性的能力主要分为认识论（理性的内化）、道德（理性的凝聚）。伦理对人类有独立价值，是人性能力的重要组成部分。伦理侧重社会规范和习俗等，与公共理性相联系，侧重表达伦理关系中的“应该”，交往关系促进伦理秩序的形成与稳定。空间秩序即为社会伦理秩序的物质体现。建筑空间的组织关系决定了人在社会关系中的主体地位，通过空间秩序再次强化社会伦理。道德针对个体行为，侧重于心理形式，涉及个体性与社会性的关系。伦理是将道德置于一定社会秩序、规范中的表达。因此，伦理道德肯定人的存在价值层面的“善”。“善”可划分为形式、实质两个层面，形式层面为形成生活的目标和理想提供根据，主要以普遍价值原则、价值观念等形态呈现，构成了确认善的准则；实质层面与实现合乎人性的生活、达到人性化的生存方式、在不同历史时期合乎相应的人的合理需要相联系。以普遍价值原则为形态，形式层面的“善”可以包括传统意义上的仁义礼智信，也可体现为近代所谓自由、平等、博爱、民主等（李泽厚，2015）。

在空间组织—交往关系方面，随着城市社会的不断发展，人际交往关系总体性不断逼近这样一个历史方向，即人们在城市发展过程中面临着身份和角色不断变化，因而需要不断明确自我身份，并得到认同后，使身份认同的人际关系进入相对稳定状态。城市居民的交往关系在建筑空间内产生和发展转变，是人们在建筑空间内的阶段性动态体验。因此，建筑空间的组织关系承载着人们复杂的社会交往关系，呈现人们交往关系的时空结构化特征，具有可识别性。个体—空间交往关系四个象限分别是个体与单一空间、传统时，个体与单一空间、现代时，个体与多元空间、传统时，个体与多元空间、现代时；群体—空间交往关系四个象限分别是群体与单一空间、传统时，群体与单一空间、现代时，群体与多元空间、传统时，群体与多元空间现代时。现代社会的工具理性化运转使得社会关系也被工具理性化，现代社会迫切需要维护生活世界中的交往活动而形成的价值理性。人在空间活动过程中通过人与人的交往而形成一种相互理解的状态，与工具理性交往方式不同，不预设活动目标，只关注过程，最终的理解状态是自然的结果。这是情感外在的表达，关系外化的体现，这种交往对社会关系具有调和作用。

在空间使用—生活方式方面，生活方式是自然人在特定生活空间中产生一套生活活动的典型方式和特征的综合体。城市居民生活方式是城市文化的建构基础，决定了建筑空间和城市空间，同时建筑空间的使用对人们的生活方式具有引导和规定作用，促进交往关系和生活观念的塑造与巩固。建筑空间的形式、体量，在生活使用过程中舒服、不做作，结合建筑材料、结构工艺等因素，使建筑空间真正回归生活的使用本质，这也是生活观念的本质。芒福德赞赏西欧中世纪城市家庭成员一起劳作、一起生活方式，喜爱中世纪城镇具有的乡村般的氛围及优美的环境。在他看来，西欧中世纪城市不仅是一个生意盎然的社会综合体，而且也是一个生气勃勃的生物环境（裔昭印，2013）。

（三）意识形态子系统

意识形态不是先天的而是源于社会实践。意识形态是指人对社会的感观思想，是观念、意识、思想、价值观等要素的总和。人的意识形态受审美、道德、信息（教育、宣传）、价值取向等因素影响。因认知个体不同，对同一种事物的理解、认知会有所差异，但在历史发展某一阶段过程中会形成众多个体对一些事物较为一致的认知。城市意识形态直接影响城市技术物质、社会关系的发展方向和路径（刘瑛楠，2020）。

芒福德（2009）将城市视为实现人类生存、生活和发展等意义的场所，建筑、城市、社会与城市居民实践共同形成的城市文化也是人们意识形态的彰显，城市的最内核的东西存在于人们精神领域的活动。人是在城市中生活的一种物质性、政治性、文化性存在，人的生存不仅表现为人能使用和制造工具，更为重要是赋予生存与发展的意义。城市精神包括城市的知识、信仰、艺术、道德、法律、习俗以及个人能力和习惯等（段钢，2013）。芒福德强调城市的精神性质对城市本质的决定性，指出空间维度上城市对于文化具有恒久的吸引力即“文化磁体”功能，同时从时间维度上指出城市在时间上的丰富性，即“文化容器”的贮藏、传承功能（刘山山，2018）。人们不断追求“精神”“价值”“存在意义”，不断地引导人们走向真、善、美统一的世界，形成一个合目的、合规律相统一的境界（刘瑛楠，2020）。本书意识形态子系统主要由审美意识、道德观念、价值观念等要素构成。

城市文化的审美意识不断地引导人们走向真、善、美的精神境界。自我审美过程涉及合目的性和合规律性的统一问题，表现在“自然的人化”与“人化的自然”两方面。“自然的人化”审美过程表现为自然对象进入人的审美领域成为审美对象，外部世界的一些构造、比例、色彩合乎人们审美要求，通过审美判断获取审美的意义；“人的自然化”审美过程表现为人在对自然对象作审美判断时，不是以某种功利的观念和意识改变、扭曲审美对象，让其以自身形态“自由独立”地存在（刘瑛楠，2020）。维特根斯坦提出“美是使人幸福的东西”，这种幸福在古代社会是通过艺术家的审美创造，以及人们对自然和乡村的审美欣赏来实现；在当代社会是体现在人们对城市文明、城市美好生活的追求与向往。审城市之美，需研究城市居民的生活方式与审美经验，意识这种充分反映人性需求、满足幸福和情感需要的城市美学对当代人生活的重要性，这正是芒福德城市理论的美学意义（毛宣国等，2018）。

在城市文化中，道德是本我与真我的对话，情感内在的表达、关系内化的体现，在此基础上外化，通过社会的或一定阶级的舆论对社会生活起约束作用。在我国传统文化中，道德观念主要源于儒家思想，并对现代生活发挥积极作用。如儒家系统的哲学家一直注重“仁”与“义”的统一。“仁”则以确认人的价值与存在意义为内容，呈现实质的含义；“义者，宜也”，“宜”即“应当”，引申为规范系统，展现当然或应然的形式方面。孟子指出：“仁，人之安宅也；义，人之正路也。旷安宅而弗居，舍正路而不由，哀哉!”“安宅”隐喻稳定的基础、根据，“正路”意味着正确的方向，具有引导的意义。在中国传统哲学视域中，伦理学中形式的层面与实质的层面更多地展现为内在的统一（杨国荣，2009）。

在城市文化的价值观念层面，价值的本意是值得的、有力量的。价值二字意味着表达其愿望、兴趣、理想和行为取向的概念，“好”的或“应当”的生活方式，为自己的人生确立原则，赋予意义。价值与价值观是关于善的活动和观念。价值观对城市居民的文化行为和文化精神起着结构性的塑造作用。城市文化从多角度、多层面体现城市社会生活共同体的文化价值的核心，城市文化价值观则是经过历史沉淀而成的一种共同信念，其背后是集体身份的深刻认同。价值观三大社会功能是批判、统摄、预设。在城市文化发展过程中，价值要素体现伦理道德、理性和审美取向，是城市文化系统中意识形态子系统的终极目标。

二、城市文化的功能

城市文化系统功能从具象层面来看，主要表现在工具、符号价值、象征价值、审美价值等维度（刘瑛楠，2020）。抽象的层面还可以区分为城市文化系统的容器功能和磁体功能（芒福德，2006）。

（一）具象层面的城市文化价值功能

1. 符号价值

城市文化系统功能的符号价值主要是指城市文化作为一种符号进行使用时，承载着城市记忆（刘瑛楠，2020）。记忆是寻找人类自我本质的材料，塑造人类历史、知识的源头。记忆在感知与思维基础上建立起来的精神活动，具有感性、理性双面性。记忆通过对过去生活某一部分的关注而产生，是个人或群体为了意义建构、打造身份认同基础、瞄准生活方向、激发人们行动（阿斯曼，2019）。

城市记忆首先是源于个体生活的“个人记忆”，其次是城市居民共同的“集体记忆”。个体记忆是集体记忆中的一个侧面，根据个体场域的变化而有所差异，并与其他社会环境保持同步而变化。城市集体记忆指的是城市人对既往人为物象的各类型在集体无意识中所认同和获得的类似经验的形式，反映在建筑上，就是不同类型表象内部所蕴含着的共同“原型”（常青，2016）。

城市建筑作为承载城市文化的符号和物质载体，具有保存城市记忆的功能，反映积累大量社会文化内涵的深层结构，是存在于城市生活中最广泛和最直接的人工记忆载体，维系城市居民生活方式、集体记忆，具有归属感的“场所精神”。城市建筑记录着城市不同历史阶段的社会生活和事件，是城市历史文化的物质载体，同时体现城市文化系统功能中的符号价值。城市空间为居民提供移动、交流互动或别离的舞台。人们可以在城市的公共空间和历史意义的场所举办纪念活动和仪式化的集会（保罗·利科，2018）。在多元空间通过社会活动加入叙述时间产生丰富的城市生活，在这些城市生活中经历的事物经过识记、保持、再现，诱发情感和共鸣以及情感锚定，将这些情感由抽象无序上升到形象有序的过程。城市文化形态中历史的传承更多是靠城市记忆在人们心里形成合力，成为城市文化发展的动力。城市快速发展和城市居民生活环境的持续演变，城市空间中蕴含的历史、场所意义淡出人们的视野，个体记忆产生断裂甚至是整体性缺失，导致集体记忆从过去走向未来的延续性受到影响，逐渐出现城市集体记忆片段化、碎片化，进而造成信仰危机和价值危机。而城市文化系统的符号价值功能为个体存在价值的思索和探究提供可能，促进个体彼此的认同以及社会整体价值体系的构建。

2. 象征价值

城市文化系统功能的象征价值主要指城市居民基于集体记忆的符号价值形成深刻身份认同，体现社会发展的伦理关系（刘瑛楠，2020）。个人与群体的互动和依存是社会发展的永恒张力，而在城市化进程中“市民与城市”的关系成为具有鲜明时代性、矛盾特殊性的具体表现。在社会心理学中，认同是解读文化与群体关系的重要变量，可以有效表征个体与外界环境情感联系阶段过程与作用关系。身份认同作为人们在某一区域长期生活和工作中，不同文化个体的人对同一文化和精神的共识，形成心理情感层面彼此信任依赖和社会凝聚力，揭示从“自然的主体”向“建构的自我”发展转变的过程，是社会构建的过程与结果。个体根据不断变化的处境，遵从自身不断变化的主体意识，在不同时间以不同方式使用同一空间。个体从自身与空间的关系中阐发出各种意义（史蒂文森，2015），以此建构以归属感、地域历史身份、风土人情为标志的系列身份认同。身份认同是行动者自身经验和意义的来源，是个体自我认同到集体认同的过程，随着主体意识和社会环境的变化而转变。现代社会中人们在地域空间、社会经济、生活方式等方面不断变化、转换，社会关系波动、身份认同感脆弱，在城市文化中表现出多元、交集、主导、分化、合并等过程。

现代社会流动和文化碰撞是一种生活常态，个人跨越情境、族群、文化及国家的流动越来越频繁，个人的身份认同呈现出多重性、多样化的形态，而每个人对自身社会角色复杂性的容忍度又存在个体差异（刘瑛楠，2020）。对个人而言，身份认同的产生意味着身份的转换，更是生活方式的转换。而对城市发展而言，身份认同的形成则意味着对社会冲突心理基础的消解和对社会关系的梳理与建构。身份认同是协调城市发展中个人与社会的场域，形成社会发展合力的文化原点，成为城市有机整体成员建构与遵守共同价值观念的基础。因此，身份认同的核心就是"文化"，即人们的生活方式和价值观念。

3. 审美价值

城市文化系统的主要功能就是塑造人的价值观，价值观的核心便是"真、善、美"，是人的精神家园，体现自我存在的价值体验（刘瑛楠，2020）。审美价值通过审美对象有助于审美主体形成积累、形成创新、深入挖掘知识，满足人们心理需求。对于主体来说，审美存在理性认知与感性认知两个不同的认知阶段。理性认知主要是通过城市文化系统对审美要因物化的审美对象，求"真"进而对审美对象形成知性认知，进一步对个人文化整体性起到促进作用。感性认知主要是主体通过理性认知后经过感觉、知觉、情感、思维等审美要因，对文化层面的"好"有具象认知。按照感性认知进行生活，走向"善"。即通过感性认知，在生活中进行自我实践后对"美"再上升到理性认知，形成个人的审美价值，在此过程中不断修正审美价值，以实现自身趋"美"的目的。建筑是以人、社会、文化、艺术、美学为前提，生活为基础的，是形而上与形而下结合在一起的，是一个有机系统。城市是建筑的集合体，更是技术物质、社会关系、意识形态构成的城市文化体系的载体。同时，城市文化系统的功能中的审美价值又同通过人的作用体现在建筑、城市之中，以便塑造人们的价值观念。

（二）抽象层面的城市文化系统价值功能

抽象层面城市文化系统价值功能主要是芒福德（2009）的城市磁体功能

和容器功能两个方面。

芒福德的《城市文化》强调城市磁体作用才是城市兴起以及发展的前提。城市磁体功能是指城市具有将一些城市地域空间之外的居民吸引到城市来进行情感上的交流与精神上的刺激的功能，而这个功能在城市兴起中发挥了不可忽视的作用（陈飞雪，2017）。“磁体”隐喻不仅意味着城市文明的吸引力，还意味着城市文明可能带来的物质条件方面的改善，甚至是整个城市功能的吸引，而且这种吸引力在城市突现的那一刻就存在，还将随着城市发展而产生越来越大的吸引力。在城市还处于原始状态的萌芽时期，可供情感交流以及能够寻求精神慰藉的地点就是一个有吸引力的磁极（陈飞雪，2017）。正所谓在城市成为人类的永久性固定居住地之前，最初只是古人聚会和举办神圣活动的地点。这些地点能把一些非居住者吸引到此来进行情感交流和寻求精神刺激。这种能力同经济贸易活动一样，都是城市基本标准之一，也是城市固有活力的一个证据。这些地点也许是怀念逝者的墓地，也许是原始宗教仪式的圣地，吸引力源于可以向人们提供情感交流或是精神刺激的场地。

城市容器功能在城市磁体吸引力发生作用后，将吸引各种不同的个人、群体和组织，使城市成为一个有生命的相对封闭容器（陈飞雪，2017）。城市容器将原本分散且毫无关联的各种社会功能、社会组织以及人类聚集在一个空间地域边界相对清晰的有限地域环境之中，基于各自内在的必然有机联系形成了一个城市复合体。在这个复合体中，分散状态的各种社会功能、组织及人类能够达成一定程度的互相感应与作用。城市容器功能一方面作为贮藏器可以集中各种社会成分，提供了一个可以令其最大限度相互作用的封闭场所，另一方面通过将精神文化的物化，增强贮存城市文化的能力，提高城市自身的价值。诸如城墙、城堡、文字、市场以及博物馆等都是城市实现贮藏器功能的一部分。文字等永久性记录方式的产生以及各种用象征性符号都令城市作为容器的贮存功能的极大增强。事实上，城市拥有自成一体的完备设施，连同全部高度分化的重要器官一起，其出现的时期与象形文字、表意文字等这类永久性记录方式的发展时期相吻合。文字记录方式的出现从根本上革新了城市精神文化的传播方式。依靠人与人之间口耳相传的传播方式贮存文化，文化传播链条经历时间、人类记忆等多种因素的影响存在极大的不稳定性，而利用文字记录淘汰长者记忆记录方式无疑增强了城市贮存文化记忆的能力。通过将城市精神物质化后形成的各种象征符号，更是将城市作为容器的能力大大提高。

三、城市文化的变迁

城市文化永远处于持续不断的变迁之中，处于迁移的、变形的、混合的、杂交的、过程的状态中。依据“迁变生起”的标准，可以划分为自然发起的常规文化迁变与基于政治、经济、文化、宗教等利益而人为有意推动的新式文化迁变，后者可以称为“文化的转基因”，促成了新的共同体结成形式。下文将主要以包汉毅（2017）的研究结论为基础，梳理城市文化变迁的几个侧面。

（一）生活环境和生活风尚的跨地域变迁

在欧洲或者德国，生活环境和生活风尚的一揽子跨空间迁变主要是指城市空间的“地中海化”，也就是通过文化的迁变、拼贴，在市中心产生一个由阳光、沙滩和海洋所构建的城市绿洲的意象。这个创意源于巴黎尝试将塞纳河畔装点成地中海沿岸的意愿，后来逐渐普及全欧洲。一揽子迁变既指意大利地中海区域的自然环境的模仿性迁移，如沙滩、棕榈树、意大利式硬陶盆中所种植的夹竹桃等，也包括诸如“地中海式”的露天咖啡屋、啤酒公园和城镇街道等社会活动场所的人工建筑模拟，还包括躺椅、太阳镜、意大利披萨、意式浓缩咖啡等生活风尚的效仿。这种“地中海化”的主要特征可总结如下。

（1）迁移之后有所变形：地中海沿岸的沙滩生活模式迁移到欧洲都市中心后变得细致化而多样，意大利躺椅可能为廉价的宜家轻质椅子、热带木椅或者波罗的海海滩蓬椅等各种变体所取代。

（2）意象、效果的产生主要不是由于环境，而是基于参与者将都市“地中海化”的意愿以及一种游戏般的、自嘲式的、反思性的态度。露天咖啡吧和沙滩酒吧成为后福特主义享受群体的集聚地，他们坐在躺椅上，喝着卡布奇诺和开辟林娜鸡尾酒，就为了要程式化的表示“这很休闲、很酷!”

(3) 此类城市场所营造不仅改变了城市的空间和景观，明显改变了市民的心性和身份认同。直到20世纪80年代，德国人还是不会躺在户外吃喝玩乐，否则就是对公众原则和伦理道德的严重挑战。

(4) 公共空间的私人化。“地中海沙滩”实际上成为居家阳台，是城市公共空间在美学和功能上的私人化。参与者们将城市视为自己家的后花园，而且试图发掘它的美好。

(5) 商业性是其中的重要元素。占有城市公共空间、参与城市文化建设的核心模块是消费，文化产业愈来愈成为最大的经济产业。像鸡尾酒、太阳镜、躺椅等都是要花钱的，而且价格不菲。于是地中海化逐渐衍变成为一种居家旅游。

(6) 地中海化具有两面性。一方面的确开拓了城市新的社会文化空间与实践活动，比如音乐、艺术、青年文化、业余生活文化等。但又从经济、文化上挤压了城市空间，因为它往往局限于异域的高端情景、价格高昂的奢侈品与流行青年文化，这自然就将很多普通人排除在外。但这种居家旅游业的兴旺导致对外旅游业受到城市土著们的排挤与排斥。

(二) 历史遗留到现代诠释的跨时间迁变

每个城市都非常重视自己的文化历史。目光首先聚焦自身所拥有的历史、传奇、建筑、记忆等种种具有独特地域色彩的文化事物，当然也并非是对这些经典事物原封不动地加以展示，而是予以有意义的重新包装、阐释。卡舒巴认为，在二战后的现代化时期，很多城市和地区计划整理历史遗留的景观与建筑，或者对其加以改造以跟上新经济、新美学的步伐(包汉毅，2017)。这些文物古迹是地域文化的载体，蕴含有独特的美学价值，在经历过如此这般的复兴以后，焕发出新的生命力，能够在全球范围内触发、召唤起人们的文化记忆，而且是独属于这座城市的文化记忆，从而助其在全球竞争之中取得暂时的些许领先。

(三) 由精神记忆到物质实体的跨形态迁变

每个城市都还拥有自己专属的集体记忆。这些记忆只是存积于人们脑海中的纯精神形态，逐渐通过一些特定的纪念建筑而呈现。都市中心区不再是一种崇高、庄严的场所，而是“编码”为彰显集体记忆的纪念场所，是承载记忆的建筑物都是经过精心设计的，以特别方式体现着地域的历史、高等文化、艺术和建筑风格。

（四）由世界主义的文化思想到物质实体的跨地域与跨形态迁变

由无形到有形的变迁不仅仅限于共有的集体记忆。西班牙小城毕尔巴鄂的古根海姆博物馆同样以令人目眩神迷的建筑风格吸引着人们的眼球。默默无闻的小城毕尔巴鄂一夜之间成为全球家喻户晓的城市，成为世界主义文化的代表之一。这一类“由世界主义文化思想到物质实体的跨空间与跨形态迁变特别具有吸引力。在汉堡易北河中央矗立的易北河音乐厅，却引发了一番关于品牌化的争论，招致了不少汉堡人的反感，他们认为音乐厅所展示的优雅风格并不是汉堡人的特质”（包汉毅，2017）。

（五）异域文化色彩的跨载体迁变

基于经济利益的变迁还有另外一种情形。在柏林移民区有一家“土耳其菜市场”，服务对象主要是阿拉伯人以及一些大学生和游客，效益低下。但后来经营者进行了文化营销的努力，将市场的名字改为“东方生态市场”。于是由奥斯曼帝国历史、建筑、服饰、骆驼等所承载的浓厚异域风情就迁移到了市场商品的身上，市场所售蔬菜一如从前，摇身一变成为了“生态”健康和“东方”情调的供给品（包汉毅，2017）。市场随之兴旺起来，土著柏林人也蜂拥前来，环绕着这一市场的区域也因而完成了上绅化的过程。这类“民族品牌化”也在奥斯陆、伦敦、北京等各大都市的咖啡店、酒吧、时装屋、浴室等都有体现。

（六）为了“文化”而实施的全方位文化迁变

20 世纪中叶，人们就已经开始抱怨城市生活的“荒芜”，城市的吸引力也越来越下降，纽约市甚至专门发布了印有“I Love New York!”口号的 T 恤。卡舒巴认为，20 世纪 60 年代，现代城市就开始了系统化的文化化工程。推动的力量是自上的城市政策以及自下的公民倡议（包汉毅，2017）。逐渐在都市中实施了一系列由上而下的城市文化振兴或者说“文化”项目，包括资助各种文化项目、文化设施、文物古迹，举办种种文化活动，如音乐会、戏剧、文学丛刊、狂欢游行、大型派对、电影节和富有特色的大型商业活动等。于是城市的魅力又逐步焕发，凝聚力得到加强，因此而促进了旅游业的兴盛，推动了城市的国际性与品牌化。

第三节　城镇文化之于城镇生长的价值指引

城镇文化是城镇系统行为主体在长期的人与自然互动、人与人相处过程中所积累的知识系统，但究其本质而言，城镇文化是城镇系统行为主体如何获得更满意的生存条件和发展机会而必须要遵守的价值标准和行为规范，因而对城镇生长有非常重要的指引价值，确保城镇生长符合行为主体的目标追求。

一、城镇文化的价值标准

价值标准是城镇文化坚硬的内核，是城镇的个性与灵魂，呈现在城镇运行与生长的每一个侧面和过程。作为价值系统的城镇文化是城镇的核心价值观、城市精神、城市性格、城市本质内涵的高度浓缩和概括，是城镇性格、城镇魅力的表达（张娅娇，2010）。作为价值体系的城镇文化外在呈现为城市建筑、文化设施及其遗存和生活习惯等方面，但城镇文化系统是一种以文字、声音、影像等为介质的储存载体而非表现载体，是一种理性而非感受性的客观存在。表面上城镇可以无序生长，但真正决定其生长不是别的，而是城镇文化，而且城镇文化的质量将从根本上决定城镇生命系统的发展质量、城市性格以及城市文化系统价值的增值程度。城镇文化的价值标准指引首先体现在作为价值体系的城市文化能够指导社会层面的行为与生活方式文化，是其内在核心；其次，作为价值体系的城市文化能够决定城市性格、体现城市形象，影响城市定位和发展方向；最后，作为价值体系的城市文化能够促进城市文化融合、创新，为城市文化、经济的发展提供动力和增值空间。

芒福德非常重视城市的文化功能，强调最重要的功能是对人类更高一级的生活有重要意义的那些价值指引功能，有意义的生活才是真实的生活（程相占，2006）。城市应当是一个爱的器官，而城市最好的经济模式应是关怀人和陶冶人。

二、城镇文化价值的动力指引

城镇文化系统所隐藏的价值标准是城镇系统生长发育和行为主体获得更好生存条件和发展机会的基因密码，这些基因序列的结构只能是通过遗传而获得，个体是无法改变的。也正是这些基因序列决定了城镇经济活动如何开展、人与自然生态环境如何相处、人与人之间如何才能和谐共生，实际上是从微观个体到宏观系统由此决定。城镇文化是城镇生长发育的内在驱动力量（孟瑞霞，2018），受到文化基因的控制和指引。

（一）文化是城市发展的磁力线

约瑟夫·汤因比曾指出，人文领域中静态的、非创造性的文化常常促进精巧的技术发明与应运，而较富创造性的文化则将潜能转化为更高、更精细的形式，因而他们的技术发展成品也变得越来越丧失物质形态，体积、重量渐趋减少，设计或机理渐趋简单化（孟瑞霞，2018）。沿着这样的思路，如果城市是一个巨大的磁场，真正吸引人的不是高大上的建筑等物质性设施，而是该城市独特的文化气质，后者是城市磁场中的磁力线。文化之所以有这么大的吸引力，不仅因为将不同风格的人群联系到一起，使他们在思想方法和精神面貌方面具有某种一致性，还因为增强了人们对自己生活城市的认同感和自豪感，愿意为城市的发展贡献自己的力量，自觉地维护城市的市容市貌，推动城市的发展。流行文化成为其发展的重要源泉，流行文化的主要特点是时尚、个性、休闲、奢侈、物质消费以及大众性（孟瑞霞，2018）。

（二）文化是城市发展的驱动力

我国经济社会进入高质量发展阶段后，以人民为中心、以人民美好生活需要为宗旨的城镇化高质量发展将是一个长期的奋斗目标。尤其需要处理人民日益增长的美好生活需要和不平衡不充分的发展之间的矛盾。人民美好生活的需要从物质层次上升为文化的、精神的和环境的需要。消费理念也随着转变，从过去的吃穿住用转向安全、享受、娱乐、求知。消费者更注重产品背后所蕴含的文化底蕴和文化价值，进入了生活品质时代。但我国大多数城市的发展还遵循传统模式，忽视文化在推动城市发展过程中的重要性，致使城市有机体本身的发展不充分不平衡，难以满足市民的文化需求。事实上，为提高城市竞争力就要大力发展文化事业和文化创意产业，增加城市文化设施的数量和文化创意产品的种类，刺激居民进行文化消费，推动城市形态由“生产导向型”向“消费导向型”转变。有学者预测，中国将迎来一个个性化、多元化、数字化的文化消费时代。文化消费既是硬消费，也是软投资，已经成为重要的经济增长点，是一个城市发展的新动力（孟瑞霞，2018）。

（三）文化是塑造城市新人的关键因素

哲学家卢梭曾经说过，房屋只构成镇，市民才构成城（孟瑞霞，2018）。人是城市的主体，是城市有机体的核心要素，人既是城市生活的主体，也是客体，和其他要素一起构成一座完整的城市，没有人的城市是无法想象的，人是特定文化场景中的一道特别的、鲜活的风景线。从当前城市发展的整体水平来看，我国有些城市的市民素质与城市发展并不协调，市民素质往往滞后于城市的文化与历史。

约瑟夫·汤因比所谓“灵妙化”更多是指城市外观的精致化，而城市文化则是指导这种变化的内在原因。文化是城市“灵妙化”的体现，是城市的灵魂所在。城市的一个最大功劳在于将这二者结合起来，城市的物质化是“灵妙化”的基础和前提，“灵妙化”又是物质化发展的推动力，二者在一定的场合相互转化，促使二者相互转化的桥梁就是社会实践。人在改造世界的实践中，外部自然被“人化”而成为美的对象，主体的感觉也相应地因自然界被“人化”而产生审美感觉。这就是主体客体化和客体主体化的相向运动。城市应该是人类按照美的规律创造的人化环境，除了满足人的各种生存需要之外，还需要满足人的精神需要，满足人对美的需要。建设美丽宜居城市，既要懂得外表之美（建筑），也要注重内心之美（文化内涵），只有将物质化的建筑和“灵妙化”的文化相结合，才能建设美丽宜居城市。只有建设这样的城市，才能满足人对美的需求，才能塑造美的市民，才能形成各美其美、美人之美、美美与共的美丽宜居城市，建设美丽中国“灵妙化”。

三、城镇文化价值对城市经济和生活的指引

（一）城镇文化与经济活动

城镇文化价值标准是指导城镇经济活动的基本准则，体现在城镇经济发展战略思想和具体的经济活动的每一个方面。关于城镇文化与经济发展的关系，李亨（2018）梳理了国外学者从经济学视角探索有关城市文化与经济发展的之间的相互关系。马克斯·韦伯（2010）论证了在社会发展过程中，城市作为城市主体的生活空间，经济发展对城市社会的发展起到了基础性的推动作用，促进社会制度和城市文化的发展。而斯科特（2010）从产业集聚的角度对城市文化经济进行研究，认为文化创意产业在地理上的集聚将严重影响着城市文化的建设。具体从制造业和多媒体及衍生产业中阐述了文化创意产业在地理上的集聚效应、规律和机制对城市文化发展的重要作用。城市文化创意产业的发展与城市文化之间具有较强的协同关系，正是协同关系的存在，体现了城市文化在经济社会层面的普遍竞争力。另外，文化消费的盛行使得巴萨特（1993）在分析文化消费内容的转变、地方政府地位的提升、经济重构和城市竞争内涵变迁等基础上，揭示文化对城市社会经济发展的能动作用。城镇文化价值是城镇系统不变的内核，但这种不变是相对而言的，只是变化的程度比较缓慢，甚至有时候无法观察，不能否认城镇文化也是变化的，也不能认定因为城镇文化是变化的而否定他对经济活动的价值指引作用。

在经济活动的范畴内，文化活动本身属于经济范畴，也就是所谓作为经济活动的文化（张娅娇，2010）。城市文化产业与文化经济是与城市实力和发展产生最直接效应的一个层面，在整个城市的发展进程中扮演着越来越重要的角色。作为城市文化中经济活动的文化，直接表现为经济层面的文化产业和文化经济。城市文化活动直接的经济层面表现在文化经济和文化产业中。

城市文化本身能创造巨大的经济效益，成为城市综合经济实力的重要组成部分。文化产业在城市经济社会发展中正发挥着越来越重要的作用，全球文化产业每天都在创造数以百亿美元的价值，还在以高的增速递增。城市文化是城市软实力的代表，也是城市发展的硬资源。文化和经济的融合正是城市综合竞争力的精髓，文化产业以巨大的附加值。对相关产业的带动作用吸引更多的投资者，加快城市的人流、资金流、物流和信息流，能使整个城市得到增值并且催生出新的城市环境。许多城市都已经把加强城市文化建设转变提高城市的文化产业、城市文化和经济的互动结合，从而提高本城市乃至本国的竞争力，并且努力以此作为突破城市和国家发展“瓶颈”的战略来实施。

（二）城镇文化与生活方式

城镇文化的具象层面就是城镇系统行为主体的日常生活，但内核仍然是城镇文化系统所隐含的价值标准和行为规范。至于具体的关联，张娅娇（2010）指出，城市不仅是人群集聚之地，不仅是建筑物、林荫大道和公园的展示与组合，不仅是政治、经济和文化中心，城市最主要的是一种生活方式。城市中作为生活方式、行为方式的文化是人的行为在城市文化中的体现，承载着城市特有的文化信息，是文化通过一定的主体行为体现出来的。作为生活方式的城市文化具体地表现为城市市民的生活活动、素质水平、品位高低、风俗习惯、诚信和公共服务、日常性和季节性的文化活动等直接相关的种种文化现象、文化因素及其相互关系的总和（张娅娇，2010）。

城市文化价值、思想文化的多样性决定了行为方式层面文化的多样性。作为生活方式的城市文化不仅展现了城市思想层面的文化，更是一个以人为主体的文化价值创新和增值体系（张娅娇，2010）。城市中不同的价值、思想层面文化指导下表现出的行为方式，不仅是思想文化的再现，在城市制度的整合和放大功能下，更是文化的再创造、增值的过程。以人为主体作为生活方式、行为方式层面的城市文化是一个充满活力的系统，是文化价值创造的原动力系统。无论是一个持续成长的企业还是一个充满增长活力的城市，必定有一个创新活力和增值力的作为行为方式层面文化系统。如果没有这样一个系统，城市的外在个性将无法展现，城市的经济发展也将缺乏动力。

第四节　城镇文化的建设与扬弃

一、城镇文化建设的现实意义

改革开放以来，我国城镇化规模和速度都堪称世界奇迹。经济社会发展进入高质量阶段后，对精神层次的追求，特别是城镇居民对千城一面的厌烦，逐渐引起了地方城市政府对地方文化传统和文化产业发展的兴趣。

观察改革开放以来的城镇化路径可以发现，早期的城镇发展是以硬件建设为驱动，政府通过城市战略规划、城市产业布局、人口发展模式、城市土地来驱动形成中国城市化（帕克·多克，2013）。我国城镇化长期以经济建设为中心，被各地政府理解为“文化搭台，经济唱戏”。在城市化过程中，中国社会结构落后于现代经济结构，深层次文化结构落后于社会结构（帕克·多克，2013）。人们逐渐认识应注重城市“质量和艺术品位”即城市文化建设。回归中国传统哲学，探寻人与自然和谐共生的整体性认知模式，拓展当今城市文化创新空间。在我国用传统哲学中“以生命的运行机理理解万物”来认识分析城市有机体，将传统文化的内涵与当代价值探寻相融合，寻求城市问题解决途径、寻找新的文化立足点成为关注的热点领域。因此，城市文化的现代化日益成为城市可持续发展的焦点。基于工业文明、西方近代数理实验型科学思潮的驱动，中国在持续推进城市现代化的进程中，城市的物质文化、制度文化、精神文化聚焦于权力意志，缺乏人文情怀，生活节奏太快而导致居民焦虑浮躁，物质空间形态功能趋同等现象。事实上，随着城镇发展到一定阶段后，势必对文化发展提出更高要求，期望城市能够承载更多的人类精神生活的场所功能，使城市居民的生活方式和生活质量具备更加美好的艺术和文化品质。当前阶段中国城市文化系统目标实现的逻辑发展主线：重点塑造技术物质子系统的建筑遗产载体类型到社会关系子系统的伦理秩序要素，再到意识形态子系统的审美意识要素，提升人们获取思想定力与确定性的精神境界，促进城市文化现代化进程中城市居民核心价值观的塑造与培育。

城市文化建设应包括物质文化建设、城市制度建设和精神文化建设三个方面（李云霄，2017）。城市物质文化建设涉及城市建筑、道路、广场等是人们对城市的第一印象，是直观判断这一城市区别于其他城市的依据，在注重物质文化建设的同时，要突出城市的特点，避免千城一面，能够凸显城市制度文化及精神文化的内涵。如果城市物质文化建设滞后，势必影响其他层面城市文化的建设。城市制度（行为）文化建设中城市的制度文化是城市文化建设的行动纲领，也是城市文化建设的重要内容之一，制度文化建设水平的高低直接影响着城市建设大局的稳定与否。行为文化建设是城市文化建设的血肉，表现了城市的功能水准，是城市的主体通过行为体现出来的独具特色的城市文化内容。城市精神文化建设有别于物质文化和制度文化的建设，属于城市内在的建设，是城市文化建设的核心。城市精神文化的建设能够加强城市居民的凝聚力，提升城市的发展潜力，随着城市物质文化的日渐丰富，城市居民将追求更高层次的精神文化，因此，建设城市精神文化是城市文化建设的题中之义。

二、城镇文化建设的系统思维

城市文化建设与经济建设、政治建设的协调性，是城镇文化建设特别需要关注的重要问题（冷云生等，2002）。事实上，文化系统与经济系统、政治系统同属于社会大系统的分系统，他们之间有着密不可分的联系。城镇文化建设必须与经济建设和政治建设相结合才能真正发展起来。文化建设应当立足于经济建设、政治建设的现实去规划文化建设的蓝图，让政治、经济为文化建设服务，同时还要到思想文化领域中去寻求推动经济发展、政治发展的前进动力，文化建设成果对经济发展和政治进步有所帮助，能够相互协调发展。例如大力发展文化产业，使文化建设与社会主义市场经济相结合，让文化和经济互生互长，不仅有利于经济的增长，而且更重要的是使文化充满了内在的动力，能够真正地繁荣起来。适应时代要求，发展绿色文化、生态文化，使文化建设与生态保护、社会效益相结合，实现文化、社会、经济的可持续发展。

从城镇文化建设的环节与过程来看，城市文化建设要有整体思想。文化建设本身就是一个系统整体，有独特的结构和组成要素。中国特色社会主义文化建设要求在全社会形成共同理想和精神支柱，发展文学艺术、新闻出版、广播影视业，是文化建设的重要内容。而营造良好的文化环境是提高文明程度、推进改革开放和现代化建设的重要条件，这是城市文化建设的根本指导思想。而从城镇文化的三个层次来看，文化建设也需要系统性思维（冷云生等，2002）。城市文化建设不仅涉及观念层还包括制度层和物质层。城市文化建设不能局限在狭义的文化建设上，聚焦于观念层文化建设，而应着眼全局，兼顾物质文化与制度文化的发展。城市物质设施、城市建筑、城市环境、城市景观便能集中体现出一个城市的精神风貌；而城市的管理制度和社会稳定程度能反映城市的文化底蕴和文明程度。因此在城市规划、城市建设中展现城市文化风貌，学习先进城市的管理体制和经验、创造良好的社会秩序和文化环境都是文化建设中应该非常注意的。即使是狭义的文化建设也必须注意三个层次文化的协调发展，文化设施、文化管理制度是文化建设所必须的硬件和软件，进行文化建设必须使之相配套，注重整体性。

城镇文化建设还要处理好城市文化与社区文化、企业文化、家庭文化、校园文化、行业文化的关系（冷云生等，2002）。系统论认为系统是由若干不同的子系统内在结合而组成的有机整体，整体由部分组成，部分是构成整体的基础和内容，部分状况对系统整体性质的优劣有着直接的影响。如果说整个城市文化是一个大系统，那么社区文化、企业文化、家庭文化、校园文化、行业文化等便是这个大系统的各个子系统。因此城市文化建设不仅要分别着力建设好这些不同的子系统，使之能够正常、稳定地发展，同时还要注意他们之间的相互协调、相互渗透、相互影响、相互补充、相互促进，从而使之达到整体最优的综合效果。

三、城镇文化建设中的扬弃

城镇文化系统是一个不断在生长发育的有机体，持续承接城镇主体在处理人与自然之间、人与人之间的社会实践过程中所积累的经验，因而城镇文化建设中必然包括不可缺少的否定之否定的工作原则。冷云生等（2002）仔细分析了与文化系统的开放性和动态性的扬弃问题。

城市是一个地域空间内的人员流动、物质和信息流动以及能量流动的中枢，又是文化的集结点和辐射点，各种各样的文化在这里冲突、融合，从而形成独特的城市文化。而城市文化的存在和发展同样离不开同周围环境进行物质、能量和信息的交换与互动，从根本上决定了城市文化系统是一个开放性的系统。各种文化的冲突与融合导致了城市文化系统具有动态的活结构，从而开放性、动态性成为城市文化的基本属性和基本特征。城市文化系统的开放性、动态性大体上形成了以下几种关系。从地域上看有城市文化与国际文化的关系、城市文化与国内民族文化的关系、城市文化与周边区域文化的关系。从时间上看，又有城市传统文化与城市现代文化的关系。

首先，城市文化与国际文化、国内文化以及周边区域文化的关系，包括了中国民族文化与西方外来文化的关系、城市本位文化与国家文化的关系、城市文化与其他城市文化的关系、以及城市文化与乡村文化之间的关系等。在文化建设的方法上，一方面要维护城市文化本身的特色，使城市文化不被西方文化、国内文化和乡村文化所完全同化。另一方面，城市文化要保持开放的特性，对外来文化进行选择性吸收和消化，不断地完善自身而得到发展。这一点在西方文化强烈冲击中国的今天显得尤为重要。开放的胸襟和兼容并蓄的态度，采取“扬弃”的方法，讲究“拿来主义”，这样使城市文化在不同文化的冲突和流动中得到不断的完善和丰富，从而保持永久的活力和旺盛的生命力。盲目的民族文化自大、本位主义和崇洋媚外的民族文化虚无主义都不可取。

其次，城市传统文化与城市现代文化的关系包括了城市文化的民族性与时代性的问题以及城市文化的自我延续与自我更新的问题。由于城市文化系统的开放性、动态性，产生了城市文化的时代性与民族性之间的矛盾，没有文化的时代性，城市文化的时代精神就无法体现。没有文化的民族性，城市的民族精神也无从反映。两者是城市文化不可或缺的两种属性，是城市文化继承与发展的根本动力。对于城市文化的自我延续和自我更新，一方面要古今贯通，不使文化传统孑然中断；另一方面又不惟古是从，墨守成规。而是古今、新旧辩证综合，做到传统与现代的有机融合。

最后，城市的开放性意味着人口的流动，而人是文化的载体，因此对于城市输入的人流对文化建设至关重要。这就要求引进高素质、高文化的人才对城市文化的发展起到极大的推进作用。

第八章　新型城镇化的高质量发展

> 高质量发展的五个维度意味着城镇生长发育要处理好城镇自然生态系统、城镇经济系统、城镇公共管理系统及城镇文化系统之间的良性耦合，这也是城镇共同体建设的基本要求。
>
> ——题记

以人为本的新型城镇化和以人民为中心的高质量发展之间的内在一致性，体现在新型城镇将以共同体的形式成为城镇化的高级阶段，是在扬弃传统城镇化理论基础上的一次蜕变。而城镇共同体的内核既包括以人为本的既有要求，也会涵盖以人民为中心，努力实现人民美好生活追求的目标。而在质变的方面，城镇共同体更强调城镇自然生态系统、城镇经济系统、城镇文化系统以及城镇公共事务管理系统等之间的相互耦合协调，在要求人与自然生态系统“天人合一”的同时，也要求城镇共同体行为主体之间的和谐共生关系。以新型城镇共同体为依托的新型城镇化是实现城镇化高质量发展的载体和现实基础。

第一节　关于共同体内涵的讨论

自习近平总书记倡导构建“人类命运共同体”以来，作为中国面对世界百年未有之大变局的“中国智慧”引起了国内外学者的极大关注。中国知网的搜索结果显示，篇名中含“共同体”的文献竟有41.11万，进一步的文献研读表明，除少量的专著和学位论文外，大多没有就共同体的内涵进行学术梳理和界定，在经济社会发展的现代、后现代语境下的讨论更少。事实上，共同体是个体行为及其互动的结果因经济社会发展阶段的不同而呈现结构各异的生活方式。在传统经济时期，个体行为局限于家庭及家族以及规模有限的村镇，个体互动的结果是滕尼斯所指称的“小共同体”生活方式。在欧洲启蒙运动和近现代科学技术进步的共同推动下，被“现代”和“理性”解放出来的个体，拥有了自主行为能力，个体行为以开放与流动的时空为舞台，个体之间互动的结果便是现代“社会”生活方式。无论是哪一种生活方式，个体行为始终都是以追求自我满意为依归。传统共同体个体间的人格化交往，呈现一种简单宁静的田园牧歌式生活，但受限于低水平的物质生存条件。随着经济社会从传统向现代的转型，共同体本位逐步让位于个体本位，以自我为中心的个体似乎获得了独立人格和个性张扬，但这只是一种虚幻的“自由”。现代社会个体间的非人格化交往，在显著改善个体物质生存条件的同时，却导致了个体的符号化和碎片化，快速流变的生活中充满了不平衡、不确定、不可预测性和不安全因素，随时可能引发危机和风险。事实上，这种精于算计的功利主义将逐步消解现代人对自然、人性以及传统的神圣敬畏，直至将人的自我存在、终极关切化为无形的虚无。可以认为，传统共同体和现代社会都不是一种美好的生活方式。

作为无法逃离共同体而存在的社会化个体，应如何寻找属于自己的美好生活？在现代共同体中，个体如何协调已经过度的个体化与社会化之间的张力，重回传统共同体中那种亲密无间、温馨而平和的精神状态，同时拥有高度的物质文明。有鉴于此，本书尝试在梳理共同体内涵的基础上，探讨共同体的介质性和客观实在性，并分析共同体演变的动力，以此作为实现美好生活的初步探究。

一、共同体含义的讨论

共同体的内涵和外延十分丰富。1955 年，希勒里发现有 94 种定义，到 1981 年杨庆塑统计时竟有 140 多种（李慧凤等，2010）。杰拉德·德兰提的《共同体》梳理了从公元前 4 世纪直到 21 世纪的共同体理论，列出了超过 100 种以上的共同体形式（甘文平，2020）。下面的文字将通过梳理代表性的观点，以便探究共同体的内涵。

共同体概念的提出与传统社会向现代社会转型这个背景密切相关。其内涵源自古希腊城邦或政治共同体实践的总结和提炼，指具有共同的利益诉求和伦理价值、个体之间关系亲密且休戚与共的群体生活方式（韩升，2011）。亚里士多德甚至将构建共同体的终极价值指定为达到某种共同的善，最大限度的公共利益等同于最大的善，成为政治共同体的必然性使命，而政治共同体是人类社会至善的群体（孔凡建等，2013）。

滕尼斯在思考因工业化和城市化而诞生的全新生活方式时，将其指称为“社会”，而将“共同体”这个术语留给此前的传统生活方式。在他看来，共同体是工业化前的小规模传统生活社区，以乡村生活和宗教城镇为代表，基于共同意志和集体本位的社会生活简单而稳定；在相对封闭的历史时空里，基于传统的血缘、地缘和文化等自然形成的一致性和相互融洽，社区居民有共同的善恶观念、共同的朋友和敌人；过着个体间亲密无间、相对封闭、存在着“我们”或“我们的”意识的共同生活（李慧凤等，2010），属于自然历史逻辑的产物。而“社会”是基于个人本位的、因专业化分工所诱制的异质性个体间必然的经济技术联系而形成的有机体，以精于算计的功利主义、契约交换及私人财产为特征。涂尔干认为，共同体是基于自然意志及所有成员共同的情感和信仰，强烈的集体意识将同质性的个体结合在一起（高亚芹，2013）。这种结合方式正是涂尔干的机械团结，是通过集体意识将同质性个体链结成为一个具有内部惩罚功能、低水平的分工和相互依赖性的整体。滕尼斯指称的“社会”与“有机团结”相对应，是由逐步精细的专业化分工及异质性社会成员之间基于功利主义和个体间必然的经济技术联系共同作用形成的、具有专门化惩罚机制和高度相互依赖有机整体（刘海涛，2021）。事实上，共同体不仅仅是指一群人，而在于强调它的整体性（Amitai Etzioni，1993）。无论是滕尼斯的“共同体”和“社会”，还是涂尔干的机械团结和有机团结，虽然在个体互动的形式和内容方面存在一定的差异，但都无一例外地指向同一个结构性整体。正是源于共同生活而析出的传统习俗、语言文字等因素作为一种凝聚力，共同体才得以突现（孔凡建，2014）。类似地，一个共享某种独有的特质、居住地点或实践活动的人类集体，甚至是因各种有形或无形的利益而组织起来的群体，都可以称之为共同体（David Hollinger，2006）。而共同目标、身份认同和归属感是共同体的基本特征（张志旻等，2010）。麦基弗强调共同体的主要特征是共同或公共利益（孔凡建等，2013）。

有关共同体类型的讨论，桑德尔认为有工具型共同体、感情型共同体、构成型共同体（王露璐，2014）与政治共同体（王立，2013）。构成型共同体还可以区分为地区性共同体、记忆性共同体和心理性共同体。但一般而言可以分为三大类，其一是凸现传统的自然生发型共同体，如源于共同风俗、信仰、习惯和社会记忆的村庄、邻里、城市、社区等社会组织；其二是强调现代语境下共同体本质属性的关系型共同体，如基于共享的价值、道德、种族、身份等聚合而成的种族共同体、职业共同体、宗教共同体等；其三是基于某种弱的联系纽带联结而成的学术共同体及知识共同体等。在较为宽泛的界定下，鲍曼（2003）将基于种族、观念、地位、职业、身份等特征而组成的各种层次的团体、组织都称为共同体，诸如小型社区组织、政治组织以及民族和国家等。罗尔斯也将各种类型的“社会联合”都视为共同体，如家庭、友谊组成的群体和社团等（姚大志，2010）。

共同体属于社会学的一个基础概念，而就其所指为何的讨论到今天仍没有结束。滕尼斯提出的“共同体”与“社会”这一对概念，旨在关注个体行为及其互动的结果。共同体时代的个体行为及其互动都在一个相对封闭的熟人空间里完成，呈现一种田园牧歌式的温馨生活。启蒙后的现代社会，个体行为及其互动是在一个非人格化的、专门化的开放空间里展开的，个体化异化成为社会常态，个人主义的理性选择使得分工网络中的个体有一种不确定、不安全和碎片化的孤独感，为了追逐个人利益又不得不强行链接日益疏离的关系，个体交互的结果呈现为凝聚力下降，集体意识日渐模糊，社会整合能力逐渐弱化。就情感而言，个体间交往亲密的共同体生活方式要远好于冷漠的工业化和城市化社会。鲍曼（2003）指出，共同体才是人们热切希望回归的庇护所。韦伯也认为，现代社会只是一种遗失了温馨情感的人类存在方式，对实现人的本质来说，意义非常有限（胡群英等，2010）。在理性层面，不可能否定现代社会极大地改善了人类生存的物质条件这个事实，而回到曾经的天堂。有鉴于此，需要扬弃“共同体”与“社会”的内涵，重新界定个体行为及其互动载体的共同体内涵。鉴于共同体内涵的复杂性，下面的文字将从共同体的介质性、共同体的客观实在性以及共同体的演变三方面进行初步的探讨，为准确界定共同体的内涵作一点必要的准备。

二、共同体的介质性

共同体是生物性个体实现社会化和社会化个体实现个体化的介质。按照麦金太尔的观点，位于社会关系网和历史关系网交汇点上的现实个体，在获益于社会化的同时也会履行共同体对个体的期望以及赋予他的责任和义务（姚大志，2015）。在特定时空里，个体基于持续改善适应状态的需要，主动或被动参与以协作为前提的劳动分工，以此构建了经济的、政治的以及精神的、文化的各类型共同体，实现生物性个体的社会化。同时，作为共同体成员的社会性个体，随着经济日益专门化和社会凝聚力及整合能力的下降，开始追求其独立性、主体性及独特的存在价值，此时共同体内含的价值观念和行为规范将成为形塑个体化的载体，指引个体化的方向。

共同体是个体社会化的媒介，是个体的自我完善和自我发展的基本条件和基本形式（胡群英，2010）。生产活动是个体存在的物质基础，而参与劳动分工无疑能显著改善个体的生存条件。市场经济法则无疑极大地推动了经济活动的日益专门化，使得任何一个生物性个体都只能或主动或被动地选择成为分工网络中的成员，否则不仅无法获得满意的适应状态，甚至无法单独生存。这种基于分工的协作关系使得任何一个个体在实现自己利益的同时，也为其他个体利益的实现提供了基于协作的制度性保障。以此建立的相对稳定和封闭的合作关系在特定的时间和空间里便呈现出某种共生共处的特征，个体之间形成一种彼此依存的关系和秩序，于是职业共同体或类似工会的利益共同体因此而突现。基于经济交往而形成的纽带会渗透到个体生活的其他方面，诱导出各种联结或紧密或松散的共同体，最终形成一个以个体为中心的圈层结构，满足个体各方面的生活需要。此外，在精神层面，个体只有按照形成共识的价值标准去追求公共利益，实现个体间的和谐共处，才能成为公共善的一部分，实现个体生命终极价值诉求（孔凡建等，2013）。由此可以认为，共同体是个体为获得满意的生存状态和精神追求而自主构建的共生共处的一种生活方式，通过组建共同体而完成个体的社会化过程。事实上，共同体能为人的真正自由和全面发展提供现实条件和可能（胡群英，2010）。

生物个体的社会化始终存在个性与共性的张力，共同体价值的形成及其传承势必对个体的自主性、独立性产生消极影响，制约个体价值张扬。而当个体将共同体价值内化为行为标准后，个体价值和目的得以升华，对自主性和独立性也有了新的理解，以此规范个体的自我认同。一般而言，个体化是对个体社会化的扬弃，意味着向更新的现代人的持续迈进，个人的完整性、独立性和独特性以及自主选择和自我责任也越来越清晰。而个体化的起点只能始于自我认同，也只能在共同体里找到满意的答案。自我认同是历史和社会共同形成的，个体既不能自我决定，也不能自我选择。而所有个体只能生活在各种类型的共同体中，经由自我与他者的交往联结成为一个拥有某些共同特征的整体，同时也成为各自历史的一部分。在共同体中，离开相互联系的他者就无法理解自我。个体虽然仅仅只是他自己的历史的主体，也可以进行解释，但真正完整准确的解释还必须经由他者。所以，学者大多认为自我认同的构成要素来自共同体、文化和种族三个方面（孔凡建等，2013）。事实上，对个体自我认同十分关键的价值、义利、善恶、理想等，无一例外均来源于家庭、社区、城市及国家等共同体；共同体文化内含的硬核是个体自我认同的价值标准及行为规范，基于血统之上的共同信仰与种族文化则是个体自我认同的基础性要件。在回答完“我是谁”这个问题之后，个体才有可能构建一套完整的自我行为准则，知道好的或坏的判断标准，对什么是有意义的、什么值得做等都有了清晰的界定。自此，现代人的个体化才能在追求个体独立性、完整性、个体终极价值以及自主选择和自我责任承担的同时，不至于迷失方向，实现个体全面自由发展。

三、共同体的客观实在性

共同体是经济社会演变而呈现出的一种时空结构，具有网络层次性、正式或非正式的组织形态特征，不以人的意志而存在。古典社会学家坚信，现代个体对“根”“身份”和“归属”的追求，意味着共同体不会消失（甘文平，2020）。在个体层面，普遍性和必然性是共同体客观实在性的基本特征。历史表明，人最初必然是一种群居状态，生存于部落、氏族、公社等“本源共同体”中。主要是因为在远古时代，单个的人无法独自从自然界获取维持其生存所需的全部物质生活资料（亚里士多德，2009）。而在共同体中，每个人都以特定身份作为共同体的一个部分发挥作用，以此最大限度满足个人生存需要。个体对生活的追求也是参加共同体的必然要求。城邦的存在不仅仅是为了满足个体生存，还必须以促进善德为目的，追求一种“优良的生活”（亚里士多德，2009），有助于个体获得完备的道德（李义天和曲伟杰，2013）。事实上，只有在共同体中，个体才能获得全面发展自身才能的手段和个人自由。也只有在真实的共同体中，现实的个体才可以通过融入共同体，获得有保障的、真实有效的自由和全面发展（臧峰宇等，2020）。随着社会分工的发展，工业化和城市化进程加快，尤其是在全球经济一体化的今天，个体之间的依赖越发普遍，每个人都不能够独自掌握自己的命运，越发多样的需要既要求个体必须面对，但又不能独自应对（鲍曼，2003）。这也就是个人自主能力越强就会越来越依赖社会，在个人不断膨胀的同时与社会的联系却越加紧密的原因。事实上，涂尔干所谓社会的有机团结，是指基于社会分工和个体异质性基础上的社会联系。但就其本质而言，劳动分工和经济专门化使得每个个体都只能成为分工网络中的成员，个体经济活动既相互独立又紧密相连，彼此共同构成日益精密而又复杂的经济有机体。于是卷入分工网络中的个体无论是在生产上还是在消费上又抑或是社会生活，无一例外地变得更加彼此相互依赖（王露璐，2014）。

共同体作为人的类存在的基本方式，无论是原始共同体，还是此在的民族或国家共同体，甚至是未来的自由人联合共同体，每一个个体都无一例外地必然也只能参与其中，通过共在、共生和共享的方式不断满足自身的自然需要、社会需要和精神需要，不断推动个体全面自由的发展（胡群英，2010）。

四、共同体演变的动力

共同体作为个体互动而链接的客观存在，形式和内容随着经济社会变迁与发生变化。关于共同体的演变路径，滕尼斯认为是从家庭、家族的血缘共同体发展到以村庄为代表的地缘共同体，最后演变为以宗教为代表的精神共同体。也有学者认为是从实体共同体到符号共同体（杨晓东等，2012）。考虑到马克思设想的“自由人联合体”，共同体的演变路径始于传统共同体，到过渡性的现代共同体，终于自由人联合体。

共同体结构的演变源于个体之间互动时联结内容和方式的变化。在劳动分工水平较低的传统共同体存续期，个体之间主要基于自然情感和传统习惯的自然意志为纽带。随着劳动分工与经济专门化程度的提高，现代共同体主要基于理性计算的共同利益诉求、契约及或共享价值观的选择意志为纽带（张云昊，2006）。至于驱动个体间连接方式不断变化的原因，在吴玉军（2009）看来，正是工业主义作为传统共同体的颠覆力量，将个体从家庭、村落、宗教团体等共同体中解放出来，成为现代共同体的成员。在亚当·斯密和马克思看来，现代工业化的本质就是劳动分工与专业化在社会生产中的全方位渗透，不断吸纳各经济要素，逐渐成长为现代社会经济基础的分工网络。启蒙运动赋予个体以自由、平等及个体价值等观念，还给个体以理性、计算、契约等意识，与近代科学技术进步一起成为消解传统共同体的主导力量。脱域后的个体首先拥有了自己的劳动支配权，不再隶属于任何传统共同体，家庭生产功能过渡给工厂，人口的大规模流动打破了宁静的乡村生活，越来越多的农业劳动者流入城市，成为产业工人。在产业技术进步和资本逐利的共同推动下，经济活动跨越了地域的阻碍，使得整个世界就变成了一个以契约为纽带的“交换社会”（李荣山，2015）。近现代化工业像一把巨大的铁锤，砸碎了传统习俗和惯例，使得家庭与家族、乡村、手工作坊等血缘、地缘、职缘共同体的传统功能逐渐远去而成为了历史。至此，传统共同体几近解体。近现代化在赋予个体自由与个体价值，成为拥有理性、计算与契约意识和能力的同时，也将个体推进了不可靠、不确定以及不安全的现代生活中，个体仅仅只是作为一个符号、一个碎片迷失在异化、不安和不满的躁动中。被过度精致和专业化所锈蚀的善良本性与道德情操也无处安放（李荣山，2015）。不可否认，现代个体在追求自主自由和自身利益的同时，也在寻找传统共同体曾经带给他们的温馨而宁静以及亲密无间的交往与信任。急切地想重新回到曾经的庇护所（鲍曼，2003）。正如马克思所言，人的社会属性使得个体无法离开共同体而存在。个体会基于生活实践或所持价值标准，以同事关系、合作关系、商业贸易关系、民事关系等为纽带（杨晓东等，2012），构建经济共同体、实体社区或虚拟网络社区、政治共同体、文化共同体及非营利组织和各种社会团体等现代共同体。以此协调个体生活中现代与传统的张力，平衡个体自由度与情感归属之间的矛盾。

总体而言，个体间经济交往是共同体演变的原始动力。推动传统共同体向现代共同体演变的动力源于近现代工业化，而其本质是生产中的劳动分工与专业化。较低的分工水平决定了个体之间互动的结果只能是传统共同体这种生活方式，随着劳动分工与专业化水平的提高，个体间经济交往只能立足于理性、计算与契约来进行，个体间互动的形式与内容有了更多的现代性特征，互动的结果必然呈现为现代共同体这种生活方式。可以预期，经济专门化的充分发育，同样也会改变个体间互动的联系纽带，在摆脱对物的依赖的同时，迈向个体自由全面发展的自由人联合体。

第二节　新型城镇化建设设计

新型城镇化动力源于城镇系统的自组织、他组织以及两者相互作用而构成，与此相近似的概念有市场与政府、规划与引导、自组织与他组织。因此，推动我国新型城镇化主要采取的措施应该大致包括政府以他组织主体的形式进行新型城镇化顶层设计，在此基础上创新型城镇化制度，充分发展高质量的农村经济，同时特别强调要考虑到城镇文化的继承与创新，以此实现新型城镇化的健康稳定发展。

一、制定总体规划，做好顶层设计

城镇是一个复杂的有机体。在促进新型城镇化过程中，要以国民经济与社会发展规划特别是新型城镇化规划为基础，充分考虑城镇各子系统之间的相互协调与平衡，尤其是城镇系统内部各层级城市的发展协调问题。新型城镇化总体规划首要的问题就是处理好超大城市、大中小城市和小城镇如何协调发展的问题。总体而言，发展大城市有更好的经济产出，对个体而言也有更多的机会发展，由此获得更满意的收入和生活质量，还可以拉动周边区域经济发展。在此过程中，要特别控制好“城市病”产生的负面影响。中小城市在新型城镇化建设过程中非常关键，对吸纳农村富余劳动力和分流农村人口方面起到了非常重要的作用，避免了农村人口的大区域迁移造成的一系列社会问题。小城镇是连接城乡之间的过渡地带，与农村的地理位置接近，而生活方式却与农村有所不同，这些优点又增强了农民工进入城镇的吸引力，只要充分挖掘小城镇的特色，承接中小城市转移产业，与大中城市形成合理分工，小城镇也能找到独特的发展之路。

严肃城镇规划的法律属性，制定科学合理的城市发展规划。首先要考虑城镇发展与其经济腹地的区域经济联系，根据中央政府的规定，大中型城市一定要发挥区域经济中心的作用，承担周边地区经济社会发展的任务。大中城市通过吸纳周边区域物质、信息和能量的输入而得以发展，同时周边地区可以通过参与大中城市经济活动而获得更好的经济产出，从而实现大中城市作为中心城市的带动周边区域经济发展的历史使命。其次是要考虑不同位序的城市之间的协调与均衡发展问题。根据不同位序城市之间的在空间和经济联系方面的强弱程度进行协调规划，规划和诱导城市之间的良性合作与分工。最后是以科学发展为指导，体现城市规划的现代化理念，推动工业化、城镇化和现代农业化和信息化融合发展。以国民经济和社会总体规划为主导，统一协调城市规划与区域规划、土地利用规划、专项规划等关系，加强等级之间、近远期之间规划的协调，完善科学化、民主化和规范化的编制程序，依据实际情况，推进城市规划的转变。

二、创新型城镇化制度

（一）完善户籍制度

健全农业转移人口落户制度。新型城镇化建设首先必须打破城乡二元结构，赋予农民与市民同等权利和待遇；取消小城镇和小城市的户籍登记限制，逐步放开大中城市的户籍限制；大城市和特大城市要改革公共财政体制，加强对农民工的权益保护，逐步实现基本公共服务均等化，尤其是在住房问题、子女教育问题、养老保障问题等方面。

（二）创新就业制度

首先是要努力打破城乡二元分割的体制机制，创造公平公正的就业机会与发展环境。消除农民工的身份限制，要充分考虑进城农民工的就业问题，保障他们的劳动力机会以及权利要与城市劳动力均等，建立以市场为导向的城乡统一的劳动力市场，使城乡之间的劳动力能够根据市场合理有序的流动。其次要完善公共就业创业服务体系。清理农民进城务工的歧视性制度，创建城乡一体的双向流动就业制度（刘国新，2009）；运用财政支持、税费减免、政策性金融服务等手段，以创业带动就业；加强农民工就业技能培训；为农民工提供免费的就业信息和政策咨询。最后要充分激发市场活力，充分利用国家政策，大力支持创业创新，以此带动就业市场更加活力，并且针对不同创业创新群体的需求提供差异化的政策支持。放宽新注册企业的关于场所、等级以及其他方面的条件限制，可以试行“一址多照”等政策，降低创业门槛。

（三）创新农村社会保障制度

逐步健全养老、失业、工伤医疗和生育等保险制度；完善住房保障制度，拓宽住房保障渠道；完善职工基本养老保险制度，依法将农民工纳入城镇职工基本医疗保险；将农民工及其随迁家属纳入社区卫生服务体系。要努力实现新型农村社会养老保险制度全覆盖。按照个人缴费、集体补助、政府补贴相结合、普惠与激励相结合的要求，完善新农保政策，搞好与相关制度的衔接和政策配套。

（四）改革农村财税金融体制

提高中央财政在义务教育、基本养老、基本医疗等公共服务支出的力度（刘国新，2009）；增强地方税收征缴能力，增强地方政府提供基本公共服务的能力；建立政府、企业与个人的农民市民化成本分摊制度；吸引民间资本和境外资金，为城镇基础设施建设和公共产品的供给提供充足的资金。

三、促进农业科技进步，推动农村城镇化进程

农村城镇化源于农业产业链、工业产业链和农村市场网络化的共生演化，提高农业科技进步率，促进农村经济的分工与专业化演进，是农村城镇化不竭的动力。由于农业技术的外部性，公共财政和公共政策支持必不可少。

（一）明确农业科研政策的重点和方向

随着工业化和城镇化的快速发展，可耕地面积、农业劳动力资源以及农业生产环境等生产条件日益恶化，使得市场对培育高产优质品种、研制自动化农业机械、开发绿色农业生产资料等方面的需求旺盛，也是农业科研政策的重点。主要集中于发展高新农业生物技术和技术贮备，保持和提高土壤和水资源高效利用，提高科学栽培和养殖水平，改进农产品加工和贮运技术。同时以农业软科学与国家发展战略的研究为指导统筹安排，开展产供销、农工贸、种养一体化及农产品流通、营销等方面的研究。

（二）加大农业科研投入，创新农业科技投入政策体系

目前，我国农业科技投入只有农业总产值的0.6%，而发达国家在3%以上，甚至一些发展中国家也在1.5%～2%之间。因此，中央和各级地方政府不仅要加大投入，还要建立农业科研投入的财政稳定机制，健全政府、社会、企业多元化投入机制。为此还要进一步创新农业科技投入的政策和方法，健全农业技术推广投入的长效机制，逐步提高我国农业技术公共投资占农业GDP的比重，加大农业技术研究、技术成果转化与推广应用等方面的投入，探索建立分级负责的农技推广投入机制。

（三）完善农业科技人才培养政策体系

首先是要重视与加强新型农民科技知识培训。开展农民职业教育，通过建设科技示范区、示范场、示范户和示范基地，提升农民农业科技素质。其次要加大农技人员培训，完善基层农技人员的培养和选聘，增强农技推广人员服务能力。再次要改善涉农高校的人才培养结构，优化农业科技研究和推广人才的供给，提高农业科技服务效率和农业科技转化率。最后要强化农业科技人才政策保障。优化人才政策环境，协调人才政策体系，加大政策执行力度，创新人才培养机制，突出人才激励效应。

（四）创新农业技术推广政策

首先要健全农业科技推广政策体系。创建信息综合平台，改善政策执行绩效；构建科学合理的农技推广工作绩效激励考核制度；借鉴美国“三位一体”和日本“双轨式”推广模式，发挥农协等社会组织的重要作用。其次是分类构建农业科技推广系统。明确公益性推广服务由政府承担，经营性推广服务由市场组织承担，中介性技术推广采用收费与政府补贴相结合。再次是创新农业技术推广管理体制。明确政府与市场的范围，组建全国统一的农业公共服务中心，强化县级指导和乡镇实施功能；引人市场机制和激励措施，提高农技人员专职化水平。最后要利用公私合作和政府购买方式，吸引社会资本参与农技推广工作，扶持农技中介组织发展。

四、发展农村经济，促进农村地区城镇化进程

（一）促进现代农业的专业化分工

首先，加大农业科技创新与推广的投入。鼓励大型农业企业依托农业科研院所，提高自主研发、科研成果转化及产品精深加工能力（齐力，2013）；引导农业科技成果转化和推广，完善市、镇、村三级农业推广体系的网络建设，提高科技进步对农业的贡献。

其次，加快土地资源的有效配置。尝试以企业为主体，吸引农户以土地参股、入股与收益分红等方式实现土地流转；通过土地置换、土地信托、合作社参与土地流转、宅基地入市交易等方式，实现土地向专业大户、种养殖

及加工能手、农业公司流转（齐力，2013）。

再次，选择科学合理的农业产业化经营模式。推进家庭经营、集体经营、合作经营、企业经营等共同发展；鼓励和引导工商资本向农业输入现代生产要素和经营模式；政府要为土地向专业大户、家庭农场、农民合作社、农业企业流转创造条件。

最后，加大财政扶持和金融支持的力度。以龙头企业为重点，为农业基础科研、农产品批发市场建设提供信贷优惠、贴息支持或资金补贴；降低农村金融的准入门槛，加快村镇银行发展，满足农业产业化的资金需求；加快构建公益性服务与经营性服务相结合、专项服务与综合服务相协调的新型农业社会化服务体系。

（二）促进农产品加工与制造业的专业化演进

以农产品加工与制造为核心的农村工业化，是农村城镇化的主导动力。首先，培育农村工业化主体，强化龙头企业在农村工业化中的基础性作用，促进以农产品加工制造企业、流通营销企业及种养殖大户为核心的要素集聚与扩散，提高农村工业化主体的发展能力。其次，地方政府要加大技术研发与创新的投入，以农业高新技术园和产业化基地为依托，通过产业链传导，优化农业产业结构，发展专业化和特色化的品牌农业，实现现代农业与农村工业的良性互动。再次，以农产品流通及营销企业为基础，构建多层次农产品市场营销网络，培育农村市场中介组织，促进农村内需市场的发展。最后，强化各级政府在政策指导、投资支持、技术培训、信息服务等方面的服务职能，为农村工业化创造良好的生产经营环境。

（三）推进农村经济活动的市场化

首先，加快农村市场化进程，培育合格的市场主体。不断提高农村市场主体的市场观念；建立一批龙头企业协会、经纪人协会等市场中介组织，形成相对稳定的产销关系；政府鼓励各类专业协会与合作组织发展成为流通服务组织，并提供政策和资金支持。

其次，健全农产品市场体系。统筹规划农产品市场流通网络布局，建设无公害食品、有机食品和绿色食品批发市场；创建农产品收集、存储、加工、运输、销售各环节的冷链物流体系；适度放开农产品价格，建设农产品期货市场，理顺农产品比价。

最后，逐步完善城乡统一要素市场体系。在承包土地确权的基础上，通过依法、自愿和有偿的方式流转土地承包经营权；规范和完善农村劳动力市场、农村资金市场、农业技术和生产资料市场；完善农村市场信息网络体系，提供要素价格信息。

五、继承发扬传统文化，丰富新型城镇文化内涵

文化是新型城镇的灵魂和生命力，突出城镇有地方区域特色的文化特征，强调自然环境与人文社会和谐相处的理念和哲学原则，有利于城镇健康可持续发展。要做到这点需要做好三方面的工作。

首先要不断强调文化建设是新型城镇化建设的必然内容。在城镇经济、社会、政治、生态建设中坚持以优秀的地方文化传统价值观念为内核，指引新型城镇各方面建设工作健康有序开展。地方政府要突出文化产业发展的战略目标，加强文化产业方面的资金与人才投入，将文化投入增幅、文化基础设施建设等指标归入新型城镇化绩效考核体系。同时要认真考虑新型城镇规划中体现由地方特色的人文理念。充分利用地方文化资源，与院校研究机构合作成立顾问团指导城镇规划与实践，在城乡总体规划、土地综合使用规划以及城市建设规划、产业发展规划、生态环境规划、交通建设规划等都要充分地方文化特色。

其次坚持传承与创新相结合，重视城镇自己的文化宣传教育。开展传统文化培训项目，提升人民群众的文化修养；在提炼城镇和新文化价值观念的基础上，构建城乡民众共同的精神家园，提高农村地区居民综合人文素养；大力弘扬中华民族优秀传统和新时代背景下的新美德，积极组织道德实践活动，引导农村社区居民增强道德荣誉感和是非判断能力；宣传倡导文明村（镇）、文明社区（新农村社区）、文明家庭等模范先锋的争创评优活动。

最后要抓文化理念的落实。在新型城镇建设实践中文化的价值既体现在文化产业发展所带来的物质财富的增长，也表现为城镇居民之间、与自然生态系统之间以及与其他城镇之间的和谐相处。在资金和制度方面要先落实基

本原则，同时在传承的基础上不断创新地方文化，使之与新时代新任务有机结合起来，推进文化的新业态健康良性发展。制定城镇文化产业发展规划，策划一批重点文化产业项目，发展文化休闲、文化旅游和观光农业等。

第三节　新型城镇化高质量发展

以人民为中心的新型城镇化高质量发展是经济社会高质量发展的重要主体和强大动力，是加快形成“双循环”发展格局的重要载体。但新型城镇化在实现经济快速发展的同时，还存在着城镇经济与自然生态的良性耦合机制尚未形成、城镇文化的扬弃与传承不断弱化、交通拥堵、水患频发及城镇新区几乎千城一面等问题，曹坤梓等（2022）和武廷海（2020）关于新冠肺炎疫情对城镇经济社会全方位冲击的研究表明，重大的突发公共卫生事件也对城镇化质量提出了更高的要求，触发了城镇治理体系和治理能力建设的迫在眉睫。

一、城镇化高质量发展的文献梳理

国内有关城镇化质量的研究文献大量出现始于2012年，目前仍是学者关注的热点。研究内容主要包括基于指标测评的应用性研究、城镇化质量内涵和研究范畴及其维度的探究，涉及城镇子系统耦合机理方面的研究文献不多。国外学者近5年的城镇化质量研究主要以发达国家城市为研究对象，主要关注城市经济成果共享和绿色城镇化。国内外高质量研究成果是本书探讨城镇共同体高质量发展动力机制的基础。

城镇化质量测评方面，肖祎平等（2018）从城市自身发展质量、城市化推进效率、城乡一体化程度和城市可持续发展能力四个方面构建了城市化质量综合评价指标体系，但没有就二级指标选择的合理性进行论证，而只有一个解释性说明。赵玉等（2020）从经济发展、科技支撑、生态环保和协调共享四个方面测度了高质量城镇化，但没有考虑城镇公共服务和城镇治理这两个维度，将科技支撑与其他三个指标并列为二级指标也没有做出合理的解释。

徐维祥等（2020）在考虑居民福利水平和能源消费结构等因素后，重构了城市化质量评价指标体系，认为环境规制对城市化质量存在门槛效应，研究结论对现有指标体系的完善有贡献。张慧等（2020）将城市韧性视为高质量城市化的一个维度，以测评城市应对灾害风险能力，是对现有指标体系的进一步完善。至此，高质量城镇化测评指标体系的代表性研究成果已呈现出基本的共识，但仍没有涉及城镇文化这个因素。姚科艳等（2021）开始构建城市化质量与文化产业发展互动效应的 VAR 模型时，才填补了这个空白。中国社会科学院《城镇化质量评估与提升路径研究》创新项目组（2013）从城市发展质量、城镇化效率和城乡协调程度三个维度，构建了城镇化质量综合评价指标体系，但各级指标的主观赋权以及缺少城镇公共产品和服务的维度，限制了评价结果的客观性。苏红键（2021）创造性地从协调融合的视角强调城乡之间、城市内部、城市之间、人地之间的结构关系，只是由 4 大类 8 个指标构建的指标体系还需要进一步完善。王冬年等（2016）基于经济发展质量、生态环境质量、城乡统筹、公共服务质量等 4 个一级指标、20 个二级指标构建的评价体系，因城镇文化和城镇治理维度的缺失而失去了部分解释能力。关于城镇居民生活质量与城市化质量的关系，戴为民等（2020）、李琪（2020）认为，城镇化质量最直接的体现应该是居民生活质量，后者还从经济基础、公共服务、生活方式和生态环境四个方面进行了实证研究。胡晶晶等（2017）进一步论证了经济、空间及生活的城市化才是城市化水平的“质”。新西兰统计局的城市化质量指标体系也包含健康、安全及住房等方面的生活质量指标。上海市城调队课题组进一步将生活质量细分为收入、消费、生态环境及社会保障等 9 个方面。事实上，居民生活质量才是新型城镇化以人为本和高质量发展的唯一指向，必然也是构成城镇化质量测评的重要指标。

国外学者有关城市化质量的研究，主要集中在城市经济发展成果的分配和共享以及城市的绿色化方面。Sarkar 等（2020）比较关注城市知识经济与高收入之间的关系，在澳大利亚和美国的功能性大都市地区特定高收入的知识经济相关行业中，工人数量和总收入存在基于城市规模递增的规模回报，而城市经济规模收益不变，但论文没有进一步分析知识经济的溢出效应和财富的第二次分配对最终分配的修正。Sarkar 等（2018）实证研究发现，澳大利亚城市规模越大城市越富有，城市人口规模和密度越大，较高收入群体的增长更快，收入差距也会越大，但对这种正反馈机理的分析还比较简单。Shutters（2022）的研究表明，美国城市总工资随城市规模呈超线性非均衡增长，最高工资收入者的总工资增长速度快于所有其他群体，Manduca（2019）基于法国的数据、Roca 等（2017）基于西班牙的数据研究验证了这个判断，至于超线性非均衡增长的原因则没有太多的解释。Shutters（2020）研究美国大都市和小城市地区的总年工资与劳动力的幂律比例系数后也发现，全球化时代小都市区的溢价有所下降，而大都市地区的溢价普遍上升。Shutters 等（2018）研究 6 个工业化国家城市职业网络密度与网络规模的关系后发现，网络密度或经济相互依存度都随着不同职业的数量呈超线性增加，但对这种因专业化分工演进与报酬递增而引致的现象没有做进一步的理论分析。可以认为，这些实证性研究结论无疑与西方发达国家城市化实践相互印证，但几乎没有分析导致这种现象的深层次原因，仅限于微观层次的分析也无法提出可行的建议。在城市的绿色化研究方面，Thapa 等（2021）以全球 246 个案例为基础研究了城市化与环境变化的关系，结果表明城市化的生态结果在很大程度上是负面的，与农业经济可行性和就业相关的社会成果大部分是积极的，而与文化和公平相关的社会成果主要是消极的。Muñoz 等（2020）基于奥地利 8000 多个家庭的碳足迹数据研究了城市化与温室气体排放的关系，城市居民的碳足迹最低，其次是农村居民，然后是半城市居民。Ceola 等（2021）还发现了地表水流失与城市化水平的正相关，Jalalzadeh 等（2021）则发现了热脆弱性指数（HVI）与城市化水平的正相关，Whanhee 等（2020）的研究也得到了类似的结论。这些城市绿色化的代表性实证研究结论是可信的，但将城市环境恶化的原因归结单一或少数几个方面是有缺陷的，任何城市现象都是城市经济、自然生态及城市文化等各子系统之间非线性作用的结果，而这方面的研究几乎尚未开启。

综上，城镇化质量测评指标体系的研究虽然已形成共识，但还有不足，尤其需要开展跨学科视角的系统性研究，完善测评指标体系的维度。研究范畴及其维度的研究还略有分歧，大致认为城镇化质量应涵盖城镇经济及城乡一体化、居民生活质量、城镇空间与可持续发展、城镇人口与环境等维度。

这些共识性的研究维度也还需要进一步厘清彼此之间的关系，梳理各维度的作用层次及其可能的范畴交叉，在此基础上提炼和构建更客观、更准确测度横量新型城镇化质量的指标体系。国外学者的实证研究成果需要在肯定的同时，也需要意识这些分析还只是客观现象的定量描述，至于导致工资水平差异扩大和分配不公平以及城市化对环境的消极影响等方面的深层次原因几乎没有进一步的探究。总体而言，现有研究可以对城镇化质量的某些侧面属性进行较为客观的描述，但目前的研究仅限于“人口—经济—环境”系统这个范畴，还很少涉及城镇治理和城镇文化这两个维度，本书将城镇经济、自然生态环境、城镇治理和城镇文化视为“四位一体”的城镇化高质量发展动力机制，阐述四者之间的耦合机理。

二、新型城镇共同体高质量发展的内涵

（一）城镇共同体内涵

提炼共同体内涵可以发现，作为个体社会化的载体，无论是分工不甚发达的传统农业社会还是分工日益精细的现代社会，共同体都是一种客观且必然的联结方式。学者对城镇是否是共同体尚有争议。滕尼斯勉强认可工业化早期的城镇是共同体，大城市则不是。马克斯·韦伯虽然认可城市是一种共同体，却将绝大部分西方中古城市和18世纪城市排除在外。正如麦基佛与涂尔干所言，无论是传统社会还是现代社会都有共同体存在的价值基础，由各种共同体迭加而突现的城镇有机体也是如此。

本书认为，城镇共同体是指在城镇经济生活的专门化和网络化进程中，行为自主体为了获取满意的适应状态而基于相同或相近的目标及利益追求、价值观念及行为规范与理性算计，而自主联结成为特定时空范围内的一种社会组织方式。城镇共同体在致力于物质财富创造而构建经济共同体的同时，还基于共有的价值观念和行为规范以及因此而产生的情感纽带和风俗习惯构建个性化的、鲜明地域特色的文化共同体，赋存其中的价值标准和行为规范是理解城镇共同体凸现及其存续、演变的锁钥。源于城镇公共事务治理需要而产生的政治共同体、职业共同体以及价值共同体都是城镇共同体的多个

侧面。

（二）城镇共同体高质量发展内涵

在传统型城镇共同体生长发育的各阶段，无论是微观个体还是城镇系统，主要致力于追求满意的经济适应能力，在更多关注物质财富创造的同时，几乎忽视了城镇自然生态和城镇文化之于城镇共同体存续与发展的价值，城镇公共事务的治理往往陷于被动应付的窘境。新型城镇化强调了以人为核心的城镇化，但尚未将城镇经济、城镇自然生态、城镇文化与城镇治理视为一个必然的有机整体，有关四者之间良性耦合机制的理论探讨和实践探索还没有引起关注。在以新发展理念指导经济社会高质量发展的新时代，势必需要扬弃传统型城镇共同体的内涵，将城镇化推进到一个新的、更高的阶段。

作为新型城镇化的最新阶段，城镇共同体高质量发展是指全面贯彻新发展理念，持续创新以推进城镇经济的分工与专业化演进，以社会主义核心价值观为指引，传承和发扬优秀传统文化，使之成为城镇治理体系和治理能力现代化的价值基础，协调人与自然的张力以实现和谐共生，构建城镇经济、城镇文化、城镇治理与城镇自然生态四个子系统之间的良性耦合机制，共享物质文明和精神文明的发展成果，不断满足人民群众美好生活的需要。城镇共同体高质量发展的内涵有四个侧面：(1) 以人民为中心，以共享为根本目的，着眼于满足人民群众日益增长的美好生活需要和民生福祉的增进，以物质财富积累为人的全面发展、全体人民共同富裕创造条件，不断增强人民群众的获得感、幸福度和尊严感。(2) 以绿色、低碳发展为原则，着眼于“碳达峰”和“碳中和”远期目标，探索运用自然生态演变规律，确保国家自然生态安全，建设人与自然和谐共生的美好生活。(3) 以创新为第一动力，着眼于城镇经济高质量发展新动能的培育、自然生态环境健康稳定和良好生态服务的供给；用社会主义核心价值观统领城镇文化的扬弃与传承，使之成为城镇治理体系和治理能力现代化的价值指引，构建人民生活高质量发展的永续动力。(4) 在协调城镇经济发展、自然生态安全、城镇文化发展与城镇良性治理四个子系统均衡发展的同时，着力探索四者之间的矛盾调适，科学构建良性耦合机制，实现城镇共同体高质量发展。

三、城镇共同体的结构及其动力机制

（一）城镇共同体的结构

城镇共同体的微观结构必然处于不断变化之中，但总可以发现其变动不居的宏观构造。首先，城镇共同体只能以自然生态系统为基底启动其历史演变；其次，自然资源禀赋与专业知识的共同孵化，将催生出分工水平与专业化精细程度不断提高的分工网络；再次，分工网络的层级结构意味着社会利益的多元化，而与之共生的公共事务势必催生政治共同体的突现，以实现城镇的有效治理；最后，能动性主体将人与自然以及人与人之间的互动反馈结果凝练为文化的形式与内容，内含的价值观念和行为规范将调和人与自然以及人与人之间的张力，以获取满意的适应状态。据此可以认为，城镇共同体主要由城镇自然生态、城镇经济、城镇文化及城镇政治四个子系统构成。

1. 城镇自然生态系统

自在的自然生态系统既是生活的场所，决定着经济活动的潜在可能和发展路径。国务院发展研究中心和世界银行联合课题组（2014）强调新型城镇化适应自然生态环境压力，是新时代城镇共同体建设的基本原则。生态系统作为一个自在的独立系统，与城镇经济活动和居民生活休戚与共。附存于自然生态系统的自然资源作为生产要素输入城镇经济系统，在一定技术经济条件下部分转换为物质财富，另外一部分以废弃物形态重新进入自然生态系统。在此过程中，城镇共同体将因技术经济进步和制度创新而获得发展，而生产活动排放的废弃物种类和总量也将快速累积。同时在流通、分配和消费领域所产生大量的废弃物，最终也将进入自然生态系统。人类社会在没有完全掌握自然生态系统演变规律之前，获取自然资源的能力越强，破坏自然生态系统平衡的可能性就越大，也会逐步弱化其自我净化能力。当废弃物的种类和总量超出自然生态环境自我净化能力时，城镇生产生活环境将急剧恶化。正如科特金（2014）所观察到的那样，这种不可持续的城镇化方式必然消减经济发展潜力，降低居民生活质量。事实上，城镇作为深深嵌入自然生态系统的社会有机体，必须以遵循自然生态规律为准则，充分发挥主观能动性，通过技术进步和制度创新调和自然生态系统与城镇社会经济系统之间的张力，实现人与自然的和谐共生，为人民群众孜孜以求的美好生活提供一种现实可能。

在高质量发展阶段，要通过技术进步和制度创新，在持续提高稀缺资源使用效率的同时，不断降低生产生活中最终废弃物的排放水平，通过生态系统功能的修复与优化，最终实现“碳达峰”和人与自然和谐共生的“碳中和”。新发展理念不仅是构建物质文明与生态文明之间良性耦合机制的指引，还是城镇文化共同体建设的硬核和基石，也是城镇政治共同体建设的灵魂。

2. 城镇经济共同体

从城镇起源及其演变路径来看，政治与军事是商品经济和劳动分工的发展使得城镇主体生存与发展的相互依赖性逐步增强后，城镇才具有了经济共同体的属性。欧洲商业革命、工业革命使得个体之间从人身依附的政治纽带向自由平等的经济纽带转换时，城市共同体的本质属性开始向经济共同体转换。技术进步与制度创新的良性耦合可以通过城镇工业的专业化演进，创造出新的职业种类和就业岗位。在劳动力资源配置有效的前提下，专业化演进所创造的就业岗位在为高技能劳动人口提供就业机会的同时，也为低技能劳动者的工作经验回报和流动投资，为众多低技能农民工获取城市工资溢价创造了条件。

在高质量发展阶段，要让创新成为第一动力，通过技术进步和制度创新的良性耦合持续推进经济高质量发展，实现以人民为中心的共同富裕，共享经济发展成果。协调经济与自然生态之间的矛盾，构建两者之间的良性耦合机制，实现城镇经济的绿色化和低碳化。至于个体间非人格的、冷漠的理性算计，通过城镇政治共同体的良性治理和文化共同体的建设而获得消解。

3. 城镇政治共同体

经济活动是城镇凸现及存续与发展的物质条件，而政治活动也是城镇发展必不可少的前提条件。按照亚里士多德“城邦即政治社团”的观点，政治共同体不仅能为城镇经济活动所必需的秩序和劳动成果的合法持有提供保障，还能够为财富与资源的分配提供基本的政治原则。城镇日益广泛而深刻的公共性，使得城镇政治共同体建设成为一种日益重要的必然需求。事实上，城镇政治共同体通过治理体系和治理能力的优化和提高，不仅为经济活动提供稳定、有效的公共秩序，还为城市社会的平稳运行提供必要的意识形态和价值引领。具体而言，城镇政治共同体之于经济活动的价值有四个方面：（1）维护正常的城镇经济活动秩序。（2）统一的政治架构或意识形态，既是一种凝聚力，也为劳动成果的安全持有提供强力保障。（3）为城镇共同体的存续与发展提供制度保障。（4）为城镇存续与发展提供诸如“正义”“友爱”及“幸福生活”等基本政治原则。“正义”原则既体现在社会共同财富的分配正义，也表现为非正当获利的调节正义，还体现在个体间经济交换的互惠正义。互惠正义在强调市场主体平等、自由的同时，意味着市场交换注定是一种共同体行为，从而使得个体在追求利益和幸福的同时，也为共同体其他成员提供了现实可能。在相互友爱的城邦中，实践正义更有保证。友爱与正义共同构成良善城邦的坚实基础，为个体幸福生活的实现提供动力。在亚里士多德看来，以最高善业（即幸福）为目的的城邦，不仅是通过公共权力机关的活动起着维持社会秩序的作用，更重要的是创造和保障公民过上既富有高尚的道德情操，又能充分满足物质需要的幸福生活。

新时代政治共同体建设要坚持习近平中国特色社会主义思想，使新发展理念成为城镇治理体系和治理能力现代化的基本准则，协调城镇经济与自然生态系统之间的矛盾，推动两者之间的良性耦合，指导城镇文化共同体建设。

4. 城镇文化共同体

城市不仅是一个经济集聚的场所，也是各种礼俗和传统构成的一种心理状态，还是一个情感丰富的实体和一种生活方式，可以将其区分为物质文化、制度文化和精神文化三个层次：第一层次是城镇有形的物质载体，如建筑、道路、植被等；第二层次是处理人际交往的各种行为规范，如家庭婚姻制度、经济制度及政治制度等；第三层次是城市文化的内核或深层结构，隐含在各异的风俗习惯和传统中的价值观念，是制约和规范第一层次、第二层次城市文化的硬核。城镇文化的内核为城镇居民提供了价值尺度和行为动机。“一方水土”孕育的城镇文化是基于共有的文化共同体价值影响成员选择的重要力量。正是个体基于某一特定文化价值观念和心理定式融入城镇的存续与发展的历史路径，才能在意识上确立个体身份和社会角色，还能通过比较赋予个体独特的文化身份符号与位置标识。当这种析出的价值观念和人文情感得到城镇个体广泛认可和接受，内化为自身行为规范时，城镇文化共同体便已突现为一个不依个体主观意志的客观实在。这种以价值观念、心理特征和人文情感为依归的文化共同体是城镇共同体不竭的生命之源，不断析出和传承的城市文化通过“文而化之”，使浸润其中的居民产生出一种特殊的眷念，一份只属于这个城市的独特情感，从而将所有居民链结为一个有机整体。傅才武等（2016）强调城市的发展还使得城市公共精神成为居民认同的精神价值与共同追求。

高质量发展阶段的文化共同体建设，要在社会主义核心价值观的指导下，传承和发展优秀传统文化，其内含的价值观念是城镇政治共同体运行的准则，也是城镇经济与自然生态构建良性耦合机制的指引。

（二）城镇共同体的动力机制

城镇共同体由经济共同体、文化共同体、政治共同体和自然生态系统四个子系统构成，是一个持续生长演变的复杂自适应系统，正是四个子系统之间的相互制约与耦合构成了自适应生长的动力机制（见图 8-1）。从城镇共同体的突现及其演变的历史路径来看，子系统的涌现及其功能并不相同。下文将据此阐释四者之间的耦合机理。

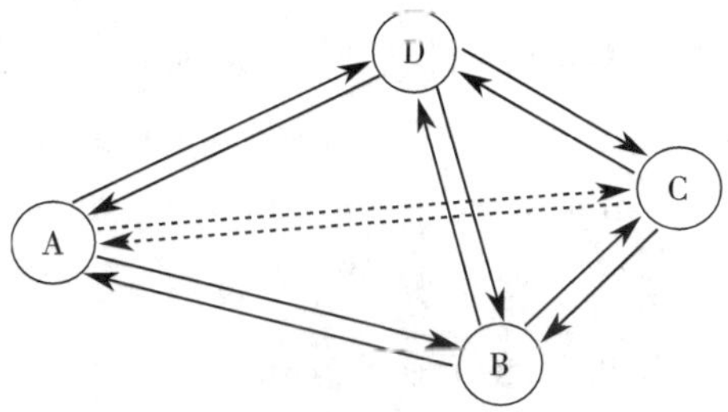

图 8-1　城镇共同体动力机制耦合图解

自然生态系统是一个结构与功能复杂多样的自适应生命共同体，既先于人类社会又有其自身的演变规律，是气候与地质活动历史演变的结果。先于城镇的突现且自在于城镇共同体之外而演变的自然生态系统，在接纳人类社会的同时规定了人类活动的临界点和极限值。这就意味着城镇经济活动在既定技术条件下，获取自然资源的数量必须低于这个临界点，且在加工、分配与消费过程中所产生废弃物的数量和种类也必须在城镇自然生态系统净化能力范围之内，才能够为城镇经济活动继而为城镇生长提供稳定健康的生态服务。主观能动性在推动技术进步和经济发展的同时，还能持续提高对自然生态系统演变规律的理解和自主遵守，也能减少生产和消费过程中产生的废弃物。这样就可以实现城镇经济发展与良好生态服务的兼容，从而使城镇经济系统与自然生态系统的良性耦合成为可能。总体而言，独立于城镇经济系统之外的自然生态系统，既是城镇经济活动的资源和生态服务的供给源泉，也规定了城镇经济发展的潜在可能性，而主观能动性将通过技术进步而使得城镇经济与自然生态系统的良性耦合成为可能。

城镇经济活动与自然生态系统之间的正负反馈，将在行为自主体主观能动性的作用下进行人与自然之间的张力调适以及人与人之间的竞争与合作，随着适应性应对结果的反思和累积，将升华为城镇文化的具象和抽象，城镇个性与灵魂由此突现。事实上，城镇经济活动始于自然资源的获取，因技术进步而逐步提高的获取能力将对自然生态系统的稳定和自我净化能力产生消极影响，而随后的加工制造、分配和消费产生的废弃物还将强化这种外源性压力。在行为自主体之于自然生态系统演变规律的无意识状态下，每一次试错性的矛盾调适都将成为掌握并运用规律的基石，每一次的行为调整也将成为逐步接近行为规范的跬步，这种累积性迭代将逐步凝练为人与自然和谐相处的行为规范和价值标准，最终析出为城镇文化的基石。在此基础之上，城镇经济的分工与专业化演进使得经济主体之间的相互协作成为一种客观需求，而基于追求适应性目标的制度创新使协作具备了现实可能性。这种累积性制度创新将凝练为城镇居民之间和谐共存的行为规范和价值标准，渗透到生产生活的每一个侧面，成为城镇居民理解、遵守的最高原则，并内化为一种无所不在的潜意识。

总体而言，源于城镇经济与自然生态系统和谐共生的知识和法则及其表现形式，与源于分工协作需要而引致的城镇居民之间和谐共存的知识和原则及其外在形态，共同构成了城镇文化的主要内容。而隐于城镇文化之中的价值观念既是实现自然生态系统健康稳定的基本准则，也是城镇经济高质量发展的指引和依归，还是这两个子系统良性耦合得以实现的保障。需要指出的是，这种价值引领需要通过城镇政治共同体来实现。

城镇政治共同体的职责与使命在于履行公共事务管理，是城镇存续与发展的必然要求。其功能不只限于公共产品和公共服务，还在于以城镇文化所内含的价值观念为指引，既要确保城镇自然生态系统健康稳定和良好生态服务的供给，也要为城镇经济平稳运行和高质量发展提供保障，还要合理调适两者之间的矛盾。城镇公共事业的日常管理在于提供公共领域的医疗卫生、交通、社会秩序、文化教育及社会保障等公共服务，所需资金还有赖于城镇经济健康稳定的可持续发展，因而对城镇宏观经济的监测与调控、自然生态系统平衡的维护以及两者之间的矛盾调适成为战略管理的核心内容。无论是日常管理还是战略管理，所遵循的宗旨与原则唯一来源于城镇文化所隐含的核心价值观，而这种观念在保持相对稳定的同时，仍将持续地受到城镇经济系统与自然生态系统的矛盾调适实践经验的更新而演变，而城镇居民的社会化、个体化也是城镇文化发展的重要源泉。另外，政治共同体的相对独立性意味着功能输出指向也包括城镇文化公共事业管理，涵盖城镇文化的具象和抽象两个层面的调控，将使文化产业和文化事业的发展不致背离其核心价值观念，使城镇共同体的本真和个性得以存续。

四、新型城镇共同体高质量发展建议

（一）新型城镇共同体高质量发展动力机制耦合策略

新型城镇共同体高质量发展动力机制的良性耦合需要开展四个方面的工作：(1) 扬弃城镇传统文化，创新城镇化发展理念。充分发挥城镇主体的主观能动性，梳理城镇传统文化的历史脉络，提炼其合理内核，辅以新发展理念，使之成为指引城镇共同体高质量发展的价值标准、行为规范和第一动力；(2) 以社会主义核心价值观为指引，用新时代城镇文化内含的价值观优化新型城镇治理体系，更新治理目标，创新治理工具与手段，提升治理能力，实现城镇治理体系和治理能力现代化；(3) 充分运用新时代现代化城镇治理体系和治理能力，以绿色低碳和经济社会绿色转型为手段，调适城镇经济与自然生态系统之间的张力，以“碳达峰”和“碳中和”为目标，逐步实现人与自然和谐共生；（4）辩证调适城镇经济、自然生态、城镇文化和城镇治理四个子系统之间的矛盾。城镇治理作为实现高质量发展的手段，聚焦城镇经济与自然生态之间的张力，关注城镇文化的演变对城镇经济发展、自然生态安全的消极影响这个矛盾的次要方面。不断梳理提炼子系统之间矛盾调适的实践经验，使之成为城镇文化更新的源泉和城镇治理理念创新的基础，继而调和城镇经济与自然生态之间的矛盾。子系统之间动力机制的良性耦合才得以实现。

（二）智慧城镇建设策略

智慧城市的建设要在现有试点城市经验的基础上做好以下四方面的工作：（1）适时出台国家智慧城市规划纲要。探究智慧城市建设之于经济社会高质量发展、碳达峰与碳中和目标以及人民群众美好生活需要的战略价值，及时总结智慧城市建设成果，明晰智慧城市建设的内容与形式，创建智慧城市建设的基本方略；（2）研究制定智慧城市建设标准。以新发展理念为指引，以5G、AI等数字技术标准为基础，按照宜居、创新、智慧、绿色、人文和韧性的要求，构建智慧城市建设、运行、管理、服务和发展的标准体系；（3）总结智慧城市建设经验，形成可复制推广的模式。提炼城市智慧交通建设的共性，探索城镇经济产业、公共服务和社会治理的数字化、智能化路径，以“试点—总结—推广”的方式推进智慧城市建设；（4）完善数字基础设施建设。以“一个城市数字平台＋一个智慧大脑＋N个智慧应用”为基础架构，完成公共市政基础设施的数字化转型，进一步完善底层感知和信息通信基础设施，加快5G通信、工业互联网、大数据中心和新型互联网交互中心建设。

（三）启动元宇宙城镇建设

元宇宙城镇是数字城镇和智慧城镇发展的第三阶段，是基于现实扩展技术、人工智能、区块链技术和数字孪生技术等融合而生成的虚拟化、数字化的城镇镜像。既与现实映射、交互又具有独立性的平行空间，在不断推动实体经济与数字经济深度融合的同时，还能提升智慧城镇建设质量，创新公共服务和城镇治理模式。启动元宇宙城镇建设需要开展四个方面的工作：

(1) 要为这个既真实又虚拟的平行世界构建坚实的价值基础。将现实经济社会的价值观念、制度设计和法律秩序等作为元宇宙城镇建设的基本价值体系和行为准则，控制虚拟现实场景对真实世界的反噬；(2) 要做好顶层规划设计，明确元宇宙城镇建设的指导思想和基本原则，在论证科学、严谨的基础上构建可行的总体框架和实施方案，针对数字城镇和智慧城镇建设的实际情况，要在先试点示范后逐步推广；(3) 要加大新型基础设施建设，重点是以5G、物联网、工业互联网和卫星互联网为代表的通信网络基础设施，以人工智能、云计算和区块链为代表的新技术基础设施和以数据中心、智能计算中心为代表的计算基础设施，同时开展深度应用互联网、大数据、人工智能等技术融合型基础设施和以服务创新为目的的公益性基础设施建设；(4) 开展场景应用型数字技术研发与应用，重点领域是扩展现实、人工智能、脑机接口、数字孪生等新技术，同步加强多技术叠加兼容、交互融合研究，实现数字技术综合应用的突破。

(四) 传承与发展城镇优秀传统文化

为实现新型城镇共同体高质量发展，开展城镇文化传承与扬弃需要做好四个方面的工作：(1) 梳理城镇发展演变的历史，从源自特定环境中处理人与自然和人与人之间如何和谐共存的悠长实践经验中，提炼出优秀传统文化，探究其生长规律。(2) 扬弃传统城镇文化，使之符合新时代中国特色社会主义核心价值观，服务于高质量发展和人民美好生活的需要。(3) 通过新媒体及各种传播渠道宣传新型城镇文化，以城镇治理为手段，将其渗透到城镇文化的具象和抽象的每一个方面，成为故乡与他乡分野的标识。(4) 发展城镇文化公共事业，创造条件培育和发展城镇文化产业，通过“文而化之”使之成为城镇居民美好生活的重要源泉。

参考文献

[1] 包汉毅. 文化迁变—卡舒巴城市文化思想评述 [J]. 民俗研究，2017 (4)：43—49.

[2] 陈禹. 复杂适应系统（CAS）理论及其应用——由来、内容与启示 [J]. 系统辩证学学报，2001 (4)：36—40.

[3] 陈忠. 城市社会：文明多样性与命运共同体 [J]. 中国社会科学，2017 (1)：46—63.

[4] 慈鸿飞. 近代中国镇、集发展的数量分析 [J]. 中国社会科学，1996 (2)：27—39.

[5] 董文卿. 论城市共同体作为人类社会组织形式的内涵与价值 [D]. 上海：复旦大学，2010，5.

[6] 辜胜阻，李正友. 中国自下而上城镇化的制度分析 [J]. 中国社会科学，1998 (2)：60—70.

[7] 韩柯子. 中国共产党百年城市治理：框架构建、演进历程与对策建议 [J]. 经济问题探索，2022 (2)：26—36+157.

[8] 何一民. 中国城市史 [M]. 武汉：武汉大学出版社，2013：2，11—22.

[9] 纪晓岚. 论城市本质 [D]. 北京：中国社会科学院研究生院，2001，5.

[10] 冷云生，杨中楷. 城市文化建设的系统性思考 [J]. 系统辩证学学报，2002，10 (1)：50—53.

[11] 李慧凤，蔡旭昶. "共同体"概念的演变、应用与公民社会 [J]. 学术月

刊，2010，42（06）：19－25.

[12] 李明秋，郎学彬．城市化质量的内涵及其评价指标体系的构建［J］．中国软科学，2010（12）：182－186.

[13] 李强，陈宇琳等．中国城镇化“推进模式”研究［J］．中国社会科学，2012（7）：82－100，204.

[14] 李万春，袁久红．中国城镇化发展的城市政治学反思［J］．学海，2016（04）：89－95.

[15] 刘继生，陈彦光．城市地理分形研究的回顾与前瞻［J］．地理科学，2000，20（2）：166－171.

[16]〔美〕刘易斯·芒福德．城市文化［M］．宋俊岭等译．北京：中国建筑工业出版社，2009.

[17] 孟瑞霞．当代城市文化建设的哲学思考［J］．理论视野，2018（7）：57－61.

[18] 苗东升．自组织与他组织［J］．中国人民大学学报，1988（4）：67－70.

[19] 沈福煦．城市文化论纲［M］．上海：上海锦绣文章出版社，2012（8）：210－213.

[20] 宋学勤．中国共产党探索城市治理规律的历程与经验［J］．国家治理，2021（14）：26－30.

[21] 苏红键．城镇化质量评价与高质量城镇化的推进方略［J］．改革，2021（01）：134－145.

[22]〔法〕涂尔干．E．社会分工论［M］．北京：生活读书新知三联书店，2008.

[23] 王小斌，邵燕斐．基于空间计量的新型城镇化动力机制研究［J］．工业技术经济，2015（12）：144－135.

[24] 王雅莉，陈立军．智能型城市：我国新时期城市经济发展的战略取向［J］．中国软科学，2000（11）：65－69.

[25] 王志刚．多中心治理理论的起源、发展与演变［J］．东南大学学报（哲学社会科学版），2009（11）：36.

[26] 吴玉军．共同体的式微与现代人的生存［J］．浙江社会科学，2009（11）：54－62.

[27] 谢菲. 马克思恩格斯城市思想及其现代演变探析 [J]. 马克思主义研究，2012 (9)：32—40.
[28] 徐晓林，周立新. 数字治理在城市政府善治中的体系构建 [J]. 管理世界，2004 (11)：140—141.
[29] 许抄军，罗能生，等. 我国城市化动力机制研究进展 [J]. 城市问题，2007 (8)：20—25.
[30] 杨开忠. 新中国 70 年城市规划理论与方法演进 [J]. 管理世界，2019，35 (12)：17—27.
[31] 杨晓东，马俊峰. 共同体演进的逻辑与自由人联合体的产生 [J]. 理论界，2012 (6)：29—31.
[32] 姚大志. 麦金太尔的共同体：一种批评 [J]. 哲学动态，2015 (9)：62—67.
[33] 姚科艳，刘传俊. 城市化质量与文化产业发展互动效应测度研究 [J]. 学术研究. 2021 (9)：107—112.
[34] 姚尚建. 城市治理：空间、正义与权利 [J]. 学术界（月刊），2012 (4)：42—48.
[35] 叶裕民. 中国城市化质量研究 [J]. 中国软科学，2001 (7)：27—31.
[36] 袁晓玲. 对城市化质量的综合评价分析——以陕西省为例 [J]. 城市发展研究，2008 (2)：38—42.
[37] 袁晓勐. 城市系统的自组织理论研究 [D]. 长春：东北师范大学，2006，5.
[38] 岳家斌. "政治共同体"与"自由人联合体"——亚里士多德公共城邦学说与马克思共产主义社会理论之比较 [D]. 重庆：西南政法大学. 2013，3.
[39] 张军扩，侯永志等. 高质量发展的目标要求和战略路径 [J]. 管理世界，2019 (7)：1—7.
[40] 张娜，杨健全. 基于系统思维的智慧城市治理创新研究 [J]. 系统科学学报，2022，30 (4)：49—52.
[41] 张松. 城市文化的传承与创生刍议 [J]. 城市规划学刊，2018 (6)：37—44.
[42] 张娅娇. 城市文化与城市发展：成都经验 [D]. 成都：西南交通大学，

2010，10.

[43] 张昱辰. 上海城市共同体的传媒建构：以火灾为例［D］. 上海：复旦大学，2012，4.

[44] 张志旻，赵世奎等. 共同体的界定、内涵及其生成——共同体研究综述［J］. 科学学与科学技术管理，2010（10）：14—20.

[45] 赵冈. 中国城市发展史论集［M］. 北京：新星出版社，2006，6.

[46] 赵宇峰. 城市治理新形态：沟通、参与共同体［J］. 中国行政管理，2017（7）：61—66.

[47]〔德〕斐迪南·滕尼斯. 共同体与社会［M］. 杜荣远 译，北京：商务印书馆. 1999：53.

[48]〔德〕马克斯·韦伯. 经济与社会［M］. 阎克文 译. 上海：上海人民出版社，2010.

[49]〔美〕理查德·C·博克斯. 公民治理：引领 21 世纪的美国社区［M］. 孙柏瑛等译，北京：中国人民大学出版社，2013.

[50]〔美〕刘易斯·芒福德. 城市发展史：起源、演变和前景［M］. 宋俊岭，倪文彦，译. 北京：中国建筑工业出版社，2005，5.

[51]〔美〕刘易斯·芒福德. 城市文化［M］. 宋俊岭，李翔宁，周鸣浩 译. 北京：中国建筑工业出版社，2009：8，40.

[52]〔美〕罗茨·罗兹. 新的治理：没有政府的管理［J］. 政治研究，1996（154）：41—47.

[53]〔美〕乔尔·科特金. 全球城市史［M］. 王旭等译. 北京：社会科学文献出版社，2014（11）：87—92.

[54] Allen J. Scott. The Cultural Economy of Cities：Essays on Geography of Image-Producing Industries［M］London：Sage，2010.

[55] Anderson，R.，Urbanization，Productivity，and Innovation：Evidence from Investment in Higher Education［J］. Journal of Urban Economics，2009（2）：1—15.

[56] Friedmann J. Four Theses in the study of China's Urbanization［J］. International Journal of Urban and Regional Research，2006，30（2）：

440—451.

[57] IR Cook. Private sector involvement in urban governance: The Case of Business Improvement Districts and Town Centre Management partnerships in England [J]. Geo forum, 2009 (5): 930—940.

[58] Lau M. Flexibility with a Purpose: Constructing the Legitimacy of Spatial Governance Partnership [J]. Urban Studies, 2014, 51 (9): 1943—1959.

[59] Peters, G. B. Governance and Comparative Politics. In Pierre, J., Debating Governance [M]. New York: Oxford University Press, 2000: 36—53.

[60] Peters, B. G. Is governance for everybody? [J]. Policy and Society, 2014 (4): 301—306.

[61] Pill Guarneri's-Meza V. The Everyday Local State? Opening Up and Closing Down Informality in Local Governance [J]. Local Government Studies, 2019, 12 (3): 42—56.

[62] R. A. W. Rhodes. Governance and Public Administration, in Pierre (ed.), Debating Governance: Authority, Steering and Democracy [M]. Oxford University Press, 2000: 54—90.